CB011160

Luiz Carlos Travaglia

Estudo de **VOCABULÁRIO**

© 2022 texto Luiz Carlos Travaglia

© **Direitos de publicação**
CORTEZ EDITORA
Rua Monte Alegre, 1074 – Perdizes
05014-001 – São Paulo – SP
Tel.: (11) 3864-0111
cortez@cortezeditora.com.br
www.cortezeditora.com.br

Fundador
José Xavier Cortez

Editora
Miriam Cortez

Preparação
Gabriel Maretti

Revisão
Alessandra Biral
Gabriel Maretti
Jaci Dantas

Edição de Arte
Mauricio Rindeika Seolin

Capa
de Sign Arte Visual

Ilustrações
Ivan Coutinho

Obra em conformidade ao
Novo Acordo Ortográfico da Língua Portuguesa

Dados Internacionais de Catalogação na Publicação (CIP)
(Câmara Brasileira do Livro, SP, Brasil)

Travaglia, Luiz Carlos
    Estudo de vocabulário / Luiz Carlos Travaglia. – 1. ed. –
São Paulo: Cortez Editora, 2021.

    ISBN 978-65-5555-220-1

    1.Gramática 2. Língua portuguesa 3. Linguística
4. Vocabulário – Estudo e ensino I. Título.

22-134724   CDD-415.07

Índices para catálogo sistemático:

1. Gramática : Vocabulário : Estudo e ensino :
    Linguística 415.07

Cibele Maria Dias – Bibliotecária – CRB-8/9427

Impresso no Brasil – abril de 2023

Luiz Carlos Travaglia

Estudo de VOCABULÁRIO

1ª edição
2022

CORTEZ EDITORA

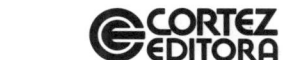

Para quem crê no poder da palavra.

Sumário

Introdução

Geralmente, não se dá muita atenção ao estudo e ao ensino de vocabulário, trabalhando com mais especificidade a competência de uso do léxico tanto na produção quanto na compreensão de textos. O objetivo deste livro é ressaltar esse fato, buscando-se proporcionar mais sistematicidade ao trabalho com o léxico.

Nessa intenção, busca-se ajudar a todos os que se interessam pelo estudo do léxico ou necessitam dele a perceber as diversas nuanças que ocorrem no uso de um vocabulário, em particular a professores(as) de Língua Portuguesa dos Ensinos Fundamental e Médio, a desenvolverem e aplicarem atividades de ensino de vocabulário, ao mesmo tempo em que as correlaciona com a produção e compreensão de textos, o que de resto importa a todo e qualquer falante da língua. Dessa forma, os **objetivos** do livro são:

> ▷ De modo **geral**, que os(as) leitores(as):
> ⇒ Percebam e compreendam a importância e a necessidade de desenvolver sua competência lexical (e, no caso dos professores, a dos alunos) que, em última instância, faz parte de sua competência linguística e comunicativa;
> ⇒ Envolvidos com o ensino, sejam capazes de produzir e aplicar atividades de ensino de vocabulário, abordando os mais diferentes aspectos envolvidos na constituição e no uso do léxico, de modo pertinente para a produção e compreensão de textos.
> ▷ De modo **específico**, que os(as) leitores(as):
> ⇒ Conheçam as bases mais importantes para o uso adequado do léxico e, no caso de professores, também para formulação de atividades ou exercícios de ensino de vocabulário;
> ⇒ Conheçam e reconheçam os diferentes tipos de fatos relacionados ao léxico com que as atividades de vocabulário podem e devem tratar;
> ⇒ Elaborem adequadamente exercícios de vocabulário para promover o ensino-aprendizagem desses diferentes tipos de fatos relacionados ao léxico, quando responsáveis pelo ensino de vocabulário como professores ou não;

⇒ Desenvolvam atividades com o vocabulário de modo produtivo, isto é, de forma a que se adquira ou leve a adquirir, progressivamente, habilidades e competências no uso de vocabulário que não dominava anteriormente.

Como já deve ter ficado claro, além de orientar os usuários da língua em geral para um uso adequado e pertinente comunicativamente, outro objetivo é contribuir para a formação de docentes de Língua Portuguesa, como língua materna, para que tenham uma visão o mais ampla possível do que está envolvido na constituição e uso do léxico, podendo assim ajudar melhor seus alunos a desenvolverem a competência lexical.

Portanto, este livro deve ser considerado como uma orientação para professores(as) e para demais interessados(as) no estudo do léxico sobre o que pode e deve ser observado e estudado, quando o foco da aprendizagem é o vocabulário e como deveria, em princípio, ser trabalhado.

Para atingir esses objetivos, são apresentadas algumas bases e alguns princípios para o ensino de vocabulário (Tópico 1 – Capítulo 1). Nos tópicos e capítulos seguintes, são apresentados atividades/exercícios de vocabulário para tratar não só das relações semântico-lexicais, mas também de outros fatos e fenômenos que são importantes para que os(as) usuários(as) da língua possam trabalhar competentemente com o léxico, apreendendo a significação dos **itens lexicais** (palavras e expressões idiomáticas) em função de diversos elementos que influenciam essa significação. Entre esses outros fenômenos, incluímos:

⇒ Processos de formação de palavras que propiciam ao usuário da língua a facilidade de perceber o significado de muitas palavras que ainda não conhece e por vezes nuanças entre palavras com a mesma base lexical, usando recursos da produtividade lexical da língua.

⇒ Diversos papéis e funções exercidos pelos itens lexicais, como os de marcadores conversacionais, modalizadores, operadores discursivos e argumentativos.

⇒ Fatos correntes no estudo do léxico, como a existência de campos lexicais que são importantes na coesão textual.

⇒A questão da denotação e da conotação.

⇒O uso de palavras de sentido geral ou específico.

⇒Alguns fatos do léxico com implicações diretas na sintaxe e com efeito na significação e construção dos textos, como as nominalizações, os verbos de ligação e os *dicendi*.

⇒O uso de estrangeirismos e a questão científica e sociopolítica da questão.

⇒A relação do léxico com o uso em diferentes variedades linguísticas e como isso deve ser estudado em sala de aula ou fora dela.

⇒Finalmente, temos a questão da precisão ou imprecisão no uso do léxico, que se refere à escolha e ao uso dos itens lexicais apropriados ou não para expressar um determinado sentido que se pretende ou que é possível em uma situação de comunicação.

Como se pode constatar, o uso do léxico está em correlação com muitos fatos e fatores e, nem sempre, em uma exposição sobre como trabalhar o vocabulário, é simples isolar os fenômenos, pois eles interagem. Tentamos chamar a atenção dos(as) leitores(as) para cada um, mas sempre que necessário buscamos evidenciar que há determinada correlação ou imbricamento. Objetiva-se ainda orientar, por meio de exemplos, sobre atividades de trabalho com o vocabulário que aqui estamos chamando de exercícios de vocabulário.

É importante lembrar que tais exercícios podem ser realizados tanto oralmente quanto por escrito. Nas primeiras séries do Ensino Fundamental, quando o aluno ainda não sabe ler/escrever, não se deve deixar de fazer exercícios para melhor domínio de vocabulário. Deve-se fazê-los oralmente.

Para facilidade da abordagem, organizamos o livro em tópicos que são desenvolvidos em capítulos. Estes apresentam basicamente a seguinte organização:

▷ Um item com um texto de base com informações teóricas fundamentais e importantes sobre o fato ou fenômeno em foco no capítulo e também para o tipo de exercício que este fato ou fenômeno em foco pode gerar, ou seja, um tipo de exercício que chama a atenção para dado aspecto da constituição e uso do léxico. Quando, em um capítulo, são tratados mais de um fato ou fenômeno que se juntam por algo comum em sua natureza, há no capítulo um item para cada fato, com essas informações e o que se faz na segunda parte do capítulo ou item é a apresentação de exemplos de atividades condutoras de aprendizagem.

▷ Um item intitulado **"Exemplos de exercícios sobre..."**, em que são apresentados exemplos de exercícios de vocabulário que tratam do fato ou fenômeno ligado ao léxico e que está em foco. Esses exercícios ou foram elaborados especialmente para este livro, ou foram tomados a livros didáticos ou outras fontes. Nesse segundo caso, sempre identificamos os autores por abreviatura bibliográfica, em nota de rodapé. Nos exercícios aparecem, por vezes, no enunciado ou em quadros, elementos teóricos que foram expostos na primeira parte do capítulo sobre o fato abordado. Essa repetição não deve causar estranheza, porque buscamos mostrar como a teoria pode entrar nos exercícios e ajudar o falante com um conhecimento sobre o léxico. Lembremos que o exercício não precisa necessariamente ser precedido, em situações de ensino, pelas informações apresentadas na primeira parte do capítulo ou item. Na maioria dos exemplos há uma resposta ou uma sugestão de resposta, conforme o caso. Essas respostas estão no tipo *Alegreya* em itálico e têm o objetivo de facilitar a pesquisa dos(as) leitores(as).

▷ Os(as) leitores(as) podem utilizar os exercícios apresentados como modelos ou inspiração para elaborar outras atividades ou simplesmente resolvê-las para desenvolver sua competência de trabalho e uso do léxico. Nesse caso, sem consultar previamente as respostas sugeridas.

Algumas vezes, tece-se um comentário sobre a atividade, outras vezes não. Seja qual for o caso, o objetivo é que se possa perceber como os exercícios de cada tipo podem ser construídos, pois os exemplos buscam apresentar diferentes estratégias para se chegar ao resultado esperado no estudo do léxico. É por esta razão que, por vezes, há mais de um exercício com os mesmos itens lexicais.

Esperamos que os leitores possam perceber como são construídos os exercícios que tratam de cada fato relacionado ao léxico, que identificamos por tópicos e subtópicos, mas gostaríamos de lembrar algo que é muito importante: não há fórmulas predeterminadas para a construção dos exercícios de vocabulário. Nesse caso, o que conta é a criatividade, pois sempre se pode encontrar uma nova forma de elaborar um exercício de vocabulário. Evidentemente, o contato com muitos exercícios vai ajudando aqueles que o desejam ou precisam (como os professores) a desenvolver formas diversas e novas de trabalhar com o léxico.

Desse modo, a observação em livros didáticos de exemplos de exercícios de vocabulário (muitas vezes identificados como tal, outras não), procurando identificar com que fato cada um trabalha, certamente ajudará na elaboração de exercícios de vocabulário. Desenvolver a habilidade de elaborar e/ou realizar exercícios de vocabulário a partir de textos, seguindo ou não a fórmula vista em exemplos apresentados, é um dos objetivos deste livro, conforme já foi citado.

Recomenda-se que os exercícios de vocabulário apresentem os itens lexicais sempre contextualizados, de preferência trabalhando com itens lexicais que estejam presentes em textos ou sejam motivados por elementos presentes nos textos escritos ou orais que acontecem na sala de aula. Por uma questão de praticidade e espaço, não apresentamos aqui os textos, mas apenas fragmentos destes ou frases de cuja construção eles participam. Para conseguir o contato do aprendiz com o maior número de itens lexicais possível, pode-se também levantar vários deles relacionados com algum item presente em um texto e buscar suas possibilidades significativas e de uso.

É o que sugerimos em Travaglia (1996), quando ao falarmos de "gramática reflexiva" propomos que se perguntem os recursos alternativos que poderiam ser usados no lugar de algum que aparece no texto e se há variação na significação quando se usa um ou outro recurso. Por exemplo, se no texto aparece o item lexical "muitos" em uma sequência como "Muitos o apoiaram em sua reivindicação", podemos "puxar" para o estudo itens como "poucos", "todos", "alguns", "nenhum", "diversos", "ninguém", "vários" e discutir que podem substituir "muitos", mas que a instrução de sentido em termos de indicação de quantidade não será a mesma, embora em todos os casos haja uma indefinição.

Registre-se ainda que, com certa frequência, uma mesma atividade pode exemplificar o trabalho com mais de um tipo de fato ou fenômeno relacionado ao uso do léxico. Quando isto ocorre, e pareceu pertinente ou necessário, chamamos a atenção para essa característica da atividade e indicamos quais os fatos envolvidos e tratados.

Convém lembrar que os exercícios que tratam de determinado fato ligado ao léxico são comumente considerados como um tipo de exercício de vocabulário. Assim, os exercícios que tratam de relações léxico-semânticas (Tópico 2) podem ser classificados como:

▷ Exercícios sobre **polissemia**, de que se trata no Tópico 2.1, Capítulo 2, "Diferentes sentidos da mesma palavra".

▷ Exercícios sobre **sinonímia** (Tópico 2.2), em que se vai trabalhar com diferentes aspectos a serem dominados pelo usuário da língua, apresentados a seguir:

⇒ Diversas palavras com o mesmo sentido (Capítulo 3).

⇒ Sentidos de palavras (Capítulo 4).

⇒ Sentidos de expressões (Capítulo 5).

⇒ Diferenças de sentido entre sinônimos (Capítulo 6).

▷ Exercícios de vocabulário e outras relações léxico-semânticas (Tópico 2.3), em que são trabalhados:

⇒ Exercícios de **homonímia** (Capítulo 7).

⇒ Exercícios de **paronímia** (Capítulo 8).[1]

⇒ Exercícios de **antonímia** (Capítulo 9).

⇒ Exercícios de **hiperonímia** e **hiponímia** (Capítulo 10).

---

[1]   Pode-se questionar a inclusão aqui dos parônimos, porque neles a relação é mais da forma que do significado. Todavia, permitimo-nos incluí-los entre as relações léxico-semânticas, já que a confusão entre as palavras por sua forma pode afetar o sentido do texto construído.

Haverá exercícios relacionados a outros fatos semânticos (Tópico 3 – Capítulo 11) operando no léxico ou por meio dele como a **denotação** e a **conotação** (Item 11.1.), o **sentido geral e específico** dos itens lexicais (Item 11.2.) e os **campos lexicais** (Item 11.3.).

A questão dos diferentes **processos de formação de palavras** (Tópico 4 – Capítulo 12) e como eles ajudam na constituição do léxico e sua utilização compõe outro grupo de tipos de exercícios de vocabulário.

O léxico apresenta implicações sintáticas que, na maioria dos casos, é tratada pelos estudos sintáticos, incluindo os das gramáticas tradicionais, como as questões de concordância, de regência verbal e nominal e também os argumentos (sujeito, complementos) pedidos por verbos e nomes. Todos esses fatos possuem implicações na escolha de itens lexicais a serem usados e na forma de usá-los.

Há alguns aspectos relacionando os **exercícios de vocabulário e aspectos sintáticos** (Tópico 5 – Capítulo 13) que não têm muita atenção em outras áreas de estudo e ensino. Por isso, acreditamos na importância de que, ao estudar o léxico, se dê atenção às questões da **nominalização** (Item 13.1.), que possui implicações na construção da estrutura temática do texto; dos **verbos de ligação** (Item 13.2.), cuja escolha depende imensamente do sentido que se quer e que são os construtores dos predicados nominais. Finalmente, há a questão dos **verbos *dicendi*** (Item 13.3.), uma parte do léxico que tem relações importantes com a construção dos textos tanto orais quanto escritos, quando se trata de reproduzir ou relatar falas.

Geralmente, as teorias de classificação de itens lexicais em classes de palavras não levam em conta funções textuais e discursivas desses itens, pois consideram aspectos semânticos (por exemplo, indicar seres para os substantivos e indicar características para os adjetivos); aspectos morfológicos (como ter ou não flexão, aceitar ou não derivação. Se têm flexão, por exemplo, flexionar em gênero e número para substantivos e adjetivos e flexionar em número, pessoa, tempo e modo para os verbos). Mas muitos itens lexicais, de várias classes lexicais tradicionais, apresentam **funções textuais-discursivas** (Tópico 6 – Capítulo 14) específicas com as quais é importante se familiarizar, para construir e compreender textos.

Os exercícios de vocabulário permitem o trabalho com tais fatos, sem a necessidade de teorizar sobre essas funções, o que nem sempre é possível tendo em vista o nível de conhecimento linguístico dos envolvidos. É o caso dos **modalizadores** (Item 14.1.), dos **operadores discursivos** (Item 14.2.), que incluem a muito importante classe dos **operadores argumentativos** (Item 14.3.) e que, por isso mesmo, tratamos separadamente.

Evidentemente o uso do **léxico** é muito influenciado por **fatos sociais** (Tópico 7 – Capítulo 15) e o estudo do vocabulário, com suas atividades/exercícios, não pode deixar de trabalhar esse aspecto, daí ter se dedicado parte do livro às duas questões a seguir. A primeira é a existência dos **estrangeirismos**, que são um fator social na constituição e funcionamento do léxico, e a segunda é a utilização do léxico em função de **variedades linguísticas** (Item 15.2.).

Obviamente as variedades linguísticas afetam particularidades em várias outras áreas do uso do léxico, como na sinonímia, na existência de palavras diversas com o mesmo sentido, o uso de um léxico mais ou menos erudito, mais ou menos técnico. Sempre que nos pareceu pertinente, chamamos a atenção para o entrelaçamento de fatos distinguidos por uma comodidade didática, mas que atuam de maneira conjunta no léxico da língua e seu uso.

O usuário da língua, diante de um número gigantesco de itens lexicais (palavras e expressões idiomáticas) a serem usados na composição e compreensão de textos como instruções e pistas de sentido, precisa saber qual ou quais podem ser as contribuições básicas de cada item lexical para o sentido do texto. Por isso, o tópico seguinte é: **"Onde buscar esse sentido"** (Tópico 8 – Capítulo 16). Evidentemente muito é aprendido no uso diário dos itens lexicais, em situações concretas de interação comunicativa, criando um repertório registrado na memória.

Como buscar as contribuições para a significação de itens lexicais que não conhecemos? Lembramos aqui duas estratégias para esse fim: o **uso do dicionário** (Itens 16.1. e 16.2.) e o **uso do cotexto e do contexto** (Itens 16.1. e 16.3.). As possibilidades significativas dos itens lexicais e seu conhecimento ou seu desconhecimento ou seu conhecimento parcial ou equivocado leva ao **uso adequado** ou não adequado **do item lexical** (Tópico 9 – Capítulo 17) para a produção do efeito de sentido que se pretende ou que deveria ocorrer em determinadas circunstâncias de comunicação, criando o problema que a gramática tradicional já denominara como **imprecisão de linguagem** e classificara como um defeito de linguagem em oposição à **precisão**, uma qualidade da linguagem.

Todos esses fatos são tratados neste livro, que esperamos contribua para um melhor estudo e ensino de Língua Portuguesa na área do léxico. A amplitude de fatos que podem fazer parte do trabalho com o léxico em sala de aula, ou qualquer outro momento, leva-nos, na análise de livros didáticos, a perceber, sem dificuldade e quase sempre, a necessidade de complementar o livro didático, elaborando e aplicando, oralmente ou por escrito, exercícios de vocabulário para os mais diferentes fatos relacionados ao uso do léxico.

Finalmente, cumpre registrar que, nos Capítulos 1 e 6, foram incluídas atividades de avaliação, consideradas como necessárias e pertinentes para que os(as) leitores(as) possam considerar seu entendimento do que foi exposto nesses capítulos que trazem informações teóricas nem sempre de domínio geral. Embora desejável, não nos pareceu pertinente fazer o mesmo em outros capítulos.

É nosso objetivo que, efetivamente, o livro auxilie aqueles que querem saber um pouco mais sobre um uso competente do léxico e também auxilie os professores de diferentes níveis de ensino.

Tópico 1

Bases para o ensino

de vocabulário

Capítulo 1

Bases para o ensino de vocabulário

Ao elaborar e aplicar, ou resolver atividades propostas em exercícios de vocabulário, é preciso levar em conta alguns conhecimentos teóricos sobre os seguintes aspectos fundamentais:

▷ O que é léxico e vocabulário.

▷ O que é conhecer uma palavra.

▷ Como se forma a significação das palavras, a questão do conceito, a distinção entre o significado e o sentido.

▷ As relações possíveis entre as palavras no léxico.

▷ Alguns princípios básicos a serem observados para que as atividades de ensino de vocabulário sejam realmente produtivas.

Nas próximas seções, há elementos básicos e essenciais sobre tais tópicos que devem sempre ser lembrados quando se for trabalhar com o estudo e o ensino de vocabulário em qualquer nível e por qualquer razão.

1.1. Léxico e vocabulário: competência lexical

Entende-se por léxico o conjunto de palavras de uma língua, ou, como se diz mais tecnicamente, o **léxico** é o conjunto de itens lexicais de uma língua. Considera-se como **item lexical** não só as palavras, mas também outras formas mais fixas como as **expressões idiomáticas** de que são exemplo "perder a cabeça", "dar uma mão", "sorrir amarelo", "tirar o cavalinho da chuva".

O termo **vocabulário** pode ser usado como equivalente a léxico, mas também pode ser usado para identificar o conjunto de itens lexicais usado:

→ Por determinada pessoa.

→ Em determinado texto ou obra.

→ Em dada área de conhecimento.

→ Por determinado grupo social ou pelas pessoas de uma área de atuação profissional (médicos, jornalistas, estilistas, professores, pedreiros, marceneiros, pecuaristas etc.).

→ Entre outros exemplos.

Assim, pode-se falar do vocabulário de um autor; do vocabulário próprio da Medicina, das áreas de Letras e Linguística ou da Informática; do vocabulário empregado pelos criadores e cuidadores de gado ou do vocabulário utilizado em um romance, por exemplo.

O conjunto de itens lexicais (palavras, expressões idiomáticas) que uma pessoa é capaz de usar para produzir e compreender textos caracteriza sua competência lexical. Esta é incrementada pelo aumento do vocabulário de determinada pessoa tanto ativa (quando fala ou escreve) quanto passiva ou receptivamente na compreensão de textos (quando ouve ou lê). Geralmente o vocabulário receptivo, passivo ou de reconhecimento (aquele que a pessoa usa para entender o que ouve ou lê) é maior que o produtivo, ativo ou de uso (aquele que a pessoa usa para dizer algo oralmente ou por escrito). Embora não se saiba com precisão o número de itens lexicais que compõem a competência lexical de um falante, estima-se que o vocabulário passivo/receptivo tenha entre 20 mil a 100 mil palavras.

Genouvrier e Peytard (1974, p. 306) afirmam que o vocabulário médio de um falante gira em torno de 24 mil palavras, sendo aproximadamente 12 mil substantivos (50%), 5 mil adjetivos (22,9%), 4 mil verbos (18,7%) e mil advérbios (4,2%), restando mil palavras de outras classes (4,2%). Para ampliar ou desenvolver a competência lexical de uma pessoa, é preciso aumentar seu vocabulário. Ou seja, aumentar o número de itens lexicais que ele(a) é capaz de usar tanto quando produz textos (orais ou escritos), quanto quando os recebe (também orais ou escritos). Portanto, aumentar o número de palavras e expressões conhecido pela pessoa.

O incremento da competência lexical acontece durante toda a vida de uma pessoa, em todas as idades em função não só da escola, mas também de leituras, de novas experiências culturais, do contato com a mídia, da atuação em campos diversos da vivência com atuação em diferentes grupos, e assim por diante.

Para desenvolver a competência lexical, usam-se, na escola, os exercícios de vocabulário que são objeto de atenção neste livro, mas não só isso. Evidentemente, uma pessoa pode ampliar seu vocabulário pela leitura, por exemplo, e pela busca de conhecimento e entendimento de todas as palavras que encontra (ao ler ou ouvir os outros).

Na verdade, é muito pertinente a observação de Ilari (1985, p. 42) sobre ensino de vocabulário, quando diz

> Por isso é desejável, no tocante ao vocabulário, que a escola se preocupe mais em formar atitudes e consolidar hábitos do que em atingir metas quantitativas arbitrariamente fixadas. Um primeiro objetivo consiste em acostumar o aluno a indagar o sentido das palavras desconhecidas com que depara, e a aceitar que os seus interlocutores lhe exijam esclarecimentos da mesma natureza.

Finalmente, é preciso lembrar que uma palavra não é isolada no léxico e mantém com outras diferentes relações: sinonímia, antonímia, hiperonímia/hiponímia, paronímia, cognatos, entre outras relações. No ensino de vocabulário, trabalha-se com tais relações em alguns tipos de exercícios apresentados nos próximos capítulos.

1.2. O que é conhecer uma palavra?

Para Moreira (1996, p. 13-14) (*apud* TRAVAGLIA; COSTA; ALMEIDA, 2005, p. 15) conhecer uma palavra (ou outro tipo de item lexical, como as expressões idiomáticas) exige diversos conhecimentos que elencamos a seguir:

I

Saber o grau de probabilidade de encontrá-la. Isto caracteriza a frequência que é o número de vezes que um item lexical tem a possibilidade de aparecer no uso efetivo em textos. Evidentemente, há palavras de uso mais frequente e de uso menos frequente. As palavras gramaticais (artigos, preposições, conjunções, pronomes) sempre têm a possibilidade de alta taxa de ocorrência.

II

Saber os tipos de palavras e as palavras específicas mais prováveis de a ela se associarem no uso da língua, sobretudo nos textos. A isso, chamamos de colocação, ou seja, o conjunto de itens lexicais com os quais dado item lexical mais tende a coocorrer na língua. Assim, por exemplo, o verbo aterrissar poderá com muita probabilidade ter como sujeito os itens lexicais "avião" ou "piloto" ou um pronome pessoal. Exemplos:

→ O avião aterrissou ontem em Curitiba às duas da manhã.
→ O piloto aterrissou a aeronave com grande habilidade.

O verbo (como aterrissar) é um tipo de palavra com muita possibilidade de coocorrer com substantivos como sujeitos (avião, piloto) ou como objetos (a aeronave), ou com palavras e expressões de natureza adverbial (ontem, em Curitiba, às duas da manhã, com grande habilidade). Aqui adiantamos elementos sintáticos que estão especificados no item IV a seguir. Vai nos interessar mais a possibilidade de coocorrência semântica, mas também o tipo que diz que adjetivos, por exemplo, coocorrem muito com substantivos.

A colocação também se relaciona com os campos lexicais usados para falar de um determinado tema. Assim, por exemplo, em um texto com o tema saúde ou com o tema educação, há grandes chances de se encontrar juntas, no mesmo texto, palavras como as listadas a seguir para cada tema.

Atividade

1) Quais verbos são mais especificamente usados ou teriam uma grande frequência de uso ao lado da palavra médico usada como sujeito?

a) Comprar, viajar, morar.

b) Morrer, estudar, trabalhar.

c) Receitar, prescrever, dar atestado, operar, examinar.

d) Pedir, voar, sonhar, cair.

e) Nenhuma das respostas anteriores.

Respostas: Os verbos da letra c. Os das demais alternativas podem aparecer, mas não são processos específicos de realização por um médico, ou seja, não são caracterizados pelo fenômeno chamado colocação.

III

"Saber suas limitações de uso de acordo com a função e a situação (temporal, social, geográfica, registro mais ou menos formal, mais ou menos técnico, mais ou menos cortês, restrição a certos campos de conhecimento, a certos objetos etc.)" (TRAVAGLIA; COSTA; ALMEIDA, 2005, p. 15). Portanto, a relação do item lexical com as variedades linguísticas, com as situações de uso e as convenções sociais para o uso da língua em dadas circunstâncias.

IV

"Saber o seu "comportamento sintático" (padrões de transitividade, que elementos a palavra exige que a acompanhem ou que podem acompanhá-la, possibilidades de colocação na cadeia ou sequência linguística etc.)" (TRAVAGLIA; COSTA; ALMEIDA, 2005, p. 15). Colocação aqui deve ser entendida não no sentido posto no item II anteriormente, não de uma relação semântica ou de categorias, mas sim da posição que ocupa na cadeia linguística.

Assim, se se conhece bem o verbo amar, sabe-se que ele pedirá dois sintagmas nominais ou oracionais, um antes dele que geralmente indicará quem possui o sentimento de amor e outro sintagma nominal depois dele ou um sintagma oracional (ou oração), como seu complemento e que geralmente indica o ser ou situação que é objeto do sentimento de amor. Sabe-se também que o verbo amar pode vir sem eles, se o cotexto ou o contexto[2] permitirem recuperar o que está nessas posições:

Maria/Meu marido/Aquela mulher tão vaidosa/Ele ama seus filhos/Ir ao cinema. Os que sofrem muito geralmente amam se queixar.

V

"Conhecer suas formas subjacentes e derivações", bem como as variações de forma em função da flexão (TRAVAGLIA; COSTA; ALMEIDA, 2005, p. 15).

Saber que palavras como terreiro, terra, aterrissar, aterrar, terral, terracota, terremoto, terraplanar, terraplanagem, terreno, terrenidade, térreo, terrestre, terrícola, território têm todas a ver com terra (= solo, o elemento que compõe a parte sólida da superfície do planeta Terra), pode ajudar a descobrir uma significação básica que combinada à significação de outros elementos subjacentes (prefixos, sufixos, por exemplo) traz o entendimento do item lexical mesmo que ele esteja sendo visto pela primeira vez. É isto que justifica tratarmos neste livro dos processos de formação de palavras que são fundamentais para o incremento da competência lexical e o conhecimento da significação de itens lexicais.

As variações de forma pela flexão permitem saber que formas como vendo, vendia, vendeste, venderão, vendêssemos, venderíeis, vendendo, entre outras formas, não são palavras distintas, mas a mesma palavra, obviamente o verbo "vender", que aparece no dicionário com essa forma do infinitivo. Na verdade, as variações de forma para a indicação de categorias gramaticais (gênero, número,

---

[2] Geralmente se entende por cotexto o contexto linguístico, o conjunto dos signos que vêm com outro signo determinado na cadeia linguística. O cotexto maior pode ser considerado o texto ao qual a palavra ou a expressão pertence. Já o contexto pode tanto ser entendido como a situação imediata de comunicação, quanto o contexto sócio-histórico-ideológico.

pessoa, tempo, modalidade, voz) alteram a significação, o sentido dos textos, mas isso não é diretamente ligado ao léxico e, por isso, não trataremos neste livro das possibilidades significativas das categorias gramaticais e as flexões que as marcam. As gramáticas tradicionais costumam fazer isso na parte em que tratam do emprego, por exemplo, dos tempos e modos verbais.

O conhecimento sobre formas subjacentes e derivações será importante nos exercícios de vocabulário e como estratégia de desenvolvimento da competência lexical. Assim se se conhece o que é *terra* e o que é *-cola* (que pode ser: 'aquele que habita, que venera'), mas não se conhece terrícola, pode-se supor que terrícola é o que habita a terra, já que terra não é algo que, em geral, se adora. Esse mesmo elemento -cola pode ajudar a perceber a significação de outros itens lexicais como aerícola ('que vive no ar'), silvícola ('que vive na selva'), agrícola ('relativo ao campo' = agr, daí 'agricultura, agronomia', outros entre outros exemplos), aquícola ('que vive na água'), cavernícola ('que vive ou é próprio das cavernas').

Já o sufixo -eiro(a), que tem como um de seus significados 'lugar' (além de 'árvore que produz o fruto X' [mangueira, laranjeira, abacateiro, limoeiro, entre outras], ou 'profissão' [marceneiro, barbeiro, cabeleireiro, ferreiro, sapateiro, livreiro, entre outras]), pode ajudar a entender que terreiro é o lugar da casa onde há terra, geralmente fora da casa e que cafeteira é o lugar onde se põe café e assim por diante.

VI

Conhecer seu lugar em uma rede de associações com outras palavras da língua (TRAVAGLIA; COSTA; ALMEIDA, 2005, p. 15). A rede de associações acontece em função de diversos fatores. A seguir, indicamos os principais:

▷ Os itens lexicais têm uma significação com uma base comum, que pode ser representada por ou advinda:

⇒ De um elemento estrutural de formação (radical, prefixo, sufixo) comum a vários itens lexicais e que acarretam uma significação. É o caso das diversas palavras formadas com o elemento **terr-** vistas no Item V; ou uma série de palavras formadas com o sufixo **-mento** (que 'significa ato de fazer ou ocorrer'): abafamento, adiantamento, barateamento, casamento, desaparecimento; ou uma série de palavras formadas pelo prefixo **re-** (que significa 'repetir, repetição'): reler, rever, reescrever, reabastecimento, reabilitação, readaptar, readaptável.[3]

⇒Da existência de um traço de significado comum sem uma correlação formal, denominado de campos semânticos (para saber mais sobre campos semânticos, cf. Capítulo 6, "Exercícios sobre diferenças de sentido entre sinônimos"). A seguir, estão exemplos de campos semânticos:

→ Bolsa, sacola, bornal, mochila, mala, maleta, malote, valise, frasqueira, carteira, baú, canastra (traços comuns de significado: objeto para carregar outros, colocados dentro dele).

→ Sob, debaixo de, abaixo de, embaixo de, por baixo de (traço comum de significado: posição inferior).

→ Mandar, ordenar, determinar, exigir, preceituar, prescrever, comandar, dispor (traço comum de significado: provocar a realização de algo).

▷ Os itens lexicais pertencem a uma mesma categoria ou classe de palavras (como substantivos, adjetivos, pronomes, verbos, entre outras), ou pertencem a uma categoria ou classe que exerce determinada função. Por exemplo, todos os itens lexicais que podem ocupar a posição de sujeito na oração (substantivos, pronomes pessoais do caso reto. Essa função também pode ser preenchida pelos sintagmas nominais), ou que funcionam como conectores (preposições, conjunções, verbos de ligação, entre outros), ou que são caracterizadores (adjetivos, particípios verbais). Fora do léxico também são caracterizadores as locuções e as orações adjetivas. Exercendo uma função não sintática temos: **modalizadores** (cf. Item 14.1.1.), **operadores discursivos** (cf. Item 14.2.1.) e **operadores argumentativos** (cf. Item 14.3.1.), **marcadores conversacionais**.

Sobre modalizadores, operadores discursivos e operadores argumentativos falamos no Capítulo 14, nos itens indicados. A seguir é apresentada uma noção básica sobre os **marcadores conversacionais**. Eles são elementos linguísticos constituídos por palavras ou apenas sons que são usados na fala, na conversação, para marcar elementos diversos da/na interação, como:

---

[3]   Cf. relações associativas ou paradigmáticas e relações sintagmáticas propostas por Saussure (1970, p. 142 ss).

→ **Que o ouvinte está atento ao que o outro está dizendo**: hum... hum; uhn, uhn; sei; ah; ahn, ahn, entre outros.

→ **Concordância**: sei; certo; *o.k.*; claro; é; é claro; é verdade, entre outros.

→ **Discordância**: duvido; será?; sei não, entre outros.

→ **Mero suporte ou conferência de concordância**: né?; num é?; não é?; não é verdade?, entre outros.

→ **Focalização da atenção do interlocutor:** ó; olha/olhe; vê/veja, entre outros.

→ **Conferência de atenção e compreensão pelo interlocutor:** entendeu?; entende?; sabe?; tá?; viu?; certo?, entre outros.

→ **Dúvida ou não percepção:** aaahn?; o quê?, entre outros.

A seguir, estão alguns exemplos de trechos de transcrição de fala:

(1)

A - Vamos jogar truco?

B - **Olha**... eu não gosto muito de jogo de cartas, só sei jogar buraco... **sabe**?

A - **Ah.**

(2)

A - Você fica segurando aqui para não cair, **tá**?

(3)

A - Você quer ir ao cinema, não quer?

B - **Uhn, uhn**...

A - Então faz tudo *direitim* o que a mamãe mandou.

(4)

A - Para fazer um bom exercício de vocabulário, você não pode esquecer o cotexto e o contexto, **entendeu**?

(5)

A - Ele saiu logo de manhã e não me disse aonde ia.

B - **Sei**.

▷ Terem uma variação comum de forma pela flexão, como todos os verbos de cada conjugação, os nomes que fazem o feminino em -**a,** ou o plural em -**s,** entre outros exemplos (aqui temos relações paradigmáticas).

▷ Entre outros.

VII

Saber o seu valor semântico: seu significado e possibilidades de sentido, as significações que podem ajudar a expressar (TRAVAGLIA; COSTA; ALMEIDA, 2005, p. 15). Na verdade, como diz Ilari (1984, p. 35): "Saber precisar [...] que tipo de contribuição acarreta, sistematicamente, para o sentido e significado das frases da língua". Concordamos com o autor, mas acreditamos que, na verdade, acarretam para o sentido dos textos. (Sobre a diferença entre significado e sentido, cf. o Item 1.3.) Em relação ao significado e aos sentidos que um item lexical pode acarretar ou permitir exprimir em um texto, é preciso lembrar o fenômeno da **polissemia** que é o fato de um item lexical (palavra ou expressão), como signo, ter várias significações ou sentidos possíveis, mas todos eles serem de alguma forma correlacionados, por terem algo em comum (cf. Tópico 2.1, Capítulo 2, Item 2.1. Cf. também exemplos de polissemia apresentados para a palavra "ponte" no Item 1.3.1., e para a palavra "seco", no Item 2.1. do Capítulo 2).

Os fatos chamados de denotação e conotação também se encaixam nessa questão da significação e, para alguns, as conotações podem ser responsáveis por polissemia, mas isso não é tranquilo, a não ser nos casos em que a conotação de um item lexical já se tornou comum e não representa outra criação de um momento expressivo de alguém.

MOREIRA (1996, p. 14) sintetiza, dizendo que:

> conhecer uma palavra é ser capaz de reconhecê-la, relembrá-la, relacioná-la a um objeto ou conceito, usá-la corretamente, pronunciá-la e ortografá-la, colocá-la apropriadamente, usá-la em um nível adequado de formalidade e ter consciência de suas conotações e associações.

Por sua vez, Travaglia, Costa e Almeida (2005, p. 15) definem:

> Portanto, **o objetivo geral dos exercícios de vocabulário** é não só a simples compreensão do sentido das palavras, mas a penetração na riqueza dos matizes de sentido, a percepção de diferenças e semelhanças e outras relações entre as palavras em diversos aspectos (semântico, sociolinguístico, argumentativo, pragmático etc.) e o domínio do uso do léxico em seu funcionamento textual--discursivo para constituição do texto e de seu sentido (grifos dos autores).

1.3. A semântica dos itens lexicais: significado e sentido

É fundamental, para o estudo e conhecimento do léxico e para a elaboração e aplicação de atividades de vocabulário e ainda para que se entendam perfeitamente os exemplos de exercícios que são apresentados a partir do Capítulo 2, saber sobre o **significado** e o **sentido** dos itens lexicais; o que se entende como significado e sentido e qual a relação entre eles e como se forma a significação das palavras e expressões.

Para que se tenha em mente o conhecimento básico sobre significado dos itens lexicais, vamos relembrar da forma mais simples e sintética possível conhecimentos que parecem ser mais ou menos consensuais (pelo menos em algumas vertentes da Linguística) e que servem como um dos suportes para quem se propõe ou deve trabalhar com o vocabulário, inclusive seu ensino.

1.3.1. Significado e sentido

Saussure (1970) propôs que no signo o significado é o conceito associado a esse signo em oposição ao significante que seria o que ele chamou de imagem acústica. Tal conceito, que é o significado, consiste-se de uma unidade cultural composta por um conjunto de características que dá a significação básica do signo (que no nosso caso são os itens lexicais). Para muitos estudiosos, o significado é potencial, ou seja, a significação do signo no sistema linguístico que Saussure chamou de *langue* e que é capaz de gerar os sentidos. Já o sentido é a significação apresentada pelo signo ao ser usado em um texto e varia com o cotexto e com o contexto de situação, ou seja, a situação em que é usado e também com o contexto sócio-histórico-ideológico. Assim, por exemplo, se tomamos a palavra **ponte**, podemos ter:

▷ **Significado:** estrutura construída em materiais diversos (madeira, metal, concreto, entre outros) sobre um vão, ou depressão do terreno (geralmente sobre um rio, lago, braço de mar ou sobre um abismo, vale ou despenhadeiro, entre outros) e que permite a passagem sobre este vão, ligando um ponto a outro em suas bordas.

▷ **Sentidos:** vão depender, evidentemente, do material linguístico usado (a palavra - no caso de "ponte" - ou expressão idiomática), do cotexto e do contexto (situação imediata de uso e o ambiente sócio-histórico e ideológico), da direção argumentativa, entre outros fatores. Os sentidos podem ter a ver ou não com a questão da denotação e conotação (cf. Item 11.1.), com participação ou não dos processos metafóricos ou metonímicos. Os fatores que levam ao estabelecimento dos sentidos não são facilmente estabelecíveis e a Linguística já mostrou que eles dependem não apenas do material linguístico.

(6)

a) A **Ponte** Rio-Niterói facilitou muito a vida dos moradores destas duas cidades. (*Construção de determinando material, ligando dois pontos na borda de um vão, permitindo a passagem de um ponto a outro. O vão no caso é sobre o mar.*)

b) O dentista cobrou-me muito caro para fazer essa **ponte** móvel para mim. (*Aparelho dentário com próteses para preencher falhas de dentes na arcada dentária. As próteses são geralmente unidas por um arco que faz a ligação entre os pontos na margem da falha de dentes.*)

c) Essa atitude do governo criou uma **ponte** com os trabalhadores, que permitiu o diálogo. (*Possibilidade de encontro, de ligação entre dois grupos sociais, facilitando o entendimento entre ambos os lados.*)

d) Ontem, na aula de ginástica, o professor pediu para fazermos uma **ponte**. Quase ninguém conseguiu. (*Posição que o atleta assume ao vergar o corpo para trás, com o peito para cima, formando uma espécie de arco que tem apoio nos pés e nas mãos e fisicamente lembra uma ponte do tipo do exemplo* **a**.)

e) Tenho sido uma **ponte** entre você e seu pai, mas você precisa se entender diretamente com ele. (*Ligação, possibilidade de contato.*)

f) Meu irmão teve um infarto violento. Ficou muito mal e precisou fazer três **pontes** de safena. (*Procedimento cirúrgico que utiliza um pedaço da veia safena para ligar a aorta à artéria coronária distal, em casos de lesão obstrutiva desta última.*)

g) Precisamos estabelecer sempre uma **ponte** entre o passado e o presente para não nos esquecermos das lições da história. (*Ligação, passagem.*)

Observa-se que, em todas as ocorrências e nos diversos sentidos, há sempre algum traço do significado básico, potencial: em todos estes sentidos aparece a ideia de ligação entre dois pontos (espaciais, temporais, ou em outra noção como os sentimentos ou formações sociais), separados por alguma razão. Isto caracteriza o fato que chamamos de **polissemia** e que leva ao tipo de exercício de vocabulário que é tratado no Capítulo 2, "Diferentes sentidos da mesma palavra".

1.3.2. Como se forma a significação das palavras: o conceito

Vimos que para conhecer uma palavra o falante da língua precisa saber seu significado e suas possibilidades de sentido (cf. item VII de 1.2., "O que é conhecer uma palavra"). Em 1.3.1, foi feita uma distinção básica entre significado e sentido. Mas como se forma o significado? Como um falante adquire este significado? Uma maior consciência desse processo permitirá um melhor entendimento e controle do uso do vocabulário e das atividades para ensino-aprendizagem deste.

Como já ficou dito, a Linguística ensina que o significado é uma unidade cultural, isto é, algo criado por uma cultura e uma sociedade e que é adquirido culturalmente. Assim, mesmo palavras que parecem ser correspondentes em duas línguas podem ter significados mais ou menos diferentes. Por exemplo, a palavra "pai", do português, tem um dado significado que poderíamos dizer que é mais ou menos o seguinte: biologicamente, aquele que na relação sexual geradora do feto fornece o sêmen para fecundação do óvulo feminino. Socialmente, o pai é aquele que geralmente exerce o papel de provedor das necessidades dos filhos e exerce certos papéis na educação do ser que gerou.

Apesar de esse significado básico aparecer em outras línguas ocidentais como inglês, francês, alemão, espanhol, entre outras, mesmo nessas línguas podemos ter nuanças distintivas de uma para outra. Mas, se vamos para uma língua de uma cultura completamente diferente, o significado de "pai" pode mudar completamente.

Assim, na língua dos habitantes da Ilha de Trobiand (os trobiandeses), o significado de pai não inclui a questão envolvida na geração biológica da criança, ou seja, segundo Malinowski (*apud* Brito, 2013, p. 84), eles

> negam totalmente a participação do genitor no processo reprodutivo. Acredi-ta-se que as crianças sejam concebidas através de espíritos que vagam sobre as águas e penetram na vagina das mulheres quando estas se banham.

Alguns afirmam que a crença é que a mulher engravida por meio da entrada de um espírito de antepassado pela orelha da mulher. Socialmente, o pai é um "tio" que ensina à criança todas as coisas boas da vida. A parte desagradável da educação é dada por aquele que é uma espécie de companheiro da mãe e que muito provavelmente foi o responsável pela fertilização do óvulo com seu sêmen. Assim a família trobiandesa caracteriza-se por uma matrilinearidade e a paterni-dade é sociológica e não fisiológica.

O significado, por ser uma unidade cultural, é constituído de uma série de características ou propriedades ou atributos do elemento designado pelo item lexical (palavra ou expressão), o que faz que o elemento designado seja apresen-tado de certo modo pela cultura. É por isso que o mesmo objeto do mundo pode ser designado por diferentes palavras, cujos significados lhe atribuem caracterís-ticas diferentes, apresentando-o de um modo diferente. Por exemplo, se são con-sideradas as palavras "Vênus", "Estrela-D'Alva" e "Vésper", as três referem-se ao mesmo corpo celeste sem luz própria que gira em torno do Sol, sendo o segundo corpo celeste desse tipo em órbita solar. Todavia cada um destes signos tem um significado diferente e apresenta este elemento do mundo (que chamamos de referente) de modo diferente:

- ⇒ **Vênus**: astro do tipo planeta (um corpo sólido sem luz própria, mais ou menos esférico que gira em torno de uma estrela em determinada órbita), que é o segundo planeta mais próximo ao Sol no Sistema Solar.
- ⇒ **Estrela-D'Alva**: estrela, astro ou corpo celeste produtor e irradiador de energia, com luz própria, de posição aparentemente fixa na abóbada celeste. Aparece no céu do Brasil de manhã, sendo, geralmente, a última estrela a desaparecer.
- ⇒ **Vésper**: estrela, astro ou corpo celeste produtor e irradiador de energia, com luz própria, de posição aparentemente fixa na abóbada celeste. Aparece no céu do Brasil à tarde, no crepúsculo, sendo, geralmente, a primeira estrela a surgir.

Isto acontece também com sintagmas quando, para referir-se à mesma pessoa, é dito, por exemplo: Maria/A filha do diretor da escola/A menina mais bonita do colégio/A campeã da competição de natação do colégio. Com cada um são apresentadas características diferentes do mesmo elemento do mundo, o que na produção e compreensão dos textos é importante para determinar o sentido do texto. Isso também deixa claro que o significado não é o referente, embora possa ter relação com ele.

Nem todas as expressões linguísticas (palavra ou expressão idiomática no nosso caso de estudo do vocabulário) têm um referente empírico concreto no mundo. Por exemplo:

- → As **palavras abstratas** (ciúme, amor, ódio, medo, entre outros).
- → As **palavras gramaticais**, como conjunções, preposições, pronomes, artigos, advérbios.

As primeiras têm conceitos abstratos. Já as conjunções e preposições, por exemplo, têm conceitos relacionais, mas também se relacionam com o fato de a informação ser nova ou velha ou ainda propõem geralmente uma orientação argumentativa específica. Já os pronomes têm conceitos relacionados às pessoas do discurso. Por isto é que dizemos que as características ou traços de significado de "eu" é "a pessoa que fala ou diz alguma coisa" e "tu ou você" é a pessoa com quem se fala.

O significado, portanto, é dado por um conjunto de características, propriedades ou atributos que, em uma dada cultura e sociedade, apresentam algo da realidade de certo modo. Isto constitui o que chamamos de conceito, que Saussure (1970) disse ser o significado de um signo. Cada uma dessas características é chamada de traço de significado e recebe o nome técnico de "sema" ou "componente", conforme a teoria usada.

Ao formular o conceito de uma expressão linguística não é preciso se preocupar com traços que não são fundamentais para a definição do significado de um item lexical. Por exemplo: podemos dizer que o conjunto de características para o item lexical **mesa** é: móvel, formado por um tampo/prancha horizontal sustentado(a) por uma ou mais hastes verticais chamadas de pés. O material da mesa, sua cor, a forma do tampo (quadrado, retangular, oval, circular, triangular, entre outros) não são importantes para distingui-la de outros móveis, de outros objetos ou de tudo o mais que existe. Essas características são os traços de significado que compõem o significado do item lexical (cf. no Capítulo 6, o texto sobre análise sêmica).

Como o falante, o usuário de uma língua adquire estes significados? Isto é algo difícil de responder, mas há muitos estudos sobre isto que nos ajudam a entender um pouco a questão dessa aquisição e, portanto, de como a pessoa vai incrementar seu vocabulário e ser capaz de usar novos itens lexicais com que passa a conviver ao usar a língua para diferentes finalidades.

O filósofo americano Charles Sanders Pierce (*apud* ECO, 1974, p. 17-21) propõe o conceito de interpretante, que consideramos importante para o trabalho de ensino-aprendizagem de vocabulário, e diz que os interpretantes nos vão dando paulatinamente, progressivamente, o significado de um signo (aqui uma palavra ou expressão idiomática). Assim, por exemplo, se tenho a palavra "mesa", eu posso adquirir o significado de mesa por meio de interpretantes como:

⇒ Alguém me apresenta vários exemplares de mesa e diz a palavra mesa. Começa a se formar uma ideia, um conceito de mesa pela apreensão das características que são comuns a todos os exemplares de mesa apresentados.

⇒ Observo fotos e desenhos de mesas.

⇒ Alguém pode me dar a definição de mesa vista há pouco: móvel, formado por um tampo/prancha horizontal sustentado(a) por uma ou mais hastes verticais chamadas de pés. Neste caso, pressupõe-se que eu já saiba o que é objeto, o que é móvel, o que é tampo ou prancha, o que é haste. Caso contrário, será preciso também ajudar a entender estes conceitos para adquirir o de mesa. Isto acaba criando um movimento infinito de interpretantes, para que se possa dominar um vocabulário cada vez mais amplo.

⇒ Além disso, posso ter diversas experiências envolvendo mesas: faço refeições à mesa, estudo em uma mesa, uso a mesa para desenhar algo em papel colocado sobre ela, para fazer trabalhos diversos, como reuniões, entre outros.

⇒ Alguém me explica a diferença entre mesa, escrivaninha e mesa de centro.

⇒ Leio um texto de qualquer natureza que fala sobre mesas.

Ou seja, qualquer elemento que sirva para nos ajudar a ir formando o conceito que representa o significado de um item lexical será um interpretante, inclusive gestos, expressões fisionômicas ou qualquer expressão do item lexical em outro sistema de signos quando isto é possível. Quando se tem um conceito mais abstrato (como no caso de substantivos abstratos e palavras gramaticais como conjunções, preposições, pronomes) é um pouco mais difícil a aquisição do significado, mas, por exemplo, se tenho o substantivo "amor" posso apresentar várias situações em que as pessoas veem a presença deste sentimento gerando atitudes tidas como amorosas: um pai que arrisca a vida para salvar o filho, um irmão que doa um rim para salvar a vida do outro irmão, um homem que presenteia uma mulher para vê-la satisfeita.

Normalmente servem de interpretantes:

⇒ Uma definição (científica ou ingênua) em termos linguísticos constituída de características diversas constitutivas do significado.

⇒ A aproximação e diferenciação com itens lexicais aproximados (os sinônimos ou componentes de um campo semântico).

⇒ A apresentação de exemplares do elemento identificado pelo item lexical, geralmente apontando de algum modo como se se dissesse "todos os objetos como este".

⇒ A apresentação de fotos, desenhos do elemento identificado pelo item lexical, quando isto é possível.

⇒ A apresentação de situações em que o elemento identificado pelo item lexical é visto como presente.

⇒ Vivências pessoais de diferentes tipos com o elemento identificado pelo item lexical. Nesse caso, estão incluídas associações emotivas que podem adquirir valor de um sentido fixo (para uma pessoa, um grupo, ou uma coletividade inteira). Este é o caso de "cão" conotar "fidelidade" para a grande maioria dos brasileiros.

⇒ A tradução do item lexical em outros códigos de comunicação, por exemplo: gestos, expressões fisionômicas, fotos, desenhos, outras línguas, símbolos, entre outros códigos.

O conceito de mesa é concreto e assim um pouco mais fácil de ser formulado pelos aprendizes do léxico de uma língua do que conceitos mais abstratos, o que acaba tendo influência na ordem de aquisição do léxico pelo falante da língua.

Na verdade, segundo Pierce, nós nunca terminamos de adquirir o significado de um item lexical (ele fala em signo, mas estamos adaptando ao nosso objeto neste livro), pois sempre é possível acrescentar novos detalhes ao conceito cultural de algo e, como vimos, as expressões que nos dão as características que são os traços de significado precisam ser também conhecidas.

Com o objetivo de auxiliar o(a) leitor(a) a pensar nos conceitos de um modo mais estruturado, podemos falar de tipos de conceitos. A seguir, apresentam-se duas propostas.

Moreira (1996, p. 25-29) lembra com Marzano e Marzano (1986) quatro tipos de conceitos:

⇒ Conceitos de **objetos,** que "são geralmente concretos e expressos como substantivos" (MOREIRA, 1996, p. 25). Seriam exemplos deste tipo de conceito: juiz, lenha, martelo, vinho, guidom, país, bolo, seda, gambá, flauta, flor, formigas, Ceará, colina, bruxa, guaraná, diamante, revólver, ouro, escravo, entre outros.

⇒ Conceitos de **ação,** que geralmente seriam expressos por verbos que exigem como sujeito um agente, ou seja, aquele que faz algo. Portanto o conceito de ação implica aquilo que se faz. Seriam exemplos desse tipo de conceito: andar, balançar, fritar, perfumar, adoçar, pintar, multiplicar, girar, ameaçar, mudar, comer, entre outros.

⇒ Conceitos de **eventos,** que "são geralmente expressos por substantivos, mas representam ações envolvendo tempo, espaço, participantes e atividades específicas" (MOREIRA, 1996, p. 27). Seriam exemplos deste tipo de conceito: casamento, jogo de futebol, passeata, almoço, missa, batizado, festa de aniversário, entre outros.[4]

---

[4]   Convém notar que, nesses conceitos de Marzano e Arredondo, *apud* Moreira (1996), não se diz que os eventos não sejam ações. Na verdade eles contêm ações. Assim, o evento "casamento", por exemplo, implica basicamente a ação de casar feita pelos noivos, mas é composto por outras ações do padre, dos noivos, sacerdote ou juiz, padrinhos, convidados, damas de honra, entre outros participantes do evento, cada um com suas atividades específicas. Esse evento tem sempre espaços específicos em que costuma ocorrer e um tempo específico tanto em termos de momento de ocorrência (uma data, por exemplo, e um horário estabelecido) quanto de duração provável (por exemplo da cerimônia e da festa). Na verdade, isso se aproxima do que se chama, na Linguística Textual, de modelos cognitivos globais. O evento casamento constitui um modelo cognitivo do tipo *"script"* (para os modelos cognitivos globais, cf. KOCH; TRAVAGLIA,1990, p. 60).

⇒Conceitos de **estados,** que são geralmente expressos por adjetivos (triste, febril, doente, doce, entre outros), segundo Moreira (1996, p. 28),
mas também podem ser expressos por particípios adjetivos (destruída,
amargurada, acabado, morto, entre outros).

Na verdade, parece-nos que essa classificação, como todas as classificações
que fazemos, não abrange todos os tipos de conceitos, mas já é um ponto de
partida. A seguir, apresentamos alguns fatos para a melhor percepção de que há
outros tipos de conceitos além dos quatro que acabamos de apresentar.

Assim, por exemplo, Travaglia (1991), no Item 3.2., "Tipos de verbos e situações", divide os **verbos** em **lexicais** (aqueles que indicam uma situação ou
processo que se realiza) e **gramaticais**[5] (aqueles que não indicam uma situação,
mas noções gramaticais internas à língua como tempo, modalidade, voz, aspecto; ou noções mais amplas e abstratas como repetição, consecução, cessamento,
resultatividade, entre outros); ou exercem funções diversas no texto como a de
marcadores conversacionais (cf. Item 1.2.).

Os verbos lexicais podem expressar processos ou situações dinâmicas e
estáticas. A **situação é** "**estática** quando suas fases são idênticas, assim ela é
homogênea, uniforme durante o tempo de sua existência" (TRAVAGLIA, 1991,
p. 54). A **situação** será **dinâmica** quando "as fases da situação são diferentes,
havendo, portanto, mudança de uma fase para outra. Essas mudanças são necessárias e obrigatórias" (TRAVAGLIA, 1991, p. 54). Os **verbos de situações
dinâmicas** (o que faria parte do conceito destas) além de indicar **ações** que
implicam a intervenção de um agente (alguém faz algo), podem expressar os
acontecimentos, ou seja, processos que não são realizados pelo empenho de
um agente, mas que acontecem com algo ou alguém sem a interferência da
vontade de um agente.

---

[5] Sobre verbos gramaticais, cf. Travaglia (1991, cap. 3) e Travaglia (2003b).

Os verbos de acontecer seriam de três tipos:

⇒ Os **transformativos,** que "implicam uma mudança (Acontece que X muda): amarelar (As folhas amarelaram com a geada), engordar, endurecer, congelar, enferrujar, ficar + estado ou qualidade (ficar doente, triste, azul, impressionado, com medo), tornar-se + estado, assumir (os incêndios assumem um ritmo acelerado) passar de X para/a Y (a luz passou de verde a azul)" (TRAVAGLIA, 1991, p. 55).

⇒ Os **fenômenos,** que "são sempre verbos que expressam fenômenos da natureza, sendo normalmente impessoais, isto é, sem sujeito: relampejar, trovejar, chover, nevar, ventar" (TRAVAGLIA, 1991, p. 55).

⇒ Os **fatos,** que são "as demais situações de acontecer das quais seriam exemplos: cair, crescer, nascer, morrer, desmaiar, esquecer, entender, ter (=ocorrer: ter crise de pressão alta), ter algo (ex.: ter um enfarto) desenvolver-se, aparecer, mostrar (=ter: O tomate rasteiro mostra melhor desempenho em regiões secas), ver, ouvir, passar (no concurso, no vestibular) etc." (TRAVAGLIA, 1991, p. 55).

Para Travaglia (1991, p. 55-56):

> As **situações estáticas**[6] também apresentam alguns subtipos: os **estados**, as **constantes**, os **localizadores**.
>
> Os **estados** já se definem pelo próprio nome e não são indicados por verbos, mas por nomes (adjetivos, particípios adjetivos) correlacionados a um ser ou coisa por um verbo de ligação (V. item 13.2.). Assim o estado é sempre um predicativo. Exemplos:

---

[6] As gramáticas em geral não abordam situações estáticas em oposição a situações dinâmicas. Elas só falam em estados, o que pode levar alguém a questionar qual a diferença entre um estado e uma situação estática. A questão não é essa. Todo estado é uma situação estática, mas nem toda situação estática é um estado. Há também as constantes e os localizadores, que não são estados, mas todos têm as fases idênticas. Cremos que a tradição gramatical deixou de registrar essas outras categorias.

(9) João **está triste**.

(10) Maria **anda amargurada**.

(11) A casa **está destruída**.

Os **localizadores** indicam localização espacial: estar em, estar a (Minha casa **está a** 30 quilômetros do centro da cidade), situar-se, ficar em (Uberlândia **fica n**o Triângulo Mineiro), ficar a, distar, encimar (=ficar em cima), localizar--se em etc. [...] Com alguns localizadores pode-se ter uma localização aparentemente temporal, mas com uma implicação espacial: A capital **está a / fica** a dois dias de viagem do litoral.

As **constantes** são as demais situações estáticas indicadas por verbos como: ter (=possuir. Ele tem muito dinheiro), saber, conter, pesar (=ter o peso de: A mesa pesa 30 quilos); medir (= ter a dimensão X: A mesa mede 3 metros), apresentar (= ter: "A lata não apresenta emendas"), existir, haver (=existir), ser formado de, compor (Três figuras **compõem** este sinal de trânsito), ocupar (posição) (É uma espécie de localizador indireto: *Este jovem ocupa a posição de presidente da empresa*[7]), ignorar, conhecer (alguém ou algo), X constituir Y (Estas coisas **constituem** o dia a dia de João), guardar (= ter, conter: O desfiladeiro **guarda** preciosidades), fazer parte, pertencer, referir-se (= ter a ver: O medo **refere-se** a um objeto definido), trazer (= ter em si: Fios de cabelo que não **trazem** o código genético da calvície), exibir (= ter, apresentar: A face inferior das folhas **exibe** este mesmo aspecto), habitar, querer, desejar, pretender, corresponder, equivaler (estes dois últimos verbos podem ser auxiliares semânticos comparadores) (grifos do autor).

Como se pode ver, reduzir os verbos à expressão de conceitos de ação é não apreender a diversidade dos conceitos que eles podem conter. Do mesmo modo podemos ter substantivos que indicam estado (como "paz", por exemplo) ou ação ("batoção" de lata).

---

[7] Esse exemplo não aparece no original.

Moreira (1996, p. 28) sugere uma boa técnica para ajudar a descobrir as características que constituem o conceito de determinado item lexical, ou seja, que ajuda o usuário do léxico a descobrir os traços de significado ou semas, que é a comparação de itens lexicais por meio de perguntas. Assim, por exemplo, podem-se tomar os verbos "ver" e "espiar", sabendo ou informando que os dois têm a ver com a visão a percepção pelos olhos e se perguntar: Qual a diferença de significado entre os dois? Ou induzindo o pensamento questionar em qual deles a visão é oculta, escondida daquilo ou de quem é visto? A resposta de que é "espiar" levará a perceber a diferença básica entre ver e espiar. Professores podem conduzir os alunos a levantarem muitos traços por meio de perguntas e estudiosos em geral também.

Moreira (1996) apresenta as propostas de dois estudiosos para a aquisição e formação de conceitos em termos de atividades instrucionais que julgamos muito pertinentes no ensino de vocabulário e que podem ajudar o(a) professor(a) a propor e executar atividades de ensino de vocabulário. Essas atividades podem ser realizadas por qualquer pessoa que queira saber mais sobre o vocabulário com que convive, mesmo sem o monitoramento de um professor.

A primeira proposta apresentada é a de Graves e Prenn (1986) (*apud* Moreira, 1996, p. 30). Os referidos autores propõem um procedimento para o ensino de novos conceitos que é constituído pelas seguintes etapas, das quais damos exemplos:

1) Definir o conceito novo, fornecendo seus atributos essenciais. Por exemplo, se tomarmos a palavra "pássaro" ou "passarinho", teremos:
    ⇒ Pequena ave (*Aurélio/Houaiss*); *design* comum às aves da ordem dos passeriformes, que possuem bico desprovido de cera e pés anisodáctilos (de dedos desiguais, sendo três voltados para frente e um para trás) (*Houaiss*).

2) Distinguir entre o conceito novo e um conceito semelhante, mas diferente, que possa confundir o aluno:

⇒Ave: *design* comum aos animais vertebrados, ovíparos, da classe *Aves*, de corpo coberto por penas, membros anteriores modificados em asas, e bico córneo, sem dentes (*Houaiss*).

3) Dar exemplos do conceito e explicar por que são exemplos:

⇒Apresente aos alunos várias figuras de pássaros: canário-da-terra (i), canário-belga (ii), patativa (iii), azulão (iv), curió (v), entre outros.

4) Dar não exemplos do conceito e explicar por que são não exemplos:

⇒Apresente exemplos de aves que não são passarinhos: galinha (vi), ema (vii), peru (viii).

5) Dar aos alunos exemplos e não exemplos e pedir-lhes para identificar os exemplos e explicar por que são exemplos:

⇒Misture exemplos de passarinhos – coleirinha (ix), corrupião (x), tico-tico (xi) e tesourinha (xii) – e de não passarinhos – pato (xiii), pavão (xiv), gavião (xv) – e peça que os estudantes digam por que são pássaros e por que não são pássaros.[8]

(xiii)   (ix)   (x)   (xiv)

(xv)   (xi)   (xii)

6) Pedir que os alunos apresentem os próprios exemplos e não exemplos do conceito. Levá-los a discutir por que alguns são exemplos e outros não exemplos. Dar-lhes *feedback* sobre seu desempenho:

⇒ Exemplos de pássaros: ix (coleirinha), x (corrupião), xi (tico-tico) e xii (tesourinha).

⇒ Não são exemplos de pássaros: xiii (pato), xiv (pavão) e xv (gavião).

Evidentemente esses passos são mais fáceis para um conceito concreto, mas pense como percorrer essas etapas para fazer alguém aprender um conceito como "triste". Evidentemente, pode-se criar uma definição de triste e também buscar dizer o que se entende por triste, o que significa esse adjetivo, usando sua intuição de falantes. Podem-se apresentar fatos que deixam pessoas tristes, expressões fisionômicas de pessoas tristes, comparar com melancólico, abatido, deprimido ou infeliz (evidentemente a que se compara o conceito em aquisição depende do nível dos alunos ou de desenvolvimento de quem procura ter um

---

8   As respostas da atividade dessa última etapa serão pessoais dos alunos.

domínio maior do léxico). Mas, como a palavra se refere a um estado interior, fica difícil apresentar exemplos diretos de triste e não triste. A abordagem possivelmente será indireta por meio das causas do que socialmente é visto como causador de tristeza.

A segunda proposta é de Klausmeier (1980) *apud* Moreira (1996, p. 19-21). Segundo este autor, a formação de um conceito acontece em um processo que passa por quatro níveis: o "concreto", o "identificatório", o "classificatório" e o "formal". Podem-se notar semelhanças com as seis fases de Graves e Prenn que acabamos de ver.

No **nível concreto,** forma-se um conceito quando algo é discriminado de outras coisas e guardado na memória, sendo posteriormente tratado, discriminado e reconhecido como a mesma coisa. É o caso da criança que, vendo a mesa da cozinha de sua casa, vai discriminá-la de outras coisas, representá-la internamente e depois a reconhece como a mesma coisa que representou antes. Assim a criança tem um conceito daquela mesa determinada, particular em um nível concreto.

No **nível da identidade,** já se exige um reconhecimento do objeto individual em outro contexto. Desse modo, a criança reconheceria a mesa de sua casa se a visse, por exemplo, em uma festa na casa do vizinho.

No **nível classificatório,** o domínio de um conceito exige o domínio dos níveis concreto e identificatório. No nível classificatório, um conceito se forma quando o falante é capaz de reconhecer, pelo menos dois diferentes exemplares como equivalentes. Se a criança trata mesas de outras casas como equivalentes, ou seja, da mesma classe da de sua casa, é porque formou o conceito de mesa no nível classificatório.

Já o conceito no **nível formal** terá sido atingido "quando um indivíduo pode corretamente identificar exemplos do conceito, fornecer seu nome, discriminá-lo e nomear seus atributos definidores ou críticos, dar-lhe uma definição socialmente aceitável e indicar diferenças entre exemplos e não exemplos daquele conceito" (MOREIRA, 1996, p. 19).

Se a formação de um conceito passa por esses quatro níveis, com base neste fato, Klausmeier (1980) propôs três frases instrucionais para formar conceitos. Os níveis concreto e de identidade são trabalhados na primeira fase; o nível classificatório em um patamar inicial é trabalhado na segunda fase; e, finalmente, os níveis classificatório (em um patamar mais maduro) e formal são trabalhados na terceira fase instrucional.

Vejamos as atividades propostas por Klausmeier para cada uma das fases instrucionais para formação de um conceito, na redação de Moreira (1996, p. 20):

Fase 1. Níveis concreto e identificatório

Apresentar um exemplar, desenho ou outra representação do item (conceito). Fornecer o nome do item e ajudar o aluno a associar o nome ao item.

Prover situações em que o aluno deva reconhecer o item. Dar *feedback* imediato.

Tornar, posteriormente, disponível o item e verificar se o aluno o reconhece. Repetir a sequência tantas vezes quantas necessárias.

Fase 2. Nível classificatório inicial

Tornar disponível no mínimo dois exemplos diferentes e um ou dois não exemplos óbvios do item.

Ajudar o aluno a associar o nome do conceito aos exemplos (difere da fase 1, porque aqui é o aluno que deve fornecer o nome para o conceito).

Ajudar o aluno a identificar e nomear os atributos salientes do conceito.

Pedir ao aluno para definir o conceito.

Levar o aluno a reconhecer o conceito em exemplos novos e a identificar não exemplos do conceito.

Fornecer *feedback*.

Fase 3 - Nível classificatório maduro e formal

Estabelecer um propósito para o aluno se tornar consciente de conceitos relacionados.

Fornecer exemplos e não exemplos.

Ajudar o aluno a identificar exemplos e não exemplos, determinando os atributos mais comumente associados ao conceito.

Levar o aluno a nomear o conceito e listar seus atributos.

Levar o aluno a definir o conceito.

Levar o aluno a usar o conceito em linguagem oral e escrita.

Fornecer *feedback* em relação à precisão do conhecimento do aluno e uso do conceito.

Klausmeier (1980) fala em aluno porque está preocupado apenas em trabalhar com o léxico na escola, todavia essas fases e passos valem para qualquer falante que esteja adquirindo novos itens lexicais, ampliando seu vocabulário e desenvolvendo sua competência lexical. Para o referido autor, o nível formal parece ser atingido somente mediante instrução explícita. Concordamos com esta proposição do autor.

Como sempre é preciso resolver como encontrar e/ou fornecer exemplos e não exemplos de conceitos abstratos e gramaticais. Já fizemos alguma indicação ao falar, por exemplo, de como tratar os itens "amor" e "triste". Parece-nos que será sempre uma indicação indireta.

Voltando ao exemplo de pássaro e ave, apresentado ao falar das seis etapas para formação de um conceito de Graves e Prenn, nota-se a semelhança evidente entre as duas propostas. Também se notam muitas semelhanças com a teoria dos interpretantes, proposta por Pierce. Esta, de certo modo, nos mostra recursos para formar um conceito na nossa mente ou na mente de outrem, como alunos, por exemplo.

Além disso, é preciso lembrar que as classes identificadas por um conceito nem sempre são muito claramente aplicáveis ou não aplicáveis a determinados exemplos. Se tomarmos os conceitos de ave e pássaro que vimos há pouco parece evidente que canário, pintassilgo, curió, corrupião, tico-tico, azulão, coleirinha, tesourinha são, sem dúvida, exemplos de pássaros. Os pássaros todos são aves, mas temos muitas aves que não são pássaros. Estão neste caso: galinha, ema, avestruz, peru, pato, ganso, cisne, mutum. Já exemplos como anu, gavião, condor seriam aves da classe dos pássaros? E exemplos ainda mais difíceis de classificar como exemplos ou não exemplos de pássaros seriam periquito, papagaio, cacatua.

Gostaríamos de concluir, dizendo que todos os estudiosos, seja qual for o modelo que apresentem para a aquisição de um conceito e sejam quais forem as atividades que propõem, sempre estão de acordo com o fato de que a aquisição de um conceito ou significado é algo gradual que acontece aos poucos e sempre pela soma de novos elementos e conhecimentos sobre o conceito. Isto é fundamental para o estudo e o trabalho do vocabulário. Em alguns exemplos apresentados nos capítulos seguintes, isso pode ser visto quando apresentamos mais de um exercício para trabalhar os mesmos conceitos ou diferenças entre conceitos.

A observação desses fatos sobre a formação de conceitos com certeza ajuda estudiosos do léxico para o próprio desenvolvimento ou professores a trabalhar (realizar) (propor e/ou aplicar - os professores) de modo mais eficiente com atividades de estudo e ensino de vocabulário.

1.4. Princípios básicos para a elaboração de exercícios de vocabulário[9]

No trabalho para o desenvolvimento do vocabulário nosso ou de alunos, não podemos esquecer alguns princípios fundamentais a serem observados na elaboração e aplicação ou realização de exercícios de vocabulário. A observação desses princípios possibilitará que as atividades sejam realmente produtivas, no sentido de que serão capazes de desenvolver habilidades linguísticas no uso do léxico, o que é fundamental para o desenvolvimento da competência lexical e consequentemente da competência comunicativa. Lembramos como básicos e importantes os seguintes princípios:

> ▷ Nunca trabalhe com as palavras fora de cotexto (frase, trecho e sobretudo texto) e de contexto (uma situação).
> Cotexto e contexto são necessários porque o sentido varia, em função dos outros itens lexicais com os quais determinado item lexical se combina [veja os exemplos (7)] e como se combina; e varia também em função da

---

[9]   O que está entre aspas foi transcrito de Travaglia, Costa e Almeida (2005, p. 15).

situação em que dada sequência linguística, tomada como texto, é usada [exemplo (7)b]. Às vezes, uma relação que vale em um cotexto ou contexto não vale em outro [cf. os exemplos (8), em que as mesmas palavras são sinônimas no par de frases **a**, mas não o são no par de frases **b**].

(7)

a) "Nasceu meu filho: é um **menino**" (= do sexo masculino) (situação: Pai comunicando a amigos o nascimento de uma criança).

b) "Pare de fazer isto. Você está parecendo um **menino**" (= "criança, irresponsável", se for um professor universitário, falando para um rapaz de 25 anos que está brincando em aula) ou (= "com comportamento masculino e não feminino", se for uma mãe para quem homens e mulheres têm comportamentos diferentes, falando com sua filha de dez anos).

c) "Os **meninos** ainda não chegaram?" (= "filhos" quando dito por um pai perguntando à esposa pelos filhos já adultos).

(8)

a) A louça está **enxuta**./A louça está **seca**.

b) Aquela garota é **enxuta**./Aquela garota é **seca**.

Nos exemplos apresentados, procuramos sempre inserir um cotexto. Por questões diversas, não foi possível transcrever aqui a quase totalidade dos textos envolvidos nos exercícios, mas, nas situações de estudo do vocabulário, tanto os que o fazem para desenvolver a própria competência lexical quanto professores, em sala de aula, sempre terão os textos completos para atender a este princípio que é muito importante, no trabalho com a significação dos itens lexicais.

▷ Atenção à formação e à aquisição dos conceitos que dão as possibilidades significativas de cada item lexical. Como apresentado em 1.1, o conceito é o conjunto das características que dão o significado fundamental de uma palavra. Como visto, esse conceito pode ser atingido por meio de recursos diversos que são os interpretantes na teoria dos signos: apresentação de sinônimos, definições, exemplares daquilo a que a palavra se refere (seres, características, situações), exemplos da palavra em uso, entre outros recursos. Importa lembrar sempre o que foi mencionado no texto do Item 1.3.

▷ Repetir o item lexical em diferentes contextos e situações. Usá-lo uma única vez, nem sempre é o bastante para sua aquisição.

▷ Trabalhar com os diferentes fenômenos relativos ao léxico e seu uso:

⇒ **Polissemia**.

⇒ **Campos semânticos**, conjuntos de palavras que têm pelo menos um traço comum de significado.
Exemplos:

→ Olhar, ver, enxergar, divisar, avistar, entrever, observar, espiar, contemplar, admirar, fitar, mirar (traço comum: perceber pela visão ou utilização dos olhos e sentido da visão).

→ Sob, abaixo de, debaixo de, embaixo de, por baixo de (Traço comum de significado: posição inferior) (cf. sobre análise de campos semânticos ou análise sêmica, no Capítulo 6).

⇒ **Campos lexicais**, que são conjuntos de palavras usados para falar de determinado assunto. Por exemplo, para falar de escola, muito provavelmente usaremos palavras como aluno, professor, livros, biblioteca, aula, sala de aula, disciplinas/ matérias, diário de classe, quadro-negro, cantina, entre outros.

⇒ **Formação de palavras**.

⇒ **Sentido específico e sentido genérico**.

⇒ **Denotação e conotação**.

⇒ **Precisão e imprecisão de linguagem**.

⇒ **E outros fenômenos**.

▷ Leve em conta que uma palavra não é isolada no léxico e mantém com outras diferentes relações semânticas, por exemplo: sinonímia, antonímia,
homonímia, hiperonímia/hiponímia, paronímia, cognatos.

▷ Não se esqueça de que há palavras de tipos particulares (como as onomatopeias, cf. item 12.5.5.) e com funções especiais como os marcadores conversacionais (cf. Item 1.2.), modalizadores (cf. Item 14.1.), operadores discursivos
(cf. item 14.2.), operadores argumentativos (cf. Item 14.3.), entre outros.

▷ Trabalhe primeiro com as palavras de uso mais frequente, passando paulatinamente para as de uso menos frequente, sem, contudo, perder a
oportunidade em função da ocorrência do item lexical em textos orais e
escritos com os quais se trabalha.

▷ Mostre a importância e a forma de usar o dicionário e o tipo de informação
que podemos obter em um dicionário: classe da palavra, gênero, flexão,
pronúncia, ortografia[10], significados e área de conhecimento a que se ligam, origem, entre outras informações.

▷ Considere o nível dos alunos, quando o estudo do vocabulário se dá em
situações formais de ensino-aprendizagem.

▷ Atenção às relações do léxico com as variedades linguísticas. Por exemplo:
  ⇒Palavras usadas em uma região e não em outras.
  ⇒Palavras cujo uso se liga a classes sociais.
  ⇒Palavras que mostram cortesia ou descortesia.
  ⇒Palavras usadas na linguagem técnica/científica ou comum do dia a dia,
    entre outros exemplos (cf. TRAVAGLIA; ROCHA; ALMEIDA, 2005, p. 15).
  ⇒Palavras de uso em situações mais formais e informais.
  ⇒Formas próprias da língua oral ou da língua escrita.
  ⇒Outras palavras.

---

[10] No trabalho com a ortografia, não se pode esquecer do valioso auxílio do *Vocabulário Ortográfico da Língua Portuguesa* (Volp), que tem uma volumosa versão impressa, mas também está disponível em: link http://www2.academia.org.br/nossa-lingua/busca-no-vocabulario

Atividades de avaliação do capítulo 1

A seguir, propomos algumas atividades de avaliação de conhecimento relativas aos tópicos desenvolvidos neste capítulo, para ajudá-lo(a) a reter pontos importantes. Responda-as se quiser e, a seguir, confira as respostas disponibilizadas no final do livro.

1) Coloque V para verdadeiro, F para falso e O para opinião.

( ) As expressões idiomáticas não fazem parte do léxico de uma língua.

( ) O vocabulário receptivo, passivo ou de reconhecimento é sempre maior que o vocabulário produtivo, ativo ou de uso.

( ) Todos os falantes de uma língua têm uma competência lexical.

( ) Só é possível desenvolver a competência lexical até os 21 anos de idade.

( ) Todo item lexical tem um significado e pode ter vários sentidos.

( ) O conceito ou significado de um item lexical é constituído por um conjunto de características, propriedades ou atributos que são chamados de traços de significado ou semas.

( ) Sema e componente de significado não são a mesma coisa.

( ) Não basta apenas saber o significado de uma palavra para podermos dizer que conhecemos a palavra.

( ) O fato de uma palavra poder ter vários sentidos chama-se polissemia.

( ) O significado de uma palavra é o objeto do mundo real a que ela se refere.

( ) Os verbos só exprimem conceitos de ação.

( ) Todos os métodos apresentados para auxiliar a formação de conceitos, de certo modo, usam a ideia de interpretantes proposta por Pierce.

2) Todos os elementos abaixo são necessários para se dizer que conhecemos uma palavra, exceto:

a) Saber a origem da palavra.

b) Saber com que outras palavras normalmente ela se combina.

c) Saber o comportamento sintático da palavra.

d) Saber limitações de uso em função, por exemplo, de regiões, áreas de conhecimento, entre outros fatores.

e) Conhecer os elementos que entram na formação da palavra.

f) Conhecer suas possibilidades de significado.

g) Saber o paradigma a que a palavra pertence.

h) Ser capaz de reconhecer sua forma oral ou escrita.

3) O termo vocabulário pode ser usado para identificar qualquer um dos elementos abaixo, exceto:

a) O conjunto de itens lexicais usados em uma obra.

b) O conjunto de itens lexicais usados em uma área do conhecimento.

c) O conjunto de itens lexicais usados por uma pessoa.

d) O conjunto de itens lexicais que compõem um campo semântico.

e) O conjunto de itens lexicais usados por um dado grupo social.

4) O único traço de significado (sema) que não é comum aos itens lexicais do campo semântico é:

> nenê, bebê, recém-nascido, pimpolho, lactente,
> menino, garoto, guri, pivete, moleque, menino de rua

a) Ser humano.

b) Sexo masculino.

c) Bandido.

d) Menor de doze anos.

5) Ao trabalharmos com o ensino de vocabulário elaborando e aplicando exercícios de vocabulário, a única coisa que não devemos fazer é:

a) Preocupar-nos com a formação de conceitos pelos alunos.

b) Trabalhar fora da cadeia linguística em que a palavra se insere e fora de uma situação de uso.

c) Repetir o item lexical em situações diversas de uso.

d) Trabalhar com palavras mais frequentes e menos frequentes nesta ordem.

e) Levar em conta as variedades linguísticas de uso das palavras.

f) Levar em conta as relações que existem entre as palavras do léxico.

g) Trabalhar com denotação e conotação, sentido geral e específico, campos lexicais e campos semânticos, formação de palavras.

6) Relacione as colunas a seguir:

a) Fenômeno relativo ao léxico e seu uso.

b) Relação entre palavras no léxico.

(   ) Campos semânticos.

(   ) Sinonímia.

(   ) Cognatos.

(   ) Campos lexicais.

(   ) Formação de palavras.

(   ) Sentido específico e sentido genérico.

(   ) Hiperonímia e hiponímia.

(   ) Denotação e conotação.

(   ) Antonímia.

(   ) Paronímia.

(   ) Polissemia.

Tópico 2

Exercícios de vocabulário e relações léxico-semânticas

Preliminares

Neste tópico, tratamos das relações léxico-semânticas que existem entre os itens lexicais, que, conforme já elencamos, são a polissemia, a sinonímia, a antonímia, a homonímia, a paronímia e a hiperonímia correlacionada com a hiponímia.

Como no item em que se aborda cada relação e os exercícios a ela relativos, vamos falar de cada relação, sem expô-las nessa parte, pois isso criaria uma desnecessária redundância.

Tópico 2.1.
Polissemia

Capítulo 2

Exercícios sobre diferentes sentidos da mesma palavra

2.1. Diferentes sentidos da mesma palavra: polissemia

Sabe-se que toda palavra tem um significado e pode ter diversos sentidos (cf. Itens 1.3.1 e 1.3.2). Assim, por exemplo, se considerarmos a palavra "**seco**", podemos ter vários sentidos para ela, entre os quais:

(9)

a) Recolheu as roupas **secas** do varal, porque estava ameaçando chover (= sem água).

b) Tereza, com tanto regime, você está **seca**. Pare ou vai adoecer (=magra demais, descarnada).

c) Meu tio era um homem **seco**. Nunca manifestava carinho pelos filhos (= de poucas palavras; sério, austero, severo./Ríspido, rude, áspero./Que não manifesta carinho ou ternura; que não se deixa enternecer./Sem cortesia.).

d) Depois daquela longa viagem, eu estava **seco** por uma comida caseira/Estou seco por um suco de cupuaçu (= cheio de vontade; ávido). (Aqui o sentido é mais da expressão "estar seco".).

e) Comprei um vinho tinto **seco** (= tipo de vinho pouco ou quase nada açucarado, opõe-se a vinho doce e suave).

f) A **seca** desse ano deixou os reservatórios das hidrelétricas brasileiras em um nível crítico, prejudicando a produção de energia (= período de estiagem em que não chove, portanto há ausência de água).

g) Esta mulher é **seca**, por isso não teve filhos (= não fértil, sem fertilidade).[11]

Nos exercícios sobre diferentes sentidos da mesma palavra, trabalha-se principalmente com a polissemia, que podemos definir da seguinte forma:

Polissemia é o fato de um item lexical (palavra ou expressão), enquanto signo, poder ter várias significações ou sentidos possíveis (que surgem em decorrência de diferentes usos em cotextos e contextos de situação diferentes), mas todos eles serem de alguma forma correlacionados, por terem algo em comum em sua significação.

O que há de comum a todos os sentidos da palavra "seco" apresentados anteriormente? Pode-se notar que todos os sentidos apresentados para esse vocábulo têm sempre uma base no traço de significado "ausência de algo".

---

[11] Quando o uso de uma palavra tiver um valor preconceituoso como no exemplo b (um problema social) ou um valor depreciativo, como no exemplo G (uma questão de cortesia) o(a) professor(a) deve discutir tais aspectos com os alunos, comentando como esses usos implicam nossa sociedade e cultura.

Todos eles contêm a ideia de algo que falta ou aparece em pouca quantidade, conforme especificamos a seguir para cada exemplo e sentido dado em (9):

a) Água.

b) Massa muscular/gordura.

c) Sentimento, gentileza.

d) Falta muito grande daquilo que se está desejando.

e) Açúcar.

f) Chuva.

g) Fertilidade.

O mesmo fato (base comum de significado nos diversos sentidos de uma palavra com polissemia) verifica-se no exemplo da palavra ponte apresentado no Item 1.3.1., em que todos os sentidos apresentados têm em comum o fato de haver o estabelecimento de uma ligação entre dois pontos (espaciais, temporais, ou em outra noção – como os sentimentos ou formações sociais), separados por alguma razão.

Na **polissemia**, tem-se sempre o mesmo item lexical. É diferente da **homonímia** em que há mais de um item lexical com significados completamente diferentes, mas a forma idêntica (na verdade a teoria dos signos diz que a forma – poderíamos dizer o significante – é muito semelhante, mas não igual, porque seriam dois signos diferentes cujos significantes têm fonias ou grafias muito semelhantes) (sobre homonímia, cf. também o Capítulo 7).

Talvez um exemplo ajude a entender melhor. Assim:

⇒ Se usarmos a palavra **manga** referindo-nos à parte de uma camisa ou blusa (peça cilíndrica que envolve o braço ou o braço e o antebraço) [exemplo (10)] e manga de lampião (peça cilíndrica que envolve a chama) [exemplo 11)], teremos um uso polissêmico porque há uma base comum de significado.

⇒ Já se usarmos a palavra **manga** referindo-se a uma peça cilíndrica que envolve algo [exemplos (10) e (11)], e **manga** referindo-se ao fruto da árvore mangueira [exemplo (12)], teremos homonímia entre (10) e (11) por um lado e (12) por outro, porque não há uma base comum de significado. São significados completamente diferentes. Portanto, palavras diferentes.

(10)

Comprei uma camisa de manga longa.

(11)

A manga deste lampião é muito bonita.

(12)

Roberto adora colocar manga na salada.

Os esquemas a seguir ajudam a visualizar o que acabamos de estudar.

Polissemia

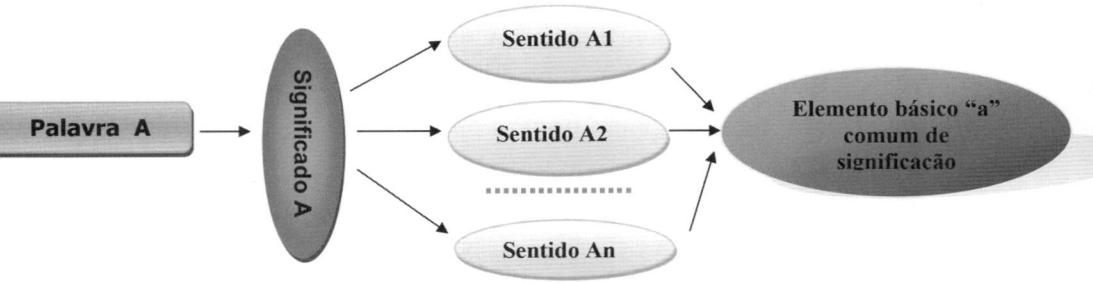

Fonte: Elaborado pelo autor

Homonímia

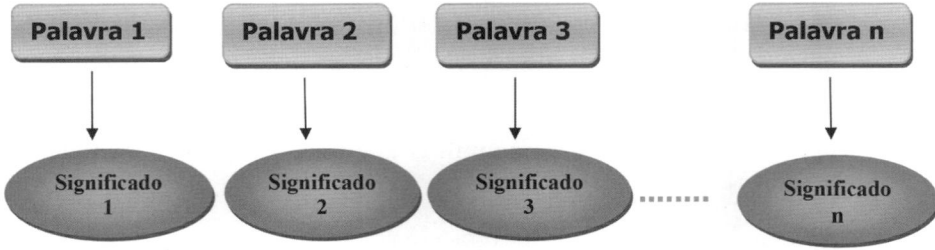

Fonte: Elaborado pelo autor

Ao elencarem as significações de um item lexical, os dicionários geralmente não distinguem entre os sentidos polissêmicos e as homonímias. É preciso verificar se diversos sentidos têm algum traço comum de significado, caso em que ocorreria polissemia; ou se os significados são completamente distintos sem qualquer traço comum, caso em que ocorreria homonímia. Dependendo do nível dos alunos o professor pode chamar a atenção para esse fato que acontece nos verbetes dos dicionários: a coexistência de sentidos polissêmicos de um item lexical, com itens lexicais homônimos e seus significados. Nem sempre é simples distinguir se temos polissemia ou homonímia.

Obviamente esse tipo de exercício tem relação direta com os exercícios apresentados no Capítulo 4, mas aqui o foco são as diversas possibilidades de sentido de uma palavra e lá se destaca o sentido com que a palavra foi usada em um texto e contexto específico.

2.2. Exemplos de exercícios sobre diferentes sentidos da mesma palavra

(13)[12]

"O fato de ser cheinha acaba me fazendo sofrer um pouco. As piadinhas é que irritam mesmo. Nesse momento, eu chego a achar muito ruim estar fora do padrão e a me sentir **diferente**" (texto 1).[13]

---

[12] Exercícios de Travaglia, Rocha e Arruda-Fernandes (2009b, p. 188) com pequena modificação. Agradecemos aos autores a cessão de todos os exercícios de sua coleção de livros didáticos *A Aventura da Linguagem*, que aparecem nessa obra.

[13] Os trechos usados nos exercícios sempre foram extraídos de textos que não foram reproduzidos neste livro por algumas razões. A referência aos textos é para que fique claro que os exercícios sempre se fazem a partir de textos e contextos para evitar a descontextualização do item lexical em foco. Quando após o exemplo há um número de texto, este se refere ao número do texto no capítulo da fonte (geralmente um livro didático) em que o exemplo foi colhido.

Segundo o *Novo Dicionário Aurélio* eletrônico, a palavra **diferente** significa: "que não é igual; que não coincide; que difere, diverge; divergente, **diverso**, desigual".

Mas será que "diferente" e "diverso" são sempre sinônimos, ou depende do texto em que aparecem? Responda às questões seguintes para descobrir.

1) Em qual das frases a seguir "diversas" é sinônimo de "diferente"? Qual é o sentido de "diversas" na outra frase?

    a) As pessoas têm atitudes diversas em relação ao preconceito, mas concordam que ele é pernicioso.

    b) As pessoas têm diversas atitudes em relação ao preconceito, mas concordam que ele é pernicioso.

    Na frase a. Na frase b, o sentido de "diversas" é de quantidade, mais ou menos como "várias".[14]

2) Nós poderíamos dizer: "As pessoas têm diversas atitudes diferentes em relação ao preconceito, mas concordam que ele é pernicioso."? Explique por quê.

Poderíamos porque, como visto na resposta a 1, "diversas" antes do substantivo tem o sentido de quantidade, assim como várias/muitas/inúmeras.

(14)

O que significa a palavra **sólido** na expressão "qualidades morais sólidas" no trecho transcrito a seguir?

"Ele não aceitaria suborno pois a educação recebida dos pais lhe dera qualidades morais sólidas, mas achava ruim denunciar o amigo que lhe fazia aquela proposta tão desonesta."

Que não estão sujeitas a falhar; inabaláveis, firmes, estáveis, sérias.

E o que significa sólido nas frases seguintes? Dê o antônimo da palavra "sólido" em cada caso:

a) As pedras são corpos sólidos da natureza das rochas.

    Que tem consistência dura, porque suas partículas constituintes (átomos, moléculas) estão unidas por uma força suficiente para opor resistência significativa à sua separação./**Antônimo**: *líquido, gasoso.*

b) O intestino da minha irmã melhorou muito, tanto que o médico já lhe liberou a ingestão de alimentos sólidos.

    Que tem consistência firme, dura./**Antônimo**: *pastoso, líquido.*

---

[14]   Nos exemplos de exercícios de vocabulário, colocamos prováveis respostas no tipo *Alegreya*.

c) Esta é uma mesa sólida, pois suporta que se coloque sobre ela até mil quilos.
Forte, resistente, firme./**Antônimo**: *fraca.*

☞ *Observa-se que pedir o antônimo, que é outro tipo de exercício de vocabulário, ajuda, em alguns casos, a perceber e definir melhor e mais facilmente os diferentes sentidos da palavra em cada uso. Em todos os usos de sólido tem-se em comum a ideia de dureza, firmeza.*

(15)

O verbo **deitar** aparece duas vezes no texto:

a) **Deitei** mais lenha no fogo para que tudo cozinhasse rápido.

b) **Deitei** um punhado de sal no doce, para realçar o sabor, como ensinara minha avó.

1) Em qual das frases seguintes o verbo **deitar** tem o mesmo sentido que no texto? Assinale-a:

( ) **Deitei** na cama limpinha que minha tia arrumou para mim. *Pôr(-se) em posição horizontal para dormir ou descansar, geralmente em uma cama, mas também em outros lugares. Reclinar.*

(X) **Deitei** açúcar na água e dei para ela beber.

( ) A fonte deitava água farta para os peregrinos cansados. Era um presente de Deus. *Jorrava, vertia, derramava.*

2) Qual o significado de **deitar** no texto e na frase assinalada? *Pôr (algo) [em algum lugar]; colocar.*

3) Qual o significado de **deitar** nas outras duas frases? *(cf. a resposta em 1)*

4) Qual desses sentidos de **deitar** é mais comum e mais usado? *Pôr(-se) em posição horizontal para dormir ou descansar, geralmente em uma cama, mas também em outros lugares. Reclinar.*

(16)

No texto, encontramos a palavra **livre,** como apresentado no trecho seguinte.

"Quando se viu **livre** da corda que o amarrava o macaquinho correu para a capoeira próxima da casa."

1) Qual o sentido da palavra livre no texto? *Desprendido, solto.*

2) E nas expressões seguintes?

   a) João adorava passear **ao ar livre**. *Ar que se encontra fora das construções do homem, o ar na natureza.*

   b) Ele era um **homem livre**. Podia namorar quem quisesse. *Que não está envolvido em nenhum relacionamento amoroso.*

   c) Aquela **linguagem livre** do rapaz causou estranheza a Margarida. *Desregrada, que não atende às exigências da norma culta e/ou da cortesia ou que não tem a forma fixada por regras e normas.*

   d) Vamos ao show. A **entrada é livre**. *Em que não se paga nada para entrar.*

   e) O que você faz em seu **tempo livre**? *Disponível, que não está ocupado com tarefas ou obrigações ou trabalho.*

   f) Quando o presidente da assembleia declarou a **palavra livre**, ninguém quis dizer nada. *Para quem quiser fazer uso, para quem quiser dizer algo.*

3) Construa frases com duas das expressões de 2.

(17)

Relacione as frases com os diferentes sentidos com que a palavra abrir foi usada.

a) Os bombeiros abriram a camisa dele e fizeram uma massagem cardíaca.

b) A menina abriu as janelas para que o ar fresco e a luz entrassem.

c) Você pode abrir o vidro de azeitona para mim?

d) Naquele dia, abriram-se dezenas de margaridas e o jardim ficou lindo, todo branco.

e) O prefeito pretende abrir um túnel, ligando os dois bairros.

f) Você já foi naquela loja que abriu na nossa rua?

g) Quando abri o presente que meu pai me deu, tive a melhor das surpresas.

h) Quando o sinal abriu, ela se foi e nunca mais a vi.

i) Quando conseguiu abrir-se com os pais, José ficou mais aliviado.

j) Ricardo, abra a água para eu poder lavar a louça.

(c) Destampar, retirar a tampa de algo.

(g) Romper o invólucro de; tirar do pacote; desembrulhar.

(a) Desabotoar (peça de vestuário).

(d) Desabrochar, transformar-se o botão em flor.

(*e*) Furar, praticar abertura de.

(*f*) Começar a funcionar; inaugurar.

(*b*) Descerrar, mover porta ou janela permitindo a passagem.

(*i*) Expressar sentimentos ou pensamentos antes ocultados; fazer confidência(s), desabafar.

(*j*) Fazer fluir (o que antes estava retido ou bloqueado).

(*h*) Passar a verde (sinal de trânsito), liberando o avanço de veículos ou pedestres.

☞ *Em exercícios como (16) e (17), pode-se observar que nem sempre é fácil dizer se temos uma polissemia ou homonímia. Muitos exercícios vão trabalhar valores polissêmicos e homonímias ao mesmo tempo, tendo em vista a igualdade de forma de alguns homônimos. Isso não deve ser objeto de preocupação, pois o que interessa mais é reconhecer e mostrar possibilidades significativas de determinadas formas do léxico e não distinguir valores polissêmicos de uma palavra ou expressão de casos de homonímia. Mas é importante, tanto para professores como para outros, estares atentos para esse fato.*

(18)

1) Observe as ocorrências da palavra "**como**" nos trechos seguintes:

a) **Como** ele conseguiu conhecer tantos lugares? **Como** pagou por tantas viagens?

b) Apesar de conhecer tantos lugares, há muitos que ele ainda deseja visitar, **como** a Terra Santa, a Amazônia, a cidade de Machu Pichu, a Índia. Cada um por uma razão diferente.

Veja que ela não significa a mesma coisa nos dois trechos. Qual sentido a seguir a palavra "como" apresenta em cada um dos trechos do texto?

→ Modo.

→ Causa.

→ Introdutor de exemplo ou lista de exemplos.

→ Indicador de que uma coisa foi feita de acordo com outra.

→ Comparação.

→ Intensidade/admiração.

*Em **a** indica modo, e em **b** é um introdutor de exemplo ou lista de exemplos.*

2) Nas frases seguintes, quais os sentidos da palavra "como"?

a) Como esse lugar é bonito!

b) Nada aconteceu como você me prometeu.

c) As montanhas de Minas Gerais não são como as da Cordilheira dos Andes.

d) Como ele viajou muito, sabe dar boas dicas de viagem.

e) Não sei como ele consegue viajar tanto.

f) Como você vai fazer em Berlim, se não fala Alemão?

g) Há países como a Índia e a China, que têm culturas milenares.

a) = intensidade/admiração;

b) = indicador de que uma coisa foi feita de acordo com outra, conformidade;

c) = comparação;

d) = causa;

e), f) = modo;

g) = introdutor de exemplo ou lista de exemplos.

3) Escolha um sentido da palavra **"como"** e:

a) Construa uma frase.

b) Depois cada aluno lê a frase que fez e os colegas dizem qual o sentido de "como".

Quem leu a frase deve dizer se os colegas acertaram. *Resposta pessoal.*

☞ *Este exercício, além dos vários sentidos da palavra **como**, aborda usos diversos como operador discursivo de introdução de exemplo ou lista de exemplos (cf. Item 14.2.1.).*

(19)[15]

Observe o emprego da palavra **também** no trecho seguinte:

> "O fácil acesso e incentivo da propaganda ao consumo de refeições rápidas (lanches ou produtos industrializados) podem **também** modificar o hábito alimentar do adolescente."

---

[15] Exercícios de Travaglia, Rocha e Arruda-Fernandes (2009, p. 174) com pequenas modificações.

Nesse fragmento, a palavra **também** pressupõe outros fatores que modificam o hábito alimentar do adolescente.

1) Procure no texto "A alimentação do adolescente" pelo menos outro fator, citado anteriormente, que influencia o modo de os adolescentes se alimentarem:

Alimentar-se apenas para matar a fome; alimentar-se para aliviar tensões ou para contestar a autoridade dos pais; buscar a aceitação dos amigos.

2) Procure no texto um emprego da palavra **também** igual ao do trecho anterior:

*"Excesso de consumo de gordura, sal e colesterol **também** são comuns nos adolescentes."*

3) Mas a palavra **também** pode ser empregada com outros sentidos, por exemplo:

→ Indicar descontentamento, estranheza.

→ Indicar ênfase.

→ Indicar o contrário ou outra possibilidade.

→ Incluir outra ideia.

Observe as frases seguintes e escreva qual o sentido da palavra também em cada uma delas:

a) Algumas pessoas gostam de cinema, **também**, há aquelas que preferem teatro.

b) Ele comprou livros e **também** material de desenho.

c) Você diz que não consegue boas notas. **Também**! Não estuda o suficiente!

d) Esse comportamento **também** já é demais!

e) Ela estava linda. **Também**, com aquela produção toda!

a) = indicar o contrário ou outra possibilidade;

b) = incluir uma outra ideia;

c) = indicar descontentamento, estranheza;

d), e) = indicar ênfase.

4) Reescreva as frases seguintes, inserindo a palavra também de forma adequada e complete o sentido que ela apresenta em cada frase:

a) Essa história já é demais.

Exemplo de possível resposta: Essa história também já é demais./ênfase.

b) Você não foi ao aniversário do João e ele não irá ao seu.

Exemplo de possível resposta: Você não foi ao aniversário do João e ele também não irá ao seu./de modo semelhante.

c) Ele falou a verdade, se não falasse, seria castigado.

Exemplo de possível resposta: Ele falou a verdade, também, se não falasse, seria castigado./ contrário.

5) Selecione um sentido da palavra também e:

a) Construa um período com o sentido escolhido.

Resposta pessoal.

b) A seguir, reúna-se em grupo com outros, discutam as frases e selecionem a melhor para que o(a) professor(a) a escreva no quadro.

☞ *Esse exercício, além dos vários sentidos da palavra "também", aborda usos diversos como operador argumentativo (cf. Item 14.3.1.) e operador discursivo (cf. Item 14.2.1.).*

Tópico 2.2.
Sinonímia

Exercícios de vocabulário e sinonímia

Algumas observações sobre sinonímia

Afirmar que sinonímia é a relação entre itens lexicais (palavras ou expressões) com o mesmo significado não tem validade, porque já sabemos que os sinônimos são palavras com sentido aproximado, semelhante. Se o sentido não é exatamente o mesmo vai haver diferença de sentido entre os sinônimos (para saber mais sobre o tema, cf. o Capítulo 6). Também não se pode afirmar que duas palavras são sinônimas simplesmente porque indicam o mesmo referente (elemento do mundo), pois esse critério é válido em alguns casos, mas não em outros. Na verdade, parece que se pode dizer que há sinonímia quando as palavras ou expressões têm traços comuns de significado.

É preciso lembrar que uma palavra não é sempre sinônima de uma determinada outra. Duas palavras podem ser sinônimas em um cotexto ou contexto e não o ser em outro cotexto ou contexto. Quando se diz que duas palavras com aparentemente a mesma forma não são sinônimas é preciso estar atento à questão da homonímia (cf. o Capítulo 7), que leva, com frequência, a pensar que se tem a mesma palavra pela coincidência da forma do significante.

Nos exemplos a seguir, ao comparar (20) com (21) e (22) com (23), percebe-se que as palavras de (21) são homônimas das de (20), e as de (23) das de (22), já que têm a mesma forma, mas significados sem qualquer traço comum.

As palavras destacadas em (20) são sinônimas, assim como as de (22).

(20)

a) A roupa já está enxuta. Pode recolhê-la do varal.

b) A roupa está seca. Pode recolhê-la do varal

(21)

a) Tereza fez uma dieta e exercícios e agora está enxuta.

b) Tereza exagerou na dieta e nos exercícios e ficou seca.

(22)

a) Minha irmã sabe falar três línguas: francês, inglês e russo.

b) Minha irmã sabe falar três idiomas: francês, inglês e russo.

(23)

a) Meu primo mordeu a língua e a machucou.

b) *Meu primo mordeu o idioma e o machucou.[16]

---

[16] O asterisco antes de uma frase indica que ela não é vista como uma boa construção em nossa língua.

Ao trabalhar com a questão da sinonímia, entendida como a semelhança de sentido, é preciso lembrar o fato de que o trabalho pode ser feito tomando como base quatro aspectos diferentes:

▷ Uma palavra pode ser usada com diferentes sentidos (Cf. Capítulo 2), estabelecidos por diversas razões, em especial, por processos metafóricos e metonímicos e, por isso, é preciso ser capaz de especificar o sentido com que aparece em um texto. Nesse caso, tem-se a polissemia e talvez só se possa falar em sinonímia se se considerar um uso do item lexical em comparação com outro uso deste e por haver uma base comum de significação. Muitos estudiosos vêm nisso um problema, razão pela qual preferimos neste livro não inserir a polissemia (Cf. Capítulo 2) sob o rótulo da sinonímia. Mas há, sem dúvida, uma relação léxico-semântica.

▷ Há várias palavras que, em princípio, têm o mesmo sentido (Cf. Capítulo 3).

▷ O trabalho com a sinonímia no léxico e nos vocabulários implica focar tanto o sentido das palavras (Cf. Capítulo 4) quanto o sentido das expressões idiomáticas (Cf. Capítulo 5).

▷ O fato de que os sinônimos apresentam diferenças de significação entre si (Cf. Capítulo 6) e que, portanto, raramente são intercambiáveis, mostra a necessidade de desenvolver nos alunos a habilidade de distinguir as diferenças entre sinônimos, para aprimorar uma parte da competência lexical que é a precisão de uso do léxico, citado no Capítulo 17.

Nos próximos capítulos, trataremos de cada um dos aspectos anteriores que são inequivocamente casos de sinonímia.

Capítulo 3

Exercícios sobre diversas palavras com o mesmo sentido

3.1. Diversas palavras com o mesmo sentido

Esse tipo de exercício chama a atenção para o fato de que temos no léxico várias palavras que, em princípio, têm o mesmo significado. É, portanto, uma forma de exercício relacionado à sinonímia. O mais comum, neste caso, é termos palavras que remetem a um mesmo referente (elemento do mundo que a palavra identifica) ou tipo de referente, o que, para muitos, é caracterizador de sinonímia, embora, como vimos, nem sempre palavras ou expressões com o mesmo referente sejam sinônimas. Geralmente elas aparecem ou por que existem, em diferentes variedades da língua (regionais, sociais, históricas, entre outras variedades), que têm palavras diferentes para referir o mesmo elemento do mundo [exercícios (25), (27), (28) e (29)], ou porque há razões de ideologia que levam a propor diferentes nomes para algo [exercício (24)], ou para evitar usar determinadas palavras, como a restrição de um grande número de falantes em usar a palavra "desgraça" por superstição (o que é também uma questão ideológica) ou ainda porque as palavras têm o mesmo sentido, mas valores avaliativos distintos [exercício (30)].

Apesar de possuírem o mesmo sentido, até nos casos de identificação do mesmo referente em variedades linguísticas diferentes, pode haver nuanças que se pode apreender, uma vez que, em princípio, são sinônimos e é praticamente uma regra haver diferença de sentido entre sinônimos. Pode acontecer com essas palavras especialização de usos (exercício 26) e aí temos uma diferença de uso, que é o caso também quando cada palavra ocorre em uma variedade da língua (como se pode perceber, o que é apresentado neste capítulo possui relação direta com o que é apresentado no item 15.2., do Capítulo 15, do Tópico 7).

3.2. Exemplos de exercícios sobre diversas palavras com o mesmo sentido

(24)

A palavra **diabo**, por se referir à representação de um ser extremamente malévolo, que muitos acreditam pode nos fazer mal, é evitada pelas pessoas, que, por isto, criaram muitos sinônimos para ela. É isto que chamamos de tabu: ter restrições a falar determinadas coisas e usar determinadas palavras por razões religiosas, morais, supersticiosas, entre outras.

1) No trecho seguinte, aparece um sinônimo de "diabo". Qual é? *Demônio*.

As pessoas não gostam de plantar pé de coité no quintal porque dizem que os demônios fazem reunião debaixo dele.

2) Cite outras palavras usadas para se referir ao fato de ele ser malévolo (se preciso consulte o dicionário). Muitas vezes elas variam de região para região. Quais palavras são usadas em sua região?

Arrenegado, beiçudo, belzebu, bicho-preto, bode-preto, brazabum, bute, cafuçu, cafute, canhoto, cão, capa-verde, capeta, capiroto, coisa-ruim, condenado, coxo, cramulhano, cujo, demo, ele, o excomungado, o lá de baixo, Lúcifer, macacão, maldito, mal-encarado, o maligno, pé de cabra, rabudo, Satã, Satanás, tição, o tinhoso, o tisnado. E ainda palavras usadas em cada região: pessoal.

---

(25)

"Meu primo me chamou para fazer uma **pandorga**. Fiquei pensando o que seria aquilo e achei melhor perguntar. Ele me explicou que era um brinquedo que se fazia com varetas e papel de seda e que depois a gente soltava ao vento amarrado a uma linha."

Veja algumas imagens de pandorgas:

a) Como esse brinquedo é chamado em sua região?

b) Conhece outros nomes desse brinquedo? *Papagaio, arraia, raia, pipa, cafifa, balde, tapioca.*

☞ *Este exercício trabalha diversas palavras com o mesmo sentido e uma das razões para existirem estas palavras: as variedades linguísticas, quase sempre regionais.*

(26)[17]

No texto aparece a palavra (ou adjetivo)[18] eficiente:

> "Ronaldo sempre se mostrava muito **eficiente** no trabalho, por isso foi promovido, recebendo um aumento de salário."

Segundo os dicionários, as palavras (ou os adjetivos) "eficiente" e "eficaz" são sinônimos e significam "que produz o efeito desejado, que dá bom resultado" ou "que age com a qualidade esperada".

a) Faça uma lista de seres e/ou coisas que as pessoas normalmente dizem que são eficientes e outra de que as pessoas normalmente dizem que são eficazes (use seu conhecimento, pergunte às pessoas, procure em textos, pesquise em dicionários).

b) Anote as frases que encontrou.

c) De todos os seres e coisas que dizemos ser "eficientes", podemos dizer também que são "eficazes"?

d) De tudo o que se observou no uso de nossa língua hoje, "eficiente" e "eficaz" são duas palavras que por serem sinônimas podem ser usadas em relação aos mesmos seres e coisas, que podem ser usadas nas mesmas frases e situações?

Respostas prováveis:

a) eficaz   eficiente

método   método

remédio   funcionário

tratamento político

medida   gerente

b) *Exemplos de frases:*

- Este método de ensino é muito eficaz/eficiente.

- Os cientistas criaram um remédio bastante eficaz no tratamento do lúpus.

- O tratamento do vírus HIV com o AZT não é totalmente eficaz.

---

[17]   Exercício de Travaglia (1996, p. 162-164).

[18]   O uso ou não da palavra "adjetivo", assim como de outros termos de metalinguagem, depende do que já sabe quem vai desenvolver a atividade. Quem elabora as atividades sempre pode encontrar alternativas para não utilizar o termo técnico.

- O governo finalmente tomou uma medida eficaz contra a inflação.

- Rui tem-se mostrado um funcionário eficiente.

- Este país precisa de políticos eficientes.

- Precisamos de um gerente de vendas mais eficiente.

c) e **d)**

*Parece que não. O que observamos foi que **eficaz** parece ser usado mais para coisas, significando preferencialmente "algo, uma coisa que produz o efeito desejado, que dá bom resultado", enquanto **eficiente** é usado normalmente para seres humanos significando mais "aquele que age com eficiência". Portanto parece que eficiente se aplica mais a nomes de seres que têm o traço [+ animado] ou [+ agente], enquanto eficaz se aplica mais a nomes de coisas que não têm estes traços, embora "eficiente" tenha aparecido referindo-se a "método". Por causa disso essas palavras não seriam usadas nas mesmas frases e situações como alternativas uma da outra, sem diferença entre elas.*

☞ *Aqui temos uma especialização de uso de dois itens lexicais com a mesma significação.*

(27)

Observe as palavras em destaque nas frases.

a) A **mandioca**, originária da América, é usada no Brasil para fazer inúmeros alimentos em seu estado natural ou transformada em polvilho ou farinha, por exemplo.

b) Adoro **aipim** frito.

c) Se não fosse a plantação de **macaxeira**, tínhamos passado fome.

1) As três palavras em destaque nessas frases são usadas para indicar, em regiões diferentes do Brasil, a mesma coisa. O quê?

Planta leitosa, cujas raízes são grossos tubérculos, ricos em amido e muito usados na alimentação. O tubérculo dessa planta.

2) Qual dessas palavras é usada em sua região? Procure saber em que regiões de nosso país as demais são usadas.

Resposta pessoal.

3) Há outras palavras usadas para indicar a mesma coisa? Dos nomes encontrados, quais lhe eram familiares? Algum deles é usado em sua região? (Se precisar, consulte um dicionário para auxiliá-lo(a) neste exercício.)

Aipim, castelinha, uaipi, mandioca-doce, mandioca-mansa, maniva, maniveira, pão da américa, pão de pobre, pau de farinha, candinga, macamba, mucamba, moogo, xagala.

☞ *Este exercício trabalha diversas palavras com o mesmo sentido e uma das razões para existirem estas palavras: as variedades linguísticas.*

---

(28)

1) As duas palavras em destaque nas frases a seguir têm o mesmo sentido. Qual é ele?

a) Tenho uns **papagaios** vencendo e não tenho dinheiro para pagar.

b) Aquela **nota promissória** que você me passou ontem já está quitada.

Em transações econômicas de comércio e outras é um documento de dívida em que alguém declara que deve a outrem a quantia X e pagará em determinada data.

2) Qual delas é de uso mais popular e qual é de uso mais da linguagem técnica da área de economia?

Economia: nota promissória.

De uso popular: papagaio.

☞ *Este exercício trabalha diversas palavras com o mesmo sentido e uma das razões para existirem estas palavras: as variedades linguísticas em função de uma linguagem coloquial (papagaio) e uma linguagem técnica (nota promissória).*

---

(29)

No sábado fomos ao Mercado de Floripa com meu amigo catarinense. Quando chegamos a uma banca de frutas, ele pediu:

– Quero uma dúzia de **vergamota**.

Não conhecia esta fruta e fiquei pensando o que era. Quando o homem entregou as frutas eram simples **mexericas**.

1) No trecho anterior, como o narrador fica sabendo que vergamota era uma fruta, se ele não sabia o que era? *Porque o amigo pediu vergamota em uma banca de frutas e quando a fruta foi entregue ele viu que era a mesma fruta que ele conhecia com o nome de mexerica.*

2) No mesmo trecho, há dois nomes da mesma fruta usados em diferentes regiões do Brasil:

Vergamota (PR, SC e RS).

Mexerica (MG, SP, ES, RJ, GO).

→ Como se chama essa fruta em sua região?

→ Conhece outros nomes dessa fruta? Escreva-os. Em caso contrário, pesquise outros nomes.

tangerina, enredeira, mimosa, mandarina, laranja-cravo, clementina.

3) A fruta cujos nomes estamos estudando possui cheiro forte, que sempre revela para os outros que alguém comeu. Daí o nome enredeira: aquela que faz enredos, isto é, conta algo com o fim de fazer intrigas, revelando o que, em princípio, era para ficar em segredo.

→ Qual o outro nome que também alude a esta característica da fruta. Por quê?

Mexerica. Por que "mexerico" é comentário intrigante, fofoca, intriga.

4) Qual dos nomes se relaciona com a provável origem da fruta na Ásia, especificamente na China?

Mandarina.

☞ *Este exercício, do tipo "diversas palavras com o mesmo sentido", trabalha diferentes aspectos. Em 1, remetem-se a meios de saber o sentido com base no cotexto e no contexto. Em 2, trabalha-se a relação do léxico com as variedades linguísticas regionais. Em 3 e 4, fazem-se perceber que, mesmo que haja diferentes palavras com basicamente o mesmo significado, existem nuanças que devem ser levadas em conta, ao comentar sobre os sinônimos.*

(30)

As palavras "arenoso" e "areento" têm aproximadamente o mesmo sentido. Qual é este sentido?

Que contém uma quantidade significativa de areia.

Observe os exemplos seguintes.

a) O solo dessa fazenda é **arenoso**.

b) O solo dessa fazenda é **areento**.

Podemos usar esses dois textos para dizer que o solo da fazenda contém muita areia. Em sua opinião, qual deles alguém usaria para sugerir que o terreno ter muita areia é algo ruim?

*O texto **b**: O solo dessa fazenda é muito areento.*

☞ *Este exercício trabalha também com o fato de palavras com o mesmo sentido (sinônimos) sempre terem uma nuança de significado e que não se pode usar indiferentemente um ou outro. A diferença aqui é dada pelos sufixos. Lembre que o sufixo -ENTO geralmente traz esse sentido de algo negativo, por exemplo, em: poeirento, oleento, barrento, grudento. Este tipo de fato pode ser estudado também no Capítulo 6.*

Capítulo 4

Exercícios sobre sentido de palavras

4.1. Sentido de palavras

Uma palavra pode ser empregada com muitos sentidos. Para entendermos bem o que lemos e ouvimos, precisamos saber dizer qual o sentido com que determinada palavra foi empregada em um texto, em determinada situação. Assim não basta a consulta ao dicionário, mas é preciso ser capaz de perceber qual dos vários sentidos dicionarizados ou não está em pauta no texto apresentado. Ajudam a determinação do sentido de uma palavra tanto o cotexto quanto o contexto, pois eles permitem muitas vezes até mesmo inferir o sentido de uma palavra que nunca vimos antes (Cf. Capítulo 16, Item 16.3.).

Dar o sentido de uma palavra é sempre apresentá-lo por meio de outras palavras e expressões da língua, por meio de definições e explicações ou mesmo utilizando elementos de outras linguagens. Assim se queremos saber o que é "burro / asno" em uma frase como: "João comprou um burro/asno para passear na fazenda", podemos mostrar a foto de um desses animais ou um exemplar do animal. Isso ajudará a saber o sentido da palavra burro ou asno. Mas se temos a frase:

\# Você é burro/um asno.

Temos de usar o conhecimento de que se refere a um animal que muitas vezes é reputado como não muito inteligente, arredio, teimoso, para saber que o sentido de burro aqui é de uma pessoa pouco inteligente.

Por isso, nesse tipo de exercício, é importante informar qual é o sentido da palavra em um uso específico, o que é diferente do que foi apresentado no Capítulo 2, cujos exercícios chamam a atenção para o fato de que uma palavra pode ser usada com vários sentidos. É claro que os dois tipos de exercícios possuem uma relação estreita.

4.2. Exemplos de exercícios sobre sentido de palavras

(31)

"O contador **cumpria seu dever religiosamente**, mas achava que o patrão não o valorizava por isto."

Quem cumpre seu dever religiosamente é uma pessoa:

a) Piedosa.

b) Responsável. X

c) Rigorosa.

d) Religiosa.

e) Cuidadosa.

(32)

Observe a palavra "bom", no trecho a seguir:

"Tá bom, Mariana! Tá certo que você acha o Luan um bom cantor, mas eu tenho outra opinião".

1) Em qual das frases a seguir a palavra **bom** está indicando a mesma coisa que no texto? Escolha uma alternativa para "Tá bom, Mariana!" e outra para "um bom cantor".

a) José sempre foi um **bom** funcionário. *(= um bom cantor)*

b) Esta lasanha está muito **boa**.

c) **Bom**, agora que vocês ouviram a música quero que a cantem.

d) Está **bom**, chega de ensaiar. Vamos descansar um pouquinho. *(= Tá bom, Mariana!)*

e) Antônio é um homem **bom**. Socorre todos que lhe pedem ajuda.

2) O que a palavra "bom" indica no texto e nas frases selecionadas em 1?

 # "Tá bom Mariana!" e d (No texto e na frase selecionada, bom indica que se aceita o que foi feito ou dito ou que o que já foi feito é o bastante).

 # Um bom cantor e a (indica que alguém tem todas as qualidades adequadas a sua função).

3) E nas outras frases de 1? *Nas frases: b) gostoso, saboroso; c) indica que se quer passar a outra ação, ou para resumir ou concluir algo; e) bondoso, misericordioso, caritativo.*

☞ Este exercício é exercício de sinônimo – sentido de palavras nas questões A e B. Inicialmente se busca o sentido pela intuição quando emparelha com outro uso e depois a explicitação do sentido. Na questão C, passa a ser um exercício de vários sentidos da mesma palavra. Observe-se que na frase c de A, "bom" funciona como um operador discursivo (cf. Item 12.4.3.) de mudança de foco (passa-se de uma coisa – processo – para outra).

(33)

Observe o verbo **fazer** usado nos dois trechos seguintes:

a) A mentira dos meninos **fez com que** Marina chorasse.

b) Marina era muito sensível e qualquer coisa a **fazia** chorar.

O sentido de fazer nesses exemplos é:

a) Fabricar.

b) Realizar.

c) Formular.

d) Provocar ou causar a realização de algo por alguém ou causar um acontecimento. X

(34)

Substitua a palavra em destaque por outra retirada dos textos:

a) Que tristeza viver assim tão sozinha **nesta solidão!** *Neste isolamento.*

b) Marina é uma amiga muito **querida.** *Amada.*

c) Marina tem uma boneca e não se deita sem primeiro **ajeitá-la** na rede. *Arrumá-la, acomodá-la.*

d) Quando Narizinho aparece, os peixes **correm** com grande **fome.** *Acodem/faminteza.*

☞ *Este exercício leva a explicitar o sentido de uma palavra do texto, pela busca deste na palavra que teria o sentido apresentado nas frases. Portanto trabalha-se com um uso específico dessa palavra nos casos anteriores.*

(35)

Considere o texto a seguir:

Mamãe desistiu da **comemoração** de seu aniversário, porque seria apenas um mês depois da **morte** de vovó e também porque não era um **sonho** dela comemorar seus cinquenta anos de vida, porque achava que estava ficando velha. Mas não queria contrariar papai, que estava **radiante** com a perspectiva e a preparação dessa festa: uma chance de reunir a família com muita alegria. Mas quis o **destino** que vovó **morresse** tão perto do aniversário de mamãe que **alegou** este motivo do sentimento para cancelar a comemoração. Papai entendeu. Beijou-a com ternura. **Contemplei-**os com carinho e admiração ao ver como se entendiam bem.

Encontre, em destaque no texto, os sinônimos de:

a) Festa.   *comemoração*

b) Óbito.   *morte*

c) Sorte.   *destino*

d) Citou como razão.   *alegou*

e) Aspiração/desejo.   *sonho*

f) Iluminado.   *radiante*

g) Observei.   *contemplei*

h) Falecesse.   *morresse*

(36)[19]

1) Observe a palavra destacada nos trechos seguintes, retirados do texto "As línguas do mundo".

a) "**Há** mais de três mil línguas diferentes faladas no planeta Terra."

b) "**Há** ainda muitas outras famílias de línguas como as faladas pelos japoneses, turcos, húngaros e mongóis, pelos índios brasileiros e índios norte-americanos, pelos antigos astecas e maias, pelos povos da África."

O que significa o verbo **haver** nesses trechos?

Acontece - existe - procede - faz

Existe.

---

[19]   Exercício de Travaglia, Rocha e Arruda-Fernandes (2009, p. 44).

Capítulo 5

Exercícios sobre sentidos de expressões

5.1. As expressões e seus sentidos

Como citamos anteriormente, dar o sentido de uma palavra é sempre apresentá-lo por meio de outras palavras e expressões da língua, por meio de definições e explicações ou mesmo utilizando elementos de outras linguagens. Ou seja, analisar o sentido de algo é sempre uma atividade de "tradução" do sentido por meio de outros significantes.

Além das palavras, há também as expressões, chamadas por muitos de "expressões idiomáticas" ou "expressões feitas" em que o sentido, geralmente, não é dado pela soma dos sentidos das palavras que a compõem, mas tem-se outro sentido atribuído ao todo da expressão.

Talvez se possa ver aí um processo semelhante ao das palavras compostas. O sentido das expressões também é dado de forma semelhante ao das palavras: "traduzindo-o" por meio de outros itens lexicais da língua, definições, explicações e elementos de outras linguagens.

É muito importante que se conheça e saiba utilizar estas expressões de nossa língua, principalmente porque elas, na sua maioria, são de uso em uma linguagem mais popular e principalmente na língua oral e tem-se perdido, por uma série de fatores, o conhecimento delas, porque muito da cultura oral tem sido apagado no mundo de hoje. Quase se têm tornado algo que não faz parte da variedade linguística da geração mais jovem, daí a importância de se trabalhar com essas expressões na escola.

5.2. Exemplos de exercícios sobre sentidos de expressões

(37)

1) Observe a palavra "sombra" no trecho do texto transcrito a seguir. Ela aparece na expressão "viver à sombra de":

"José estava cansado de **viver à sombra** do irmão. Resolveu ter o próprio negócio."

O substantivo (a palavra)[20] sombra faz parte de algumas expressões feitas. Observe as frases seguintes e procure dizer o que significam, estabelecendo a relação entre elas:

a) Por ter sido muito agredida, a mulher **assusta-se com a própria sombra**.

b) Aquela notícia **lançou uma sombra** sobre a reputação do deputado.

---

[20] Por vezes, apresenta-se mais de uma possibilidade de redação do enunciado, para mostrar que nem sempre é preciso ter o conhecimento teórico de metalinguagem para trabalhar com determinado elemento da língua. Se ele não tem o conceito do que é um substantivo, podemos usar o termo "a palavra".

c) O rapaz **vive à sombra** dos pais. Por isso nada lhe falta.

d) Não reconheci Pedro quando me procurou na empresa, pois **não é nem sombra** do que era há cinco anos.

( ) Viver sob a proteção de alguém. *c*

( ) Estar irreconhecível mudado, acabado. *d*

( ) Diminuir o valor, a importância. Difamar, colocar dúvidas sobre a qualidade de algo ou alguém. *B*

( ) Ter medo de tudo. *a*

2) No trecho do texto, "viver à sombra de" não tem nenhum desses quatro significados. Qual o significado de "viver à sombra de" no texto? *Ser menos importante, subordinado.*

3) Escolha duas das expressões apresentadas aqui e escreva uma frase com cada uma delas ou construa um pequeno texto em que sejam utilizadas.

(38)

1) "**À noitinha** chegamos na fazenda para participar da festa. Era São João. Rezou-se o terço acendeu-se a fogueira tudo com muitos fogos de artifício. **Alta noite** alguém ouviu um alarido."

Como se pode perceber, no texto, aparecem as expressões "**à noitinha**" e "**alta noite**". Relacione essas duas expressões com outras que têm aproximadamente o mesmo sentido e aparecem nos trechos seguintes.

a) À noitinha.

b) Alta noite.

( ) Chegamos em casa ao anoitecer. *a*

( ) Tarde da noite nos levantamos para ver o cometa. *b*

( ) Ali às margens do lago, ao cair da noite, senti uma paz enorme. *a*

( ) Eu estava estudando para o concurso e noite velha mamãe me trouxe um café com algo para comer. *b*

( ) Eu gosto de fazer minha caminhada à boca da noite. *a*

2) Como se pode perceber, essas expressões sempre se referem ao início da noite ou à noite já avançada. Há uma palavra que além de indicar altas horas da noite, também traz a ideia de que é uma hora um pouco inconveniente. É a palavra "desoras", pouco ou quase nada usada hoje, pois é um pouco arcaica. Elabore um pequeno texto utilizando essa palavra.

Resposta pessoal.

---

(39)

O verbo "abrir" aparece no texto na expressão: "abrir mão de":

"Rui **abriu mão de** sua parte na herança, para evitar que os irmãos brigassem e se tornassem inimigos. Mais tarde se arrependeria, pois os irmãos se desentenderam do mesmo modo e hoje nem se falam e nem falam com ele, pois cada um queria que ele lhe desse a sua parte."

1) O verbo abrir aparece em muitas outras expressões. A seguir, indicamos várias delas e seu sentido mais comum. Relacione a expressão com o seu sentido (se for preciso utilize a ajuda do dicionário) e depois escolha duas delas e escreva pequenos textos em que elas sejam usadas. O sentido marcado para "abrir mão de" é apropriado para o trecho anterior? *Sim.*

a) Abrir preço.   *c* ( ) Dizer o que está por trás de algo.

b) Abrir os braços.   *i* ( ) Alertar ou ficar atento(a) a.

c) Abrir o jogo.   *d* ( ) Fazer confidências, desabafar.

d) Abrir o coração.   *h* ( ) Franquear a entrada, facilitar.

e) Abrir o espírito.   *b* ( ) acolher, receber.

f) Abrir mão.   *g* ( ) Aumentar a distância entre as fileiras.

g) Abrir fileiras.   *a* ( ) Dar o primeiro lance.

h) Abrir as portas.   *e* ( ) Despertar a compreensão.

i) Abrir os olhos.   *f* ( ) Desistir de algo.

2) Escolha qual a expressão do quadro que preenche adequadamente os trechos seguintes, tendo em vista o sentido:

Abrir os olhos	abrir as portas	abrir o coração	abrir o jogo

a) Quando estamos muito tristes, é sempre bom _____ para os amigos verdadeiros que podem nos ajudar. *Abrir o coração.*

b) Quando vim trabalhar nessa empresa, João _____ para mim, fazendo que eu me sentisse em casa. *Abriu as portas.*

c) Quando ganhei um grande prêmio na Mega-Sena, meu pai me _____ contra os falsos amigos. *Abriu os olhos.*

d) Quero que você _____ comigo. O que há por trás dessa conversa sobre eu me candidatar ao cargo de prefeito? *Abra o jogo.*

3) Procure criar um pequeno texto com uma das expressões de A que não foram utilizadas nos trechos de B. *Resposta pessoal.*

(40)[21]

Tente "adivinhar" o que significa a expressão em destaque no trecho: "[...] os ambientalistas conseguiram salvar espécies que já **estavam no bico do corvo**", retirada do texto seguinte:

"Até há pouco tempo, no Brasil, estar na lista dos animais em risco de extinção equivalia a uma condenação à morte. Num país famoso por não cuidar de suas riquezas naturais, o mais provável era sempre que o pior acontecesse.

Mas, dos anos 1980 para cá, alguns projetos começaram a reverter o que parecia irreversível. Com soluções que incluíram conversas com pescadores e caçadores para convencê-los a deixar os animais em paz e a criação de alternativas para tornar a matança desnecessária, os ambientalistas conseguiram salvar espécies que já **estavam no bico do corvo**. A população de micos-leões-dourados quintuplicou em três décadas, as tartarugas marinhas soltas no oceano já se contam aos milhões, as araras-azuis e os peixes-boi estão garantidos pelo menos para a próxima geração. Verdade que é cedo para comemorar – ainda há no país mais de duzentas espécies em risco de extinção. Mas há que se começar de algum lugar."[22]

A expressão significa que as espécies já estavam quase extintas.

[21] Exercício de Travaglia, Rocha e Arruda-Fernandes (2009, p. 236) com pequenas modificações. Acrescentamos o *site* para acesso ao texto original.

[22] MEIGUINS, Alessandro. Boas notícias. Superinteressante, [*on-line*], n. 173, 31 jan. 2020. Disponível em: https://super.abril.com.br/ciencia/boas-noticias/. Acesso em: 1 jun. 2021.

> *☞ Depois de se inferir o sentido da expressão "estar no bico-do-corvo", é interessante buscar seus sentidos básicos:*

→ "Estar no bico do corvo" = expressão que denota uma situação-limite, desfavorável ou estado terminal; estar para morrer, estar sem dinheiro.

"Estar no bico do corvo" é uma expressão idiomática, por isso o significado é dado à expressão toda, sem considerar o sentido de cada uma das palavras separadamente. A língua portuguesa possui inúmeras expressões idiomáticas. Por exemplo:

→ Dizer que um texto está **sem pés nem cabeça**, significa dizer que está sem sentido.

→ Acusamos uma pessoa de conseguir algo de **mão beijada**, quando ela não fez nenhum esforço para isso.

→ Se alguma vez você **perdeu a cabeça** ou **chutou o balde**, quer dizer que você ficou muito nervoso, perdeu a calma.

→ Se alguém falar que está com **"um aperto no coração"**, está querendo dizer que está angustiado.

a) Conhece outras expressões idiomáticas? Apresente duas expressões que considera mais pitorescas, informando seu significado:

Resposta pessoal. Sugestões de respostas:

→ *Fazer vista grossa = fazer que não viu.*

→ *Dar com a cara na porta = levar um fora, decepcionar-se, procurar e não encontrar, ir a algum lugar e encontrá-lo fechado.*

→ *Descascar o abacaxi = resolver um problema complicado.*

→ *Entrar pelo cano = se dar mal, ficar encrencado.*

→ *Abrir o coração = desabafar, confidenciar.*

→ *Engolir sapos = fazer algo contrariado, não responder a ofensas.*

→ *Dar uma mão = ajudar.*

b) Escreva uma sentença com cada uma das expressões apresentadas na questão anterior. Em sala, informem suas expressões e frases e façam uma lista. Assim todos aprenderão um bom número de expressões.

Resposta pessoal.

(41)

Qual é o sentido das expressões em destaque nos trechos seguintes, retirados do livro "Era uma vez um rio", lido pela classe?

a) Depois que todos se deitaram o menino saiu **pé ante pé**.

Com cuidado, devagar, sem fazer barulho.

b) Quando o amigo lhe contou ele **ficou de boca aberta**. Não sabia o que fazer.

Espantado, aparvalhado, abobalhado, surpreso.

c) Logo você que é um homem **sem eira nem beira** querer humilhar os outros por serem pobres!

Sem riqueza, sem importância social.

d) O rio e o vento queriam dizer que eu era bem-vindo, **apesar dos pesares**, apesar da demora.

Apesar de tudo, apesar de qualquer coisa em contrário.

Capítulo 6

Exercícios sobre diferenças de sentido entre sinônimos

6.1. Os sinônimos não têm o mesmo significado

Já se sabe que, na verdade, nunca um sinônimo tem exatamente o mesmo sentido de outro. Escolher o sinônimo mais adequado para exprimir determinada ideia, para produzir o efeito de sentido que se deseja faz que aquilo que dizemos tenha uma qualidade de linguagem que as gramáticas chamam de precisão (Cf. Capítulo 17).

Para realizar esta escolha é preciso saber exatamente o significado das palavras e suas possibilidades de sentido e precisamos saber distinguir os significados de palavras que têm sentido muito próximo. Assim, por exemplo, para nos referirmos a algo "que tem beleza" podemos usar palavras como bonito, lindo, belo, formoso, deslumbrante entre outras. Mas, ao usá-las, apesar de serem sinônimas, não podemos empregar uma ou outra independentemente de qualquer outra consideração, além do fato de que todas indicam uma qualidade do que ou de quem tem beleza e provoca uma reação agradável em quem observa. Antes de tudo, há uma gradação da beleza que cresce mais ou menos na seguinte ordem:

Bonito > formoso > belo > lindo > deslumbrante

Todos percebem que "lindo" é mais que bonito, pois é muito bonito e apresenta uma ideia de impacto afetivo no observador. "Belo" é uma beleza que tem uma adequação estética percebida pela intuição e/ou inteligência. Já "formoso" é uma beleza que tem mais a ver com as formas daquilo que tem beleza, pois tais formas apresentam certa elegância, equilíbrio e harmonia. Por sua vez, "deslumbrante" indica uma beleza que se coloca no patamar mais alto na gradação da beleza, segundo Travaglia (1996, p. 166), pelo

> impacto que causa aos sentidos, atingindo as emoções do observador que fica ofuscado. Essa ideia de ofuscamento é básica, pois algo que é deslumbrante é capaz de apagar toda impressão que qualquer outra coisa que há em torno poderia causar ao observador. Derivam daí traços como brilho, esplendor, luxo que comumente se associam a algo que se pode classificar de deslumbrante.

Outro exemplo para deixar claro o que estamos falando é o dos sinônimos "gritar" e "berrar". Ambos indicam dizer algo em voz muito alta ou elevada, aguda ou produzir um som com as mesmas características de modo que se pode ouvir a distância. Todavia berrar tem um traço de rudeza que não se tem em gritar. Assim, dizer (42) ou (43) não significa a mesma coisa e temos de escolher qual é mais apropriado usar em uma determinada situação, tanto que muitas vezes as pessoas dizem coisas semelhantes ao que temos no exemplo (44), o que não seria possível se as duas palavras significassem exatamente a mesma coisa. É o mesmo fato que permite dizer algo como (45), com os adjetivos indicativos de "que tem beleza", que citamos anteriormente.

(42)

Seu irmão gritou sua revolta contra a atitude dos políticos.

(43)

Seu irmão berrou sua revolta contra a atitude dos políticos.

(44)

Você pode gritar, mas não berre comigo.

(45)

O quadro é bonito, mas não é lindo/belo/deslumbrante.

Observa-se que não se diz que um quadro é formoso, mas se diz isso de uma estatueta ou de uma pessoa:

(46)

A estatueta que ganhei é formosa.

(47)

Nunca vi uma criança tão formosa.

Além disso "berrar" e "berro" podem ser usados para animais, mas "gritar" e "grito" não. Ninguém diz (48) ou (49) mas diz (50) e (51).

(48)

*A vaca gritava de dor com a pata quebrada.

(49)

*O grito da vaca era triste e comovente.

(50)

A vaca berrava de dor com a pata quebrada.

(51)

O berro da vaca era triste e comovente.

Martins (1989, p. 105-107) aponta alguns tipos interessantes de diferenças entre os sinônimos, que fazem que um não possa ser substituído livre ou impunemente pelo outro; pode-se perceber que, às vezes, mais de um tipo de diferença está presente:

a) Uma palavra é mais geral, abrangente do que a outra: crime/homicídio, pagamento /ordenado, salário, soldo, honorários.

b) Uma palavra pode implicar mais intensidade: gritar/berrar, pobre/miserável, trabalhar/mourejar, gostar/amar/adorar (com esses verbos, ocorre uma gradação).

c) A palavra pode ter um teor emotivo: declinar/rejeitar, infeliz/desgraçado.

d) A palavra pode ter um teor avaliativo: econômico/avarento, deixar/abandonar, magro/esquelético.

e) Uma palavra pode ser mais profissional ou técnica que a outra: cirurgia/operação, abdome/barriga, escabiose/sarna.

f) Uma palavra é mais literária que a outra: lábaro/bandeira, corcel/cavalo, ósculo/beijo, olvido/esquecimento.

g) Uma palavra é mais coloquial que a outra: grana/dinheiro, pifar/quebrar, milico/soldado ou militar.

h) Uma palavra é mais local ou regional do que a outra: peitica/implicância, jerimum/abóbora, prenda/moça.

As diferenças de **e** a **h** relacionam-se com as variedades linguísticas que afetam diversos fatos no uso do léxico (cf. Tópico 7, do Capítulo 15, Item 15.2., "Exercícios sobre léxico e variedades linguísticas").

Como dissemos, o uso do sinônimo adequado representa uma qualidade de linguagem: a precisão, que é o uso do sinônimo mais adequado para dizer exatamente o que queremos dizer e também para atender ao que está estabelecido na língua para o uso de dada palavra ou expressão (cf. Tópico 9, do Capítulo 17).

Os exercícios sobre diferenças de sentido entre sinônimos têm o objetivo de nos fazer perceber esse fato e saber que não se pode trocar um sinônimo pelo outro sem alterar em algo o sentido e que, portanto, é preciso cuidado ao escolher qual sinônimo será usado, pois um ou outro pode não ser o melhor para produzir o sentido que queremos. Vem desses fatos a importância desse tipo de exercício de vocabulário.

No Item 6.3. ("Exemplos de exercícios sobre diferenças de sentido entre sinônimos"), há algumas atividades desse tipo.

Importante

A Linguística Estrutural, fundada por Saussure, criou a análise sêmica ou análise componencial, que ajuda a estabelecer a diferença de sentido entre sinônimos e sobre a qual falamos a seguir. Ressaltamos, contudo, que essa é uma técnica analítica a ser usada pelo professor, ou pessoas com qualificação para tal, mas não será ensinada aos alunos dos Ensinos Fundamental e Médio que, ao trabalharem com determinado campo semântico, ainda não têm a maturidade necessária para tomar os itens lexicais fora de contexto e trabalhá-los apenas com os significados em que compartilham traços comuns de significado. Evidentemente, é bom que a análise sêmica seja ensinada em cursos de formação de professores de Língua Portuguesa, pois é recomendável que os professores conheçam a técnica.

6.2. Análise sêmica

Os exercícios de vocabulário sobre diferenças de sentido entre sinônimos poderão ser elaborados com muito mais eficiência e facilidade se se souber um pouco sobre análise sêmica. Neste item, vamos falar sobre análise sêmica e como fazê-la, para subsidiar a construção e realização de exercícios sobre diferenças de sentido entre sinônimos ou para ajudar interessados na questão a encontrarem com maior facilidade as diferenças de significado entre os sinônimos de um campo semântico.

No Capítulo 1, mencionou-se que um dos fenômenos ligados ao léxico e ao vocabulário é a existência dos campos semânticos. Definimos os campos semânticos como conjuntos de itens lexicais que têm pelo menos um traço comum de significado. Por exemplo:

⇒ Olhar, ver, enxergar, divisar, avistar, entrever, observar, espiar, contemplar, admirar, fitar, mirar (traço comum: perceber pela visão ou utilização dos olhos e sentido da visão).

⇒ Sob, abaixo de, debaixo de, embaixo de, por baixo de (traço comum de significado: posição inferior).

⇒ Bolsa, sacola, bornal, mochila, mala, maleta, malote, valise, frasqueira, carteira, baú, canastra (traço comum de significado: objeto para carregar outros, colocados dentro dele).

⇒ Casa, apartamento, mansão, solar, casebre, palácio, choupana, cabana, cachichola, bangalô, chalé, iglu, palacete (traço comum de significado: construção destinada à moradia de seres humanos).

⇒ Bonito, lindo, belo, formoso, gracioso, maravilhoso, divino, deslumbrante (traço comum de significado: que tem beleza).

As palavras pertencentes a um campo semântico, além do(s) traço(s) comum(ns) de significado, têm traços de significado que as distinguem. Certamente podemos dizer que os campos semânticos são constituídos por palavras sinônimas, mas nem sempre é fácil delimitar um campo semântico, pois conforme consideramos um ou outro traço comum o campo pode variar.

Tendo um campo semântico podemos analisá-lo para determinar qual (quais) é (são) o(s) traço(s) de significado comum(ns) aos itens lexicais que a ele pertencem e quais traços os diferenciam, os distinguem. Esse tipo de análise é chamado de **análise sêmica** ou **análise componencial.**

A **análise sêmica** recebeu este nome porque os estudiosos que a criaram chamam os traços que compõem o significado de um item lexical de **sema**. Esta palavra sema vem do grego e é formada pelo radical "sema", que pode ser considerado como significando 'significado', 'sinal' (o radical grego aparece em palavras como: semântica, semiologia, semântico, semasiologia, semáforo, sema, polissemia). Outros estudiosos denominam o traço básico de significado de **componente,** e a análise que verifica quais são os traços que compõem o significado de um item lexical é chamada por eles de **análise componencial.**

Portanto a **análise sêmica ou componencial** é a análise que procura determinar os traços (características) que constituem, que compõem o significado de um item lexical e foi criada pela corrente linguística fundada por Saussure, denominada de estruturalismo. O nome análise sêmica foi proposto por linguistas europeus e o nome análise componencial foi proposto por linguistas dos Estados Unidos da América.

Portanto, relembrando, **análise sêmica ou componencial** é a análise que procura determinar os traços (características) que constituem, que compõem o significado de um item lexical.

Como apresentamos no Capítulo 1, o significado é uma unidade cultural que adquirimos e que é constituída por características. Essas características são os traços básicos de significado que receberam o nome de **semas** ou **componentes.** O conjunto desses semas compõe o que muitos estudiosos chamam de **semema.** Na análise sêmica, o item lexical definido pelo semema é denominado **lexema.**

A análise sêmica é realizada por meio da **construção de uma matriz de semas,** em que são apresentados os traços básicos de significado (semas ou componentes) e quais são pertinentes (isto é, são definidores do significado do item lexical) para o significado de cada item lexical de um dado campo semântico, mostrando qual (quais) é (são) comuns a todos e quais diferenciam o significado de cada item lexical. Além disso, cientistas propuseram testes para verificar se os traços que nossa intuição percebeu são realmente válidos. Não vamos aqui falar desses testes.

Para os exercícios de vocabulário, é muito importante fazer a matriz de semas, mesmo que de modo intuitivo e menos formal, para poder distinguir os sinônimos e utilizá-los adequadamente. Ou seja, devemos encontrar alguns traços que nos mostram como as palavras de um campo são sinônimas e como esses sinônimos se distinguem por seu significado.

Para fazer a matriz, pode-se utilizar o dicionário. Ele nos dá muitas dicas, mas comumente o dicionário não tem uma boa distinção entre os sinônimos. Muitas vezes, é necessário usar a intuição de falante da língua. Outra coisa que pode ajudar é perguntar às pessoas qual é a diferença entre sinônimos. Assim quem está fazendo a análise não fica só com sua intuição. Mas é bom lembrar: nem sempre é fácil dizer a diferença, principalmente entre itens lexicais que não se usa muito. Importante nessa tarefa é a observação dos cotextos e contextos em que as palavras sinônimas são usadas, pois essa observação ajuda muito a perceber diferenças, pelo uso que é feito dos itens lexicais. Nesse caso programas e aplicativos de busca são muito úteis para encontrar exemplos de uso efetivo em textos e situações, revelando-nos muito sobre os matizes.

Por exemplo, quando falamos da parte inferior do tronco situada entre o diafragma e a pelve, podemos usar as seguintes palavras: "abdome", "barriga", "pança", "ventre". O uso nos mostra que "abdômen" é um termo mais técnico, usado em situações em que se fala de anatomia (como na medicina, fisiculturismo, fisioterapia, por exemplo); "barriga" e "pança" são mais utilizadas em situações informais e têm um viés avaliativo negativo, o que pode ser ofensivo, lembrando que "barriga" é menos ofensivo que "pança". Já "ventre" é mais usado em relação a mulheres – como nos trechos a seguir – e raramente se fala de ventre referindo-se ao ventre humano.

⇒ Ela tem um ventre muito bonito, por isso faz sucesso ao realizar a dança do ventre.

⇒ A vida humana surge no ventre materno.

Para o entendimento de como se faz a matriz, vamos começar com um exemplo bem simples dado pelo linguista Bernard Pottier[23]. Esse estudioso analisou o campo semântico dos "assentos": tamborete, cadeira, poltrona, sofá. Todos são objetos chamados "móveis" que são usados pelas pessoas para se sentar. Como diferenciá-los? Pottier propõe a seguinte matriz de traços de significado ou semas.

	Assento	Para sentar-se	Sobre pés	Para 1 pessoa	Com encosto	Com braços
Tamborete	+	+	+	+	-	-
Cadeira	+	+	+	+	+	-
Poltrona	+	+	+	+	+	+
Sofá	+	+	+	-	+	+/-

Pottier (1977) usa a marcação + (mais) para indicar que o traço aparece no significado do item lexical e o sinal - (menos) para indicar que não aparece. Assim interpreta que sofá é para mais de uma pessoa. O sinal +/- (mais ou menos) indica que o sema pode aparecer ou não conforme o caso. Além disso, ele comenta que todos são objetos e são móveis, o que pressupõe que o usuário da língua que lê essa análise já saiba o que é um "objeto" e um "móvel".

Com base nessa matriz, faz-se uma definição do significado dos itens lexicais:

---

[23] Cf. Pottier (1977) e Lopes (1979), Item 6.3.5., "A descrição semântica de Bernard Pottier".

⇒ **Tamborete** é um móvel para se sentar, constituído por um assento e com pés, para uma pessoa.

⇒ **Cadeira** é um móvel para se sentar, constituído por um assento, com pés e encosto, para uma pessoa,

⇒ **Poltrona** é um móvel para se sentar, constituído por um assento, com pés, um encosto e braços, para uma pessoa,

⇒ **Sofá** é um móvel para se sentar, constituído por um assento, com pés, um encosto, para mais de uma pessoa, podendo ter ou não braços.

Pertencem também a este campo outros itens lexicais como pufe e banco (tendo em vista a inserção destes dois itens lexicais no campo, faça a **Atividade 1**, proposta nas atividades de avaliação no final deste capítulo).

Em outro exemplo, vamos considerar o campo semântico dos verbos que indicam percepção pelo sentido da visão, com utilização dos olhos, que é um pouco mais complexo. Ao propor um campo lexical para análise é preciso estar atento porque, frequentemente, um item lexical pertence a um campo com um dado significado, mas não com outro. Assim o próprio verbo "ver" que é fundamental nesse campo com o sentido de "perceber pela visão", não pode entrar nesse campo com o sentido de "entender, compreender", como na frase: "Você não vê que não podemos comprar o carro agora".

Assim vamos apresentar uma análise do campo constituído pelos doze verbos no quadro seguinte, e que têm em comum o traço proposto: "perceber pela visão, utilizando os olhos".

Olhar, ver, enxergar, divisar, avistar, entrever, observar, contemplar, admirar, fitar, mirar, espiar.

Vamos considerar os seguintes semas ou traços de significado (S-) para diferenciar o significado desses verbos. Muitos destes traços foram propostos em análise feita pela professora Costa (1973).

S_1 - Traço comum: perceber pela visão.

S_2 - Traço comum: utilização dos olhos.

S_3 - Processo feito com envolvimento da vontade do agente.

S_4 - Processo duradouro, prolongado.

S_5 - Ocorre em um momento, sem duração.

S_6 - Em determinada direção.

S_7 - Distância.

S_8 - Afetividade.

S_9 - De modo oculto, dissimulado, sem conhecimento do objeto.

S_{10} - O objeto da percepção é um alvo.

S_{11} - Fixação em um ponto.

S_{12} - Direcionamento dos olhos para uma direção e um ponto.

S_{13} - Processo realizado para conhecer algo.

S_{14} - Processo realizado para saber de algo.

S_{15} - Interferência de algo que dificulta a ação.

S_{16} - Ao perceber se caracteriza o que é a coisa percebida.

S_{17} - Sem nitidez.

S_{18} - Capacidade de.

S_{19} - Juízo de valor positivo.

Itens lexicais / Semas	1. Olhar	2. Ver	3. Enxergar	4. Divisar	5. Avistar	6. Entrever	7. Observar	8. Contemplar	9. Admirar	10. Fitar	11. Mirar	12. Espiar
1. Perceber pela visão	+	+	+	+	+	+	+	+	+	+	+	+
2. Utilização dos olhos	+	+	+	+	+	+	+	+	+	+	+	+
3. Processo feito com envolvimento da vontade do agente	+						+	+		+	+	+
4. Processo duradouro, prolongado							+	+	+	+	+	+
5. Ocorre num momento, sem duração	+											
6. Em determinada direção	+						+	+	+	+	+	+
7. Distância				+	+							
8. Afetividade								+	+			
9. De modo oculto, dissimulado, sem conhecimento do objeto												+
10. O objeto é um alvo											+	
11. Fixação em um ponto										+	+	
12. Direcionamento dos olhos para uma direção e um ponto											+	
13. Processo realizado para conhecer algo							+					
14. Processo realizado para saber de algo												+
15. Interferência de algo que dificulta a ação			+	+								
16. Ao perceber, se caracteriza o que é a coisa percebida				+								
17. Sem nitidez						+						
18. Capacidade de			+									
19. Juízo de valor positivo									+			

Observa-se que aqui só foram marcados os semas ou traços de significado com o sinal +. Isso foi feito porque aqui o significado é composto pelo que é presente e não pelo que é presente e ausente, como nos assentos. A forma de marcação (+ ou - ou +/-) será escolhida pelo analista de acordo com sua intuição de falante que percebe que o traço é importante pela sua presença ou pela sua ausência em relação aos demais itens lexicais.

Todos estes verbos representam um processo de percepção visual e apresentam um sujeito experienciador e um objeto que é a entidade percebida pelos olhos de acordo com o esquema:

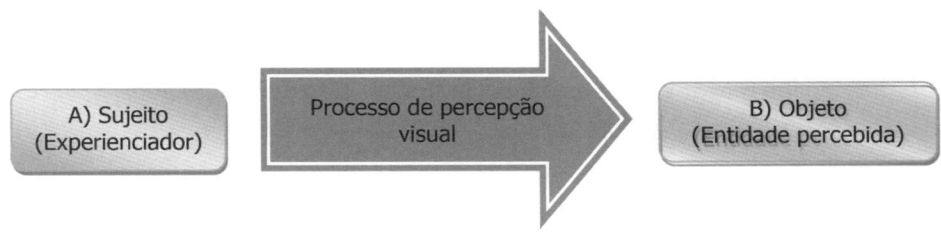

Ou seja, todos têm um sujeito experienciador e um objeto que é a coisa percebida pelos olhos. A partir dessa matriz pode-se definir e diferenciar o significado destes sinônimos, como está feito a seguir. Em cada item lexical colocamos em itálico o que é fundamental no conjunto de semas para o estabelecimento do significado do item lexical em foco, diferenciando-o dos demais.

⇒ **Olhar**: perceber pela visão pela utilização dos olhos, que são *voltados em dado momento para uma determinada direção*, por vontade do sujeito. É um processo *sem duração, pontual*.

⇒ **Ver**: perceber pela visão, pela utilização dos olhos.

⇒ **Enxergar**: *capacidade* de perceber pela visão pela utilização dos olhos, *apesar da interferência de algo que dificultaria o processo de percepção* (por exemplo: falta de luz, condições dos olhos), que interfeririam na capacidade de perceber pela visão).

⇒ **Divisar**: perceber pela visão pela utilização dos olhos de algo a uma *distância considerável*, mesmo com a *interferência de algo que dificulta a percepção* (por exemplo, neblina) e ao perceber, *se caracteriza o que é a coisa percebida*.

⇒ **Avistar**: perceber pela visão pela utilização dos olhos a uma *distância considerável*, mesmo com a *interferência de algo que dificulta a percepção*.

⇒ **Entrever**: perceber pela visão pela utilização dos olhos *de maneira imperfeita, sem nitidez*.

⇒ **Observar**: perceber pela visão pela utilização dos olhos, *por vontade do sujeito* que direciona os olhos em um processo *que é duradouro, prolongado e realizado para conhecer algo*.

⇒ **Contemplar:** perceber pela visão pela utilização dos olhos, *por vontade do sujeito* que direciona os olhos em um *processo duradouro, prolongado com afetividade em relação ao objeto*.

⇒ **Admirar:** perceber pela visão pela utilização dos olhos que são voltados na direção do objeto em um *processo duradouro, prolongado*, visto com *afetividade e, ao perceber o objeto*, há uma valorização positiva.

⇒ **Fitar:** perceber pela visão pela utilização dos olhos, *por vontade do sujeito*, que *volta os olhos em determinada direção e os fixa em um ponto em um processo duradouro, prolongado*.

⇒ **Mirar:** perceber pela visão pela utilização dos olhos, *por vontade do sujeito*, que *direciona os olhos para um ponto em que se fixa, considerando-o como um alvo em um processo duradouro, prolongado*.

⇒ **Espiar:** perceber pela visão pela utilização dos olhos, por vontade do sujeito, que volta os olhos em determinada direção em um *processo duradouro, prolongado*, que é *realizado pelo sujeito de modo oculto, dissimulado, sem conhecimento do objeto. A ação é feita para saber de algo*.

Quando em um campo semântico uma das palavras é capaz de substituir todas as outras, geralmente porque os semas que dão seu significado aparecem em todos os demais, falamos em **superlexema**. No campo da percepção pela visão, usando os olhos, o superlexema é o verbo ver.

Material	Material e Não material
• Assistir (a cerimônia) • Avistar (o vulto) • Espiar (o fugitivo) • Fitar (seu rosto) • Divisar (o vulto) • Mirar (a fera) • Olhar (o quadro)	• Admirar (o quadro / a inteligência) • Contemplar (a paisagem / a grandeza de) • Distinguir (o vulto / a nobreza de) • Enxergar (a mancha / a nobreza de caráter) • Observar (o crescimento das plantas / a nobreza de) • Ver (o quadro / a razão)

Segundo a professora Costa (1973), ainda ajuda a distinguir o significado destes verbos o fato de que alguns só aceitam um objeto físico, material e outros aceitam tanto um objeto físico ou material quanto um objeto não material. Conforme a autora, teríamos a seguinte distribuição:

Parece que, quando esses verbos têm um objeto não material, eles não pertencem ao campo cuja análise propomos aqui, porque há normalmente uma percepção não visual, mas intelectual.

Como se pode perceber pelos exemplos, alguns campos exigem mais para a diferenciação dos significados dos itens lexicais que os compõem do que outros. O campo dos assentos é bem mais simples de caracterizar do que o campo dos processos feitos pela percepção por meio dos olhos.

Não é preciso fazer a matriz, desde que se consiga encontrar os semas ou traços de significado que são comuns aos itens lexicais do campo semântico e quais traços ou semas permitem distinguir os seus significados. Geralmente (principalmente com alunos dos Ensinos Fundamental e Médio), faz-se uma análise distintiva dentro do uso, mas não a análise formal que acabamos de exemplificar. Trata-se de criar o hábito de pensar qual a diferença entre sinônimos e desenvolver a habilidade de perceber quais são as diferenças.

Alguns campos permitem organizações e distinções mais simples, pois têm um traço diferenciador bem claro.

Assim, por exemplo, no campo semântico dos "movimentos de ar":

> **Brisa, vento, lufada, pé de vento, ventania,**
> **pegão, vendaval, redemoinho, ciclone, tornado, tufão, furacão.**

A diferença é dada por poucos traços:

▷ A **intensidade** que permite uma organização linear que seria a seguinte em ordem crescente:
Brisa/redemoinho > vento/lufada > pé de vento/ventania > pegão > vendaval > ciclone (= tornado, tufão e furacão).

▷ Se o movimento do ar é **circular** ou não:
⇒Movimento circular: redemoinho, ciclone (= tornado, tufão e furacão).
⇒Movimento não circular: brisa, vento, lufada, pé de vento / ventania, pegão, vendaval.

▷ O movimento do ar é **contínuo ou não contínuo:**
⇒ Contínuo: brisa/redemoinho > vento > pé de vento/ventania > pegão > vendaval > ciclone (= tornado, tufão e furacão).
⇒ Não contínuo: lufada.

▷ O **lugar onde ocorre o movimento do ar** (aqui se tem uma especialização regional no uso dos itens lexicais).
⇒ Tufão: ciclone que se forma nas regiões oeste e norte do Pacífico e no sul do mar da China.
⇒ Furacão: ciclone que se forma na América Central especialmente no Mar do Caribe, no Golfo do México e na Flórida, no Pacífico (sul e nordeste), no Atlântico Norte e na costa nordeste da Austrália.
⇒ Tornado: ciclone que se forma sobre a terra.

Esperamos que esses exemplos sejam suficientes para que se perceba como se pode distinguir os significados dos sinônimos, apesar de seu sentido próximo (para testar o entendimento do exposto até aqui e praticar, sugerimos ao leitor fazer as **Atividades de Avaliação 2, 3 e 4**, propostas no final deste capítulo).

6.3. Exemplos de exercícios sobre diferenças de sentido entre sinônimos

Nestes exercícios é importante prestar atenção e perceber como eles, com frequência, foram construídos com elementos (dicas?) que ajudam a encontrar a diferença.

(52)

No texto aparece a palavra **medo**:

"Todas as vezes que se aproximava da montanha russa o **medo** tomava conta dele. Desistia. Dava uma desculpa e ia para outro brinquedo".

A partir do que encontramos nos dicionários, podemos dizer que **medo** é um estado afetivo provocado por algo em que percebemos um perigo, uma ameaça. A consciência do perigo gera uma ansiedade, uma apreensão uma preocupação em relação a algo desagradável que leva ao desejo de evitar esse algo.

1) A palavra **medo** tem como sinônimos as palavras pavor, receio, terror. Qual é mais forte:

a) Medo ou receio? *medo*

b) Pavor ou medo? *pavor*

c) Terror ou pavor? *terror*

2) Ponha os quatro sinônimos em ordem crescente do mais fraco para o mais forte. *receio > medo > pavor > terror.*

3) Elabore frases ou pequenos textos usando esses quatro sinônimos. *Resposta pessoal.*

☞ *Os exercícios (53), (54) e (55) a seguir são sobre a diferença de sentido entre os verbos berrar e gritar, para que se possam observar diferentes abordagens do mesmo fato.*

(53)

No texto aparecem os verbos **berrar** e **gritar:**

"Angelina **berrou** a não mais poder quando lhe tomaram o brinquedo, deixando a mãe enlouquecida com tal escândalo. Então a mãe **gritou:**
- Calada ou você vai apanhar!"

Berrar e **gritar** são sinônimos porque ambos indicam "dizer algo em voz muito alta ou elevada, aguda ou produzir um som com as mesmas características de modo que se pode ouvir a distância".

Berrar e **gritar** têm sentidos diferentes, tanto que posso dizer a frase seguinte. Isto seria impossível se os dois sinônimos tivessem exatamente o mesmo sentido.

→ Você pode **gritar**, mas não **berre** comigo.

1) Qual é a diferença entre berrar e gritar?

Nessa questão, consulte o dicionário e responda às perguntas feitas a seguir e que vão ajudá-lo(a) a encontrar a diferença.

a) Em qual das frases houve uma grosseria por parte do falante? *Na segunda, com berrou.*
- João gritou comigo quando não quis contar-lhe o que aconteceu.
- João berrou comigo quando não quis contar-lhe o que aconteceu.

b) É correto dizer que um animal berrou? E que gritou? Observe as frases seguintes e diga se alguma delas lhe parece estranha. Por quê? Em sua opinião, alguém diria a primeira frase com o verbo gritar?

→ A vaca **gritava** de dor com a pata quebrada.

→ A vaca **berrava** de dor com a pata quebrada

Posso dizer que o animal berra, mas não que grita, por isto as pessoas acham estranha a primeira frase (A vaca gritava...)

c) Veja se o mesmo vale para os substantivos ou as palavras correspondentes (berro e grito) que aparecem nas frases a seguir:

→ O **grito** da vaca era triste e comovente.

→ O **berro** da vaca era triste e comovente.

Temos a mesma diferença. Dizer: "o grito da vaca" parece estranho

☞ *Cf. a seguir os exercícios (54) e (55) propostos para este mesmo par de sinônimos por dois livros didáticos diferentes.*

(54)[24]

No texto "Lisetta", o autor diz:

> "O Pasqualino quis logo pegar no bichinho. Quis mesmo tomá-lo à força. Lisetta **berrou** como uma desesperada [...]".

O autor poderia ter usado no lugar do verbo "berrar" o verbo "gritar" e o texto seria:

> "O Pasqualino quis logo pegar no bichinho. Quis mesmo tomá-lo à força. Lisetta **gritou** como uma desesperada [...]".

Em sua opinião, o autor estava dizendo a mesma coisa? Que diferença de sentido há entre usar um verbo ou o outro?

Os verbos gritar e berrar significam falar, dizer algo com voz alta, mas há uma diferença: berrar é mais exagerado, menos articulado, pois o berro é mais dos animais, assim berrar é geralmente mais alto, rude, emocional (como se fosse um animal reagindo emotivamente a alguma coisa), enquanto o gritar se refere apenas à altura da voz.

(55)[25]

Sinônimos

Observe as situações seguintes:

"Emília **começou a berrar** de alegria."

"Basta de verbos, Dona Benta! - **gritou** Emília."

Em qual das situações Emília falou mais alto: quando **berrou** ou quando **gritou**?

Quando berrou.

Conclua: que diferença de sentido há entre:

Berrar e **gritar**? Berrar é gritar muito alto.

Berro e **grito**? Berro é um grito muito alto.

Escreva frases empregando essas palavras.

Resposta livre. Exemplos:

---

[24] Exercício proposto por Travaglia, Rocha e Arruda-Fernandes (2009a, p. 100).

[25] Exercício proposto por Soares (1982, p. 139).

BERRAR___*Ele berrou de alegria quando ganhou a bicicleta* _____

BERRO ____*Ele deu um berro de dor* _____

GRITAR ____*Eu gritei com o susto* _____

GRITO ____*O susto me fez dar um grito* _____

☞ *Observe-se que os diferentes exercícios sobre os verbos gritar e berrar enfocam aspectos diferentes, mas presentes na significação de* **berrar/berro** *e* **gritar/grito** *de modo que, na verdade, o conjunto deles ajuda o aluno a formar um conceito mais completo. Ou seja, berrar e gritar são dizer algo em voz alta, elevada, aguda de modo a que possa ser ouvido a certa distância, mas berrar é mais rude, mais emocional que gritar, por isso geralmente não pode ser modulado. Gritar parece ser mais alto, mas pode ser modulado e não pode ser usado para animais, enquanto berrar pode ser usado para animais. Veja que o que estamos fazendo é uma análise sêmica dos traços de significado, que ajuda o falante a formar um conceito, um significado mais completo, mais preciso.*

(56)

1) O verbo **extrair** foi usado pelo autor no seguinte trecho:

"Foram os escravos que **extraíam** o ouro das minas, arriscando suas vidas."

Que diferença há entre **extrair, arrancar e tirar**, já que os três são sinônimos e têm em comum o fato de que, nessas ações, "algo que estava em um lugar é retirado e passa para outro lugar?"

Para responder a essa pergunta, antes, compare o uso feito no texto e nas frases seguintes:

→ Os escravos **tiraram** o ouro do cofre, conforme o feitor mandou.

→ Os ladrões **arrancaram** o ouro da mão do menino que o levava para seu pai.

→ O cientista **extraiu** todo o potássio contido naquela bebida.

→ Maria **tirou** os brinquedos da caixa e pôs na prateleira.

→ Papai **arrancou** o carrapato agarrado na minha perna.

*Resposta: **Tirar** é mudar (alguém ou algo) de lugar, fazendo (-o) sair de onde está ou fica; **arrancar** é tirar com força, violência e extrair é tirar algo que estava amalgamado, misturado, fundido de alguma forma a outro elemento daí se dizer que se extrai o ouro das minas e não que se arranca ou tira.*

2) Em sua opinião, há alguma diferença entre dizer **a** ou **b,** apresentados a seguir? Se sim, pense quando dizemos **a** e quando dizemos **b**.

a) O dentista arrancou meu dente.

b) O dentista extraiu meu dente.

*Resposta: Sim, há uma diferença. Em **a**, a ideia é que há certa violência, o emprego de força, e em **b** de que apenas foi feito um procedimento odontológico sem uso de força, sem resistência do dente.*

☞ *Observa-se que nesse exercício está-se usando o cotexto para auxiliar o aluno a perceber os traços de significado que diferenciam o significado de um verbo do de outro verbo. Evidentemente há também uma situação que é prevista e onde tais textos (=frases em sua extensão) poderiam ser usados. Isso é usado no Exercício (57) a seguir, mas neste o aluno terá que decidir qual palavra usar tendo em vista o cotexto.*

(57)

Releia o trecho seguinte:

"A biblioteca de minha tia era cheia de livros **antigos** do tempo do meu bisavô. Eles valiam muito e ela tinha medo de que alguém os roubasse."

A autora podia ter escrito esse fragmento de outro modo, usando um sinônimo de **antigo**.

"A biblioteca de minha tia era cheia de livros **velhos** do tempo do meu bisavô. Ela devia jogá-los fora, pois não serviam para mais nada."

É a mesma coisa dizer que os livros são antigos ou velhos? Veja também estes outros pares:

a) Casa velha.   Casa antiga.

b) Móveis velhos.   Móveis antigos.

c) Mulheres velhas.   Mulheres antigas.

Preencha as lacunas nas frases seguintes com **antigo** ou **velho**, conforme achar mais apropriado:

a) As mulheres _____ vestiam saias longas que iam até o tornozelo. As mulheres modernas usam minissaias. *Antigas*

b) As mulheres _____ têm muitas rugas. *Velhas*

c) Os móveis da casa estavam _____, sem verniz, lascados, quebrados. *Velhos*

d) Os móveis da casa eram _____, mas muito bem conservados, muito bonitos e valiam muito se fôssemos vendê-los. *Antigos*

e) Aquela belíssima casa _____ da praça foi transformada em um museu. *Antiga*

f) Ela se mudou da casa com a família porque ela muito _____, caindo aos pedaços. *Velha*

Agora tente dizer (se a observação feita anteriormente não for suficiente, consulte algum dicionário):

a) O que há de comum entre o que é velho e o que é antigo?

b) O que é diferente entre o que é velho e o que é antigo?

Comum: tanto antigo quanto velho se referem a coisas que têm uma longa duração, um tempo grande de existência.

Diferente: Antigo refere-se apenas ao que existe há muito tempo, que é de uma época remota, enquanto velho se refere ao que se deteriorou ou foi gasto pelo uso. Podemos ter algo que é recente mas está velho. Por exemplo, um livro que, pelo uso intenso ou descuidado, em um ano ficou velho. O antigo nunca é recente.

☞ *Neste exercício poderíamos também inserir a diferenciação de idoso que corresponde a velho, mas só pode ser usado para seres humanos e não se opõe a antigo.*

(58)[26]

Compare:

a) O menino **fitava** os doces expostos na mesa de aniversário, desejando comê-los.

b) O menino **olhava** os doces expostos na mesa de aniversário, desejando comê-los.

c) O menino **espiava** os doces expostos na mesa de aniversário, desejando comê-los.

Numere a segunda coluna de acordo com a primeira:

1) Fitar.   ( ) Olhar secretamente. *2*

2) Espiar.   ( ) Olhar fixamente. *1*

                         ( ) Olhar disfarçadamente. *2*

Escreva frases:

Respostas livres. Exemplos:

Fitar _____ *A mãe fitava a criança com amor* _____

Espiar _____ *O menino espiava a mãe guardar o doce* _____

☞ *Nota-se que se fornecem exemplos de uso e os traços de significado para que o aluno ou outrem, usando a intuição, explicite a diferença que ele já saberia em seu conhecimento linguístico. Como vimos, se o aluno ou qualquer falante ainda não tiver formado o conceito ou significado desses verbos de modo a incluir o conhecimento destes traços, será preciso usar outra estratégia. Por isto o conhecimento da pessoa com quem se está trabalhando é importante para orientar o modo como são construídas as atividades de ensino aprendizagem.*

---

[26] Exercício extraído de Soares (1982, p. 175). Alguns veriam hoje um problema porque o animal é posto no lixo, embora com cuidado. Em sala de aula o professor pode discutir a questão da proteção aos animais.

(59)[27]

(O exercício foi elaborado a partir de um trecho do texto "Caso de canário", de Carlos Drummond de Andrade. O corpo referido no trecho é de um canário muito querido e que teria sido sacrificado por estar muito doente, deixando a família de sua dona muito triste. Coube à cozinheira da casa dar destino ao pequeno corpo. O trecho utilizado pela autora do exercício é precedido pelo seguinte: "Coube à cozinheira recolher a gaiola, para que sua vista não despertasse saudade e remorso em ninguém.")

Sinônimos

"Não havendo jardim para sepultar o corpo, **depositou**-o na lata de lixo."

Compare com:

"Não havendo jardim para sepultar o corpo, **jogou**-o na lata de lixo."

Escreva abaixo de cada desenho o verbo que expressa a ação da cozinheira:

jogar

depositar

_____   _____

Por que a cozinheira **depositou** o canário no lixo, não **jogou**?

Porque ela gostava do canário, não queria tratá-lo como se fosse lixo.

☞ *Nesse exercício, a figura ajuda a formar o conceito e, com a última pergunta, capacita decidir sobre o uso de uma ou outra palavra tendo em vista a situação: a morte de um canário muito querido.*

---

[27]   Exercício extraído de Soares (1982, p. 175). Alguns veriam hoje um problema porque o animal é posto no lixo, embora com cuidado. Em sala de aula, o professor pode discutir a questão da proteção aos animais.

(60)[28]

1) No trecho:

> "Provérbios são sentenças que expressam, de forma **concisa**, verdades e conhecimentos gerados pela experiência popular. Cervantes dizia que um provérbio é uma frase **curta** baseada em uma longa experiência. [...]"

O provérbio é caracterizado como expressando de forma "concisa" verdades e conhecimentos e como sendo uma "frase curta". Consulte o dicionário e estabeleça a diferença entre "curto", conciso" e "condensado", levando em conta que se pode dizer:

a) Um provérbio é sempre uma frase **curta**.

b) Um provérbio é sempre uma frase **concisa**.

c) Um provérbio contém sempre um pensamento **condensado**.

Mas não é muito apropriado dizer que:

d) Um provérbio é sempre uma frase **condensada**.

Curto é de pequeno comprimento. Conciso é resumido, que usa poucas palavras para dizer algo. Condensado é também resumido, breve, mas se refere mais a algo que é o resultado de adensar algo (um pensamento, uma substância: como em leite condensado). Assim uma frase curta é uma frase que não é longa, uma frase concisa é uma frase que diz muito com poucas palavras (como os provérbios) e uma frase condensada é aquela que contém muito conteúdo resumido de algo mais longo.

2) Substitua * por "curto", "conciso" ou "condensado".

a) João tem cabelos *. *Curtos*

b) Todo o livro está * em poucas frases. *Condensado*

c) Rafaela foi * em sua explicação. *Concisa.*

d) É um manual tão * que você pode ler rapidamente. *Conciso.*

e) Por um * momento pensei que você fosse me trair. *Curto*

f) O orvalho é o vapor-d'água * pela temperatura fria da noite. *Condensado*

---

[28] Exercício de Travaglia, Rocha e Arruda-Fernandes (2009a, p. 168), com pequena adaptação.

☞ *Observe-se que, nesse exercício, além de se trabalhar a diferença de sentido, também se trabalha a parte do conhecer uma palavra relativa à colocação, isto é, as palavras com as quais ela pode coocorrer (cf. no Capítulo 1, no texto "Bases para o ensino de vocabulário", a condição ii do Item 1.2. do texto de base: "O que é conhecer uma palavra").*

(61)[29]

1) Palavras sinônimas têm sentidos semelhantes, mas não exatamente iguais. Observe os exemplos seguintes e diga qual a diferença de sentido entre "refletir" no fragmento a) e "pensei" no fragmento b)?

   a) "Tornei **a refletir**: 'Deve estar estudando a sua cartilha... Estará soletrando...' E o passarinho: 'Bem-bem-bem... te-te-te... vi-vi-vi!'

   b) **Pensei**: 'É uma nova escola poética que se eleva da mangueira!'"

   Refletir = meditar, pensar demoradamente.

   Pensar = fazer um raciocínio lógico, um julgamento.

2) Substitua * nos períodos pelos verbos "refletir" ou "pensar":

   a) Quando o ônibus parou na estrada, a primeira coisa que fiz foi * no perigo que poderíamos estar correndo.

   b) Antes de tomar uma decisão, é preciso considerar as vantagens e desvantagens deste negócio; é preciso * bem.

   a) pensar. b) refletir.

3) Qual a diferença de sentido entre "ouvir" e "escutar" nas frases seguintes?

   a) "Mas hoje **ouvi** um bem-te-vi cantar".

   b) Você me ouve, mas nunca me **escuta**.

   Ouvir = perceber pelo sentido da audição.

   Escutar = ouvir e acatar o que foi dito.

---

[29]   Exercício de Travaglia, Rocha e Arruda-Fernandes (2009a, p. 240), com pequenas adaptações. É inspirado na crônica "História de bem-te-vis", de Cecília Meireles.

4) Escolha, entre os termos dos parênteses, aquele que melhor substitua * nas frases a seguir:

a) Mila * aos pés do escritor, mostrando solidariedade (aproximou-se - avizinhou-se - aconchegou-se).

b) Com a queda, o cavalo sofrera várias lesões e não havia como curá-lo. Por isso, o veterinário resolveu * (matá-lo - sacrificá-lo - assassiná-lo).

c) A menina * os olhos para os céus, pedindo ajuda (elevou - subiu - suspendeu).

d) Os manifestantes * os cartazes da parede, tão logo perceberam a agressividade do outro grupo. (arrancaram - despregaram - pegaram).

e) O homem * as acusações que lhe faziam, mas seu nervosismo e o barulho à sua volta não o deixavam * (escutava/ouvia - ouvir/escutar).

f) Com muito medo, a mulher *: "Alguém me ajude!" (dizia - falava - gritava).

g) O menino resolveu * o periquito no ombro (levar - carregar - transportar).

a) Aconchegou-se	b) Sacrificá-lo	c) Elevou	d) Arrancaram
e) Ouvia/escutar	f) Gritava	g) Levar	

☞ O exercício em 4 trabalha a habilidade de escolher a palavra que melhor se adéqua ao que se quer dizer, ao cotexto e ao contexto. Certamente é preciso pensar no porquê da adequação. Assim, por exemplo, em f), se a mulher estava com medo e queria chamar a atenção de alguém para ajudá-la, o dizer e o falar não são a melhor escolha porque neste caso o que era dito não chamaria a atenção das pessoas.

---

(62)[30]

Leia as perguntas seguintes (após o trecho no boxe), observando o uso do verbo em destaque:

"Nos dois milênios que se seguiram, a questão foi abordada por inúmeros pensadores, de Aristóteles aos grandes filósofos cristãos, e a noção de felicidade **oscilou** entre várias tentativas de conciliar a conduta individual e a ordem divina."

[30]   Exercício de Travaglia, Rocha e Arruda-Fernandes (2009b, p. 226).

1) Qual o sentido de "oscilar" no trecho anterior? *alternar, variar.*

2) "Oscilar", que aparece no trecho é apresentado nos dicionários como sinônimo de 'balançar, tremer, vibrar'. Todavia, nenhum desses três verbos pode substituir o verbo "oscilar" sem mudar o sentido do texto.

   Se esses verbos não podem substituir "oscilar", apesar de serem sinônimos dele isto significa que os sinônimos têm exatamente o mesmo sentido ou não? *Significa que não têm exatamente o mesmo sentido.*

3) Esses quatro verbos têm em comum em seu sentido a ideia de que algo executa um movimento de vaivém (só considere no exercício os sentidos dos verbos que têm esse traço). Qual seria a diferença de sentido entre esses sinônimos? Por que na reportagem se preferiu usar "oscilar" aos outros verbos? Consulte o dicionário e veja os exemplos seguintes. Note que um verbo não pode ser substituído pelo outro livremente, pois o sentido muda ou não dá para usar um ou outro verbo no mesmo texto para o mesmo fim. Se for preciso, procure outros exemplos que o ajudem a perceber a diferença de uso dos quatro verbos.

   Exemplos:

   a) O pêndulo do relógio **oscilava** monotonamente de um lado para o outro.

   b) O vento **balançava** as copas das árvores arrancando folhas.

   c) João tinha muita febre e **tremia** de frio.

   d) As cordas do violão, retesadas, **vibravam** emitindo uma música maravilhosa, quando os dedos ágeis do rapaz as puxavam. Era uma mágica.

Oscilar é executar um movimento físico de vaivém, alternado, mais ou menos amplo e em sentidos contrários. A oscilação às vezes contém uma ideia de um movimento não muito efetivo, o que permite a ideia de hesitação quando é usado para um movimento de vaivém não físico mas que acontece, por exemplo, entre duas atitudes, ideias, posturas, ações, modos de ser. Foi isto que levou ao uso de oscilar na reportagem ao falar da indecisão entre diferentes ideias sobre a felicidade. Pode ser voluntário ou não.

Balançar é muito próximo de oscilar, mas geralmente o movimento de vaivém, físico ou não, não tem uma direção certa. É voluntário ou voluntariamente provocado ou provocado por alguma força como o vento em **b**.

Tremer indica um movimento de vaivém de um corpo em torno de seu centro de equilíbrio. O movimento é rápido, contínuo, repetido, descontrolado e com ondas de ocorrência, sem que o corpo tenha que sair de sua posição. O movimento é interno ao corpo e involuntário.

Vibrar é muito semelhante ao tremer, mas o corpo que tem em si os movimentos de vaivém geralmente é um corpo tenso, o vaivém é muito pouco amplo e muito rápido. Geralmente é provocado por um agente externo.

Sugerimos que, nesse ponto, sejam feitas as "**Atividades de avaliação**" números 5 e 6 deste capítulo.

Atividades de avaliação do capítulo 6

Atividade 1

Informe quais os traços que entram no significado dos itens lexicais pufe e banco, marcando +, - ou +/- no quadro seguinte. Além disso, cite qual é o sema que é preciso acrescentar na última coluna e que é necessário para distinguir o significado de todos os componentes desse campo com o acréscimo de pufe e banco e para o qual já marcamos se o item lexical apresenta ou não o traço. Para ajudá-lo(a), pense nas diferenças entre um banco e um sofá. A atividade será realizada preenchendo as células sombreadas do quadro a seguir:

	Assento	Para sentar-se	Sobre pés	Para 1 pessoa	Com encosto	Com braços	
Tamborete	+	+	+	+	+	-	+/-
Cadeira	+	+	+	+	+	-	+/-
Poltrona	+	+	+	+	+	+	+/-
Sofá	+	+	+	-	+	+/-	+
Pufe							+
Banco							-

Atividade 2

Proponha um arranjo linear em ordem crescente de intensidade para os seguintes itens lexicais que constituem um campo semântico: medo, temor, terror, receio, pavor.

Atividade 3

Procure descobrir semas (traços de significado = características, propriedades, atributos) que o ajudem a distinguir o significado dos seguintes itens lexicais: chinelo ou chinela, sandália, tamanco, sapato, bota, galocha, coturno, tênis.

Atividade 4

Ponha os nomes de "abrigos", listados a seguir, no esquema hierárquico apresentado a seguir de acordo com os traços ou as características que se aplicam a cada um.

Palácio, casa, choupana, canil, depósito, armazém, tenda, pousada, hotel, mansão, bangalô, silo, casebre, estábulo, barraca, *flat*, cocheira, estrebaria, curral, hangar, adega, despensa, toca, barracão, vivenda, solar, palacete, paiol, hospedaria, celeiro, viveiro, coelheira, palhoça, chalé, choça, aquário, arquivo, pensão, mocambo, aprisco, hotel.

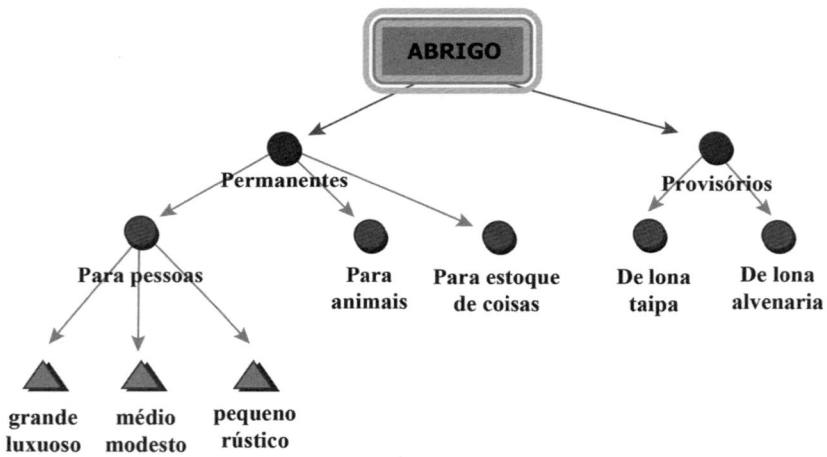

2) Esses traços são suficientes para distinguir todos os abrigos entre si? Caso contrário, proponha como se poderiam distinguir dois abrigos colocados na mesma coluna.

Atividade 5

Qual dos cinco exercícios de vocabulário apresentados a seguir trabalha com a diferença entre sinônimos?

1) No texto aparecem as palavras **mar** e **oceano**. Há alguma diferença de sentido entre elas? Se preciso, consulte seu(sua) professor(a) de Geografia.

2) Diga qual é o contrário de seca na frase:

Recolhi toda a roupa seca.

3) No texto, aparece a palavra **infeliz**. Ela é o contrário de feliz, ou seja, seu antônimo, e foi formada, juntando-se in + feliz. Observe outras palavras formadas do mesmo modo.

Inabalável	inacabado	incalculável	ingratidão	intolerante

Tendo em vista o significado destas palavras, que ideia o elemento IN-, anexado ao início da palavra para formar outras (prefixo), acrescenta ao significado da palavra a que ele se une:

a) Negação.

b) Lugar.

c) Profissionalidade.

d) Anterioridade.

e) Contrariedade.

Agora dê o antônimo das palavras em destaque nos trechos a seguir, usando o prefixo IN-. Em quais delas o texto fica estranho?

a) Meu irmão não tinha **consciência** do problema que estávamos enfrentando depois que papai morreu.

b) João era muito **hábil** com as ferramentas e consertava tudo em casa.

c) Era uma estrela **observável** a olho nu.

d) Tínhamos uma felicidade **real**.

4) Preencha as lacunas seguintes com as palavras entre parênteses adequadas ao que se diz:

a) Fizemos a _____ do menino para o policial. *descrição/discrição*.

b) Os policiais agiram com _____ para não constranger os alunos. *descrição/discrição*.

c) O submarino _____ no oceano, para estudar a vida animal nas águas profundas. *imergir/emergir*.

d) Naquele momento de raiva _____ todas as coisas que ela tinha guardado dentro de si durante anos de relação com a irmã. *imergir/emergir*.

5)

i) Qual o sentido da expressão "abrir mão" na frase seguinte, retirada do texto:

"Antonieta **abriu mão** de seus direitos para que a irmã ficasse com tudo o que o pai deixara."

ii) O que significam as expressões seguintes (relacione as duas colunas).

a) Abrir o jogo.   (e) Alertar ou ficar atento a.

b) Abrir os braços.   (f) Renunciar a algo a que tem direito.

c) Abrir o coração.   (c) Confidenciar, revelar o que está sentindo.

d) Abrir as portas.   (a) Revelar algo que está acontecendo e que seria
                                mais ou menos segredo ou não se devia dizer.

e) Abrir os olhos.   (b) Acolher.

f) Abrir mão.   (d) Receber sem restrições, ajudar.

Atividade 6

Em qual dos trechos seguintes a palavra em destaque permite elaborar um exercício sobre diferença de sentido entre sinônimos?

a) Quando a convidei para sair ela **sorriu**, mas não respondeu.

b) Este homem é **brasileiro** como nós e precisa ser ajudado.

c) Estou com **sede**. Vou beber um pouco de água.

d) Adoro comer **abóbora**.

Tópico 2.3.
Exercícios de vocabulário e outras relações léxico-semânticas

Capítulo 7
Exercícios sobre homônimos

7.1. Homônimos

Na introdução no Tópico 2.1. e no Capítulo 2, Item 2.1., citamos sobre homonímia, conceituando-a. Mas ainda devemos lembrar que homônimos são palavras distintas, porque têm significados completamente diferentes, sem traços comuns de significado, mas que:

1) Têm uma forma totalmente igual tanto na escrita quanto na fala (homônimos perfeitos).

a) Canto (música vocal, som musical produzido pela voz do homem ou de outro animal); canto (ponto ou área em que linhas e superfícies se encontram e formam ângulo).

b) Cabo (acidente geográfico), cabo (posto militar), cabo (feixe de fios metálicos ou de outra natureza), cabo (extremidade pela qual se segura um objeto ou instrumento - cabo de panela ou de faca).

c) Real (verdadeiro, que existe de fato), real (que pertence ao rei), real (moeda do Brasil).

2) Ou são iguais na escrita, mas pronunciados de modo diferente (são os chamados homônimos homógrafos).

a) Este (este/primeiro e é fechado] (pronome demonstrativo) e este [éste/primeiro e é aberto] (ponto cardeal, leste).

b) Acordo (primeiro o é fechado: substantivo: combinação, ajuste, pacto), acordo (acordo/ primeiro o é aberto: primeira pessoa do singular do presente do indicativo do verbo acordar: despertar, sair do sono).

3) Ou são iguais apenas na fala, mas se escrevem de modo diferente (são os homônimos homófonos).

a) Acento (sinal gráfico), assento (banco, objeto ou lugar em que as pessoas se sentam).

b) Sela (arreio), cela (cubículo, aposento de freiras ou frades nos conventos e de condenados nas prisões).

c) Voz (som da laringe, som produzido pelo aparelho fonador), vós (pronome pessoal da segunda pessoa do plural).

d) Era (época, período de tempo marcado por algum fato), hera (tipo de planta trepadeira).

Portanto, ocorre o fenômeno da homonímia quando se tem a mesma palavra fonológica e/ou gráfica, mas com significados completamente diferentes sem nenhuma relação. A homonímia é diferente da polissemia, em que se tem a mesma palavra fonológica e/ou gráfica com vários sentidos diferentes, mas não com significados diferentes.

Na polissemia, temos vários sentidos da mesma palavra, mas estes diversos sentidos têm algo em comum. Já na homonímia os significados são completamente diferentes sem nada em comum apesar de se ter formas iguais (essa diferença está representada nos esquemas que representam a polissemia e a homonímia, apresentados no Capítulo 2, Item 2.1.).

Como vimos, pela teoria dos signos, pode-se dizer que homônimos são signos diferentes, com significados diferentes, cujos significantes possuem fonias e/ou grafias semelhantes. Aqui alguém poderia dizer que o fato não é léxico-semântico porque é mais uma semelhança de forma e não há qualquer relação da significação de uma palavra com outra, todavia a semelhança de forma pode levar a equívocos, causando problemas para a significação do texto. Por isso consideramos pertinente incluir a homonímia nas relações léxico-semânticas entre os itens lexicais. O mesmo se poderá dizer dos parônimos tratados no Capítulo 8.

7.2. Exemplos de exercícios sobre homônimos

(63)

No texto, aparece o seguinte trecho:

"Nesta região da cidade não se podem construir edifícios com mais de três **andares**."

1) Assinale a frase em que a palavra "andares" tem o mesmo sentido que no texto.

    a) Não é bom **andares** nesta parte da cidade tarde da noite.

    b) Este bolo tem vários **andares**.

    c) Falta luz nos dois últimos **andares**. X

    d) Este cavalo tem vários **andares** distintos.

2) Qual é o significado de **andares** nas quatro frases do exercício 1?

    a) Caminhar, locomover-se usando os membros inferiores ou pernas.

    b) Camadas.

c) Pavimentos de uma construção.

d) Andadura, modos diferentes de andar.

3) Escreva quatro frases, com cada um dos homônimos de **andares**. *Resposta pessoal.*

---

(64)

A palavra **capital** aparece no texto de Geografia que acabamos de ler:

"Brasília tornou-se a **capital** do Brasil a partir de 1960 e foi construída para este fim."
Capital aqui significa a cidade sede da administração de um país, Estado, província ou departamento.

Encontre dois homônimos (palavras com forma igual, mas significado diferente) da palavra capital. Crie frases com elas e com a palavra capital que acabamos de ver.

Provavelmente, ter-se-á homônimos como:

a) Capital = dinheiro ou riqueza disponível para aplicação/parte da dívida sem os juros.

b) Capital = que traz a morte, mortal.

---

(65)

1) Assinale a frase em que o homônimo possui o mesmo sentido que no texto.

"O bebezinho dormia sorrindo. A mãe enternecida beijou-o na **testa**..."

(   ) Não confies... Testa a máquina!

(*X*) Ninguém traz estrela na testa.

(   ) O herói marchava à testa do bando...

(   ) O avarento não testa seus bens a ninguém.

2) Dê o significado dos homônimos que aparecem nas outras frases.

⇒ Testa a máquina: *experimenta, verifica se está funcionando bem.*

⇒ À testa do bando: *à frente, no comando.*

⇒ Testa seus bens: *deixa em testamento, lega.*

(66)

Leia o texto transcrito no boxe e, em seguida, faça o que se pede:

Meus avós tinham uma vinícola onde morávamos. De vez em quando um amigo vinha nos visitar. Em uma tarde de domingo alguns amigos meus vieram conhecer a vinícola. Todos estavam animados para o passeio e queriam visitar a lagoa que tinha na vinícola. Meu avô sugeriu que fossemos pela colina, porque permitia ter uma bela vista da fazenda. Eu não conhecia muito bem esse caminho para a lagoa, mas aceitamos a sugestão de vovô. Todos estavam satisfeitos de fazer o passeio. Quando viram todo o vinhedo e sua extensão do alto da colina perguntaram quem tinha plantado tudo aquilo. Orgulhoso, respondi que fora meu avô. Então alguém sugeriu um jogo: quem via primeiro uma flor vermelha, um pássaro preto ou outro animal que não fosse doméstico: vaca, cachorro, cavalo, por exemplo. Caminhando, todos prestavam atenção para encontrar primeiro o item pedido. De repente minha amiga Teresa começou a gritar desesperada e a correr. Ninguém entendeu o que houve, mas saíram correndo atrás dela para acudir. Ela tinha visto uma cobra. Depois disso voltamos sem chegar à lagoa. Valeu a pena. Um lanche nos esperava. Mamãe colocou um jogo americano para cada um na mesa e um vaso com flores da fazenda. Mas o que todos gostaram mesmo foi dos bolos, pães e quitandas que ela serviu.

Em cada uma das frases seguintes, há uma palavra homônima de outra existente no texto. Procure-as no texto e copie as frases em que elas estão. Escreva o homônimo encontrado.

a) Esta vinha foi plantada por meu avô.

b) Não tarde, porque temos de adubar as videiras.

c) Eu não jogo, porque não tenho sorte.

d) Caminho devagar, quando estou cansado.

e) O surdo não ouve.

Respostas:

*a) De vez em quando um amigo **vinha** nos visitar.*

*b) Em uma **tarde** de domingo, alguns amigos meus vieram conhecer a vinícola.*

c) *Então alguém sugeriu um **jogo**: quem via primeiro [...]/Mamãe colocou um **jogo** americano para cada um na mesa.*

d) *Eu não conhecia esse **caminho** para a lagoa.*

e) *Ninguém entendeu o que **houve**.*

3) Dê o sentido de cada um dos homônimos

Respostas:

a) *Vinha: terreno plantado com videiras, pés de uva./Vinha: pretérito imperfeito do indicativo do verbo vir.*

b) *Tarde: imperativo do verbo tardar = demorar, ir ou vir tarde./Tarde: período do dia entre o meio-dia e a noite.*

c) *Jogo: presente do indicativo do verbo jogar (primeiro o é aberto)./Jogo (primeiro o é fechado): atividade física ou mental organizada por um sistema de regras que definem a perda ou o ganho, há sempre uma competição; brinquedo, passatempo, divertimento./Jogo: conjunto de objetos de mesma natureza ou de emprego afim, como, por exemplo, conjunto de peças usadas nas atividades domésticas: jogo de mesa, jogo de cama, jogo de toalhas, entre outros exemplos.*

d) *Caminho: presente do indicativo do verbo caminhar = andar./Caminho: faixa de terreno destinada ao trânsito de um para outro ponto; estrada, vereda, via, trilho.*

e) *Ouve: presente do indicativo do verbo ouvir./Houve: pretérito perfeito do indicativo do verbo haver = aconteceu.*

---

(67)[31]

Recapitulando: na placa da família anunciando a venda de suas coisas, um sentido não desejado podia aparecer porque uma das palavras (muda) podia ser entendida tanto como uma forma do verbo mudar (= transferir sua residência de um lugar para outro) quanto como o adjetivo muda (= pessoa que não fala).

> Família muda
> vende tudo.

Duas ou mais palavras com significados diferentes, mas escritas e faladas de um mesmo jeito ou escritas do mesmo jeito, mas faladas de modo diferente, ou vice-versa, são chamadas de **homônimos**.

---

[31] Exercício de Travaglia, Rocha e Arruda-Fernandes (2009b, p. 52).

Lembrete!

Homônimos são vocábulos com sentido completamente diferente, mas:

a) São escritas do mesmo jeito, embora sejam faladas de modo diferente:
   → *sede* [sêde/primeiro **e** é fechado] (vontade ou necessidade de beber água); e *sede* [séde/primeiro **e** é aberto] (local em que funciona uma organização qualquer).

b) São faladas do mesmo jeito, embora se escrevam de modo diferente:
   → *cesta* (vasilhame ou receptáculo feito de fibras ou taquara de bambu); e *sexta* (feminino do numeral ordinal sexto, correspondente a seis).

c) São escritas e faladas do mesmo jeito:
   → *pena* (pluma, peça que reveste o corpo das aves) e *pena* (sofrimento, dó);
   → *são* (verbo ser), são (adjetivo = sadio) e *são* (adjetivo= santo)

1) Procure lembrar ou pesquisar três conjuntos de homônimos e faça frases com eles de modo que se perceba pela frase que temos um ou o outro homônimo, como nos exemplos seguintes (não valem os homônimos apresentados neste item):

a) Estou com **sede**. Você me arruma um copo d'água? (vontade/necessidade de beber água).

   Estou procurando a **sede** do Clube de Ciclistas (local onde funciona uma organização).

b) Tenho muita **pena** de seu irmão (dó).

   O diamante é um pássaro coberto de lindas **penas** coloridas (plumas, cobertura externa do corpo das aves).

2) Em seguida, em sala de aula:

⇒ O(a) professor(a) vai solicitar aos alunos que digam os homônimos que encontraram, os sentidos dos homônimos e as frases feitas. Cada conjunto de homônimos só será falado uma vez.

⇒ A turma indica se as frases deixaram claro qual dos homônimos foi usado.

⇒ Cada estudante anota em seu caderno todos os homônimos encontrados pela turma.

Quantos homônimos a turma conseguiu encontrar?

(68)

Observe o *outdoor* a seguir. Nele o produtor utilizou um homônimo homófono (mesmo som) onde deveria utilizar outro, mas que não é homógrafo (mesma grafia, escrita). Desse modo, a mensagem ficou com uma falha, presente no trecho do *outdoor* em que se diz:

Locação de salas para os seguimentos de casamentos e formaturas.

Escreva que homônimo seria adequado para indicar o que o produtor do *outdoor* queria dizer. Dê o significado dos dois homônimos:

No trecho "Locação de salas para os seguimentos de casamentos e formaturas". Ele deveria ter escrito: "Locação de salas para os segmentos de casamentos e formaturas". Seguimento = ato ou efeito de seguir, segmento = porção de um todo, segmento de mercado que é cada um dos grupos de consumidores determinado no processo de segmentação do comércio.

Fonte: acervo particular do autor

Capítulo 8

Exercícios sobre parônimos

8.1. Parônimos

Parônimos são palavras diferentes, com significados diferentes, cuja forma é muito próxima e este fato pode levar os usuários da língua ou falantes a confundirem uma com a outra no momento de usá-las. Isto acontece se o falante ainda não tem um conhecimento seguro das duas palavras, o que pode deixar os textos com problemas ou inadequações no sentido que se quer estabelecer para os mesmos na interação comunicativa.

Alguns exemplos de parônimos são os pares de palavras a seguir, cujo significado básico está entre parênteses:

a) Adereço (enfeite) X endereço (indicação de onde se localiza algo como: residência, escola, empresa, e outros locais).

b) Conjectura (hipótese) X conjuntura (situação, oportunidade).

c) Docente (referente a professor) X discente (referente ao aluno).

d) Deferir (Conceder algo, dar despacho favorável) X diferir (ser diferente).

e) Emigrar (sair da pátria, de seu país ou região de nascimento, usado quando se saí do lugar) X imigrar (mudar-se para um país estrangeiro ou para região que não é sua de origem, usado por quem está no lugar de destino).

f) Fluir (correr, deslizar) X fruir (apreciar, desfrutar).

g) Soar (emitir som) X suar (transpirar).

h) Infligir (aplicar pena) X infringir (violar, desrespeitar lei ou regra).

i) Mantilha (xale) X matilha (grupo de cães ou lobos).

j) Mandado (ordem de autoridade judicial, como o juiz) X mandato (procuração ou poder político atribuído pelo povo a um cidadão por meio do voto, a duração desse poder).

k) Pleito (eleição) X preito (homenagem, respeito).

l) Prever (antever, adivinhar) X prover (abastecer do necessário).

m) Sortir (abastecer, prover) X surtir (ter como consequência, produzir efeito).

Como já lembramos no Capítulo 7, parece evidente que a paronímia é mais um fato de forma que de significação, já que as palavras têm formas muito próximas e significados bem distintos e não relacionados, mas os problemas de sentido que podem ser gerados nos textos pelo uso inadequado dos parônimos nos levaram a incluir esse fato entre as relações léxico-semânticas, até mesmo porque os itens lexicais têm forma e significado.

8.2. Exemplos de exercícios sobre parônimos

(69)

Preencha as lacunas com a palavra entre parênteses adequada ao que se diz (se necessário, consulte o dicionário).

a) Fizemos a _____ do menino para o policial (**descrição/discrição**). *descrição*

b) Os policiais agiram com _____ para não constranger os alunos (descrição/ discrição). *discrição*

c) O submarino _____ no oceano, para estudar a vida animal nas águas profundas (imergir/emergir). *imergiu*

d) Naquele momento de raiva _____ todas as coisas que ela tinha guardado dentro de si durante anos de relação com a irmã (imergir/emergir). *emergiram*

Lembrete!

As palavras de cada par são quase iguais, diferindo muito pouco na escrita e na fala. Esse tipo de palavras é chamado de **parônimos**. As palavras parônimas são semelhantes na grafia e na pronúncia, mas têm significados diferentes. Precisamos estar atentos para não confundir um parônimo com o outro na hora de falar e escrever.

---

(70)

A situação estava difícil: chovia muito e havia o perigo de a qualquer momento os morros deslizarem e soterrarem muitas casas. Diante dessa situação, o prefeito passou um *e-mail* para o governador, que ficou assim redigido:

"Estamos com um perigo **eminente** de deslizamento dos morros. Precisamos evacuar a área"

1) A palavra empregada (eminente) não é a adequada para falar de algo que está prestes a acontecer, que é imediato.

a) O que significa a palavra "**eminente**"? *Notável, célebre*

b) Faça uma frase em que a palavra **eminente** por seu sentido está bem empregada.

Exemplo de resposta: O eminente cientista foi contemplado com o Prêmio Nobel, por ter descoberto uma cura para o câncer que dispensa os dolorosos tratamentos atuais.

2)

a) Qual é a palavra muito parecida com eminente que o prefeito deveria ter usado para indicar que o perigo era imediato, de algo prestes a acontecer? Se não descobrir, peça ajuda. *Iminente*

b) Depois crie uma frase com cada uma das duas palavras: eminente e a outra semelhante que descobriu. Indique em que situação elas poderiam ser usadas. *Resposta pessoal.*

(71)

Preencha as lacunas seguintes com **cavaleiro** ou **cavalheiro**:

a) Sempre admirei as façanhas dos _____ da Idade Média. *cavaleiros*

b) No salão, viam-se _____ inclinados diante das senhoras, conversando gentilmente. *cavalheiros*

c) Sejam _____, mostrem-se educados. *cavalheiros*

d) Começava a cavalhada. Muitos _____ chegaram a galope. *cavaleiros*

e) Este animal precisa de um _____ de verdade para domá-lo. *cavaleiro*

(72)

Você e seus colegas vão participar de um jogo. Observe os pares de palavras apresentadas a seguir. Note que elas são muito parecidas na escrita e na fala. Todavia, elas têm significados muito diferentes. Descubra o significado de cada uma e, depois, use-as em frases a serem ditas por você e seus colegas como se estivessem conversando. Então, pense em frases que utilizaria em uma situação real, para o colega continuar a conversa. Assim, um colega fala uma frase de sua autoria, o outro continua com outra cujo sentido se encaixa com o da frase anterior do colega. Ele tem de fazer isso em meio minuto. A classe divide-se em dois grupos. Ganha o grupo que melhor fizer os encadeamentos. O(A) professor(a) vai cronometrar e dirá se o segundo aluno conseguiu encadear uma ideia de forma adequada:

a) Acidente e incidente.

b) Arrear e arriar.

c) Atuar e autuar.

d) Casual e causal.

e) Deferir e diferir.

f) Delatar e dilatar.

g) Despensa e dispensa.

h) Emigrar e imigrar.

i) Estofar e estufar.

j) Lustre e lustro.

k) Peão e pião.

l) Preceder e proceder.

m) Ratificar e retificar.

n) Sobrescritar e subscritar.

o) Tráfego e tráfico.

p) Vestiário e vestuário.

Exemplos:

A)

    Aluno 1: João (aí já indica quem vai dizer algo que dê certo com o que foi falado), ontem fui ao cinema e encontrei sua irmã. Foi um encontro casual (= ocasional, não planejado).

    Aluno 2: Então você não sabia que ela estava lá.

OU

    Aluno 1: Passeando na fazenda de meu tio achei uma caverna. Foi uma descoberta casual.

    Aluno 2: Mas ninguém lhe falou da existência da caverna e onde ela ficava?

B)

    Aluno 1: Você acha que há uma relação causal entre comer e engordar?

    Aluno 2: Frequentemente, mas a pessoa pode também não engordar ou engordar por outras razões.

(73)[32]

1) Observe os trechos seguintes:

a) Claro, também se perde amigo pela escassez de socorro ou de sinalização afetiva.

Também pela fala mal **desferida**. Ou mal ouvida.

b) Até hoje não ficou muito clara a **diferença** entre amor e amizade.

c) Você não sabe **diferir** entre amor e amizade.

2) Compare as frases seguintes com as anteriores.

a) O casamento pode ser realizado pela liminar **deferida** pelo juiz.

b) Seabra tratava o segundo namorado de Angelina com muita **deferência**.

c) O diretor não pode **deferir** seu pedido, apesar de ser seu amigo.

3) O que significam as palavras grifadas nos trechos de 1 e nas frases de 2?

Desferida: particípio de desferir = aplicar (golpe violento), desfechar deferir: conceder algo que foi solicitado por requerimento, em processo judicial ou administrativo ou ter acatamento, atenção, consideração ou complacência, assim deferida = concedida/diferença: não semelhança, o que distingue alguma coisa ou alguém de outra ou outrem/deferência: (vem de deferir com seu segundo sentido) consideração, respeito, acatamento.

Diferir: distinguir, fazer a diferença, ser diferente.

4) O que aproxima as palavras de cada par (1a, 2a / 1b, 2b / 1c, 2c)?

Elas são parecidas no modo de falar ou escrever.

> **Lembrete!**
>
> As palavras que são muito parecidas em sua forma (falada e/ou escrita), mas têm significados diferentes, são chamadas de parônimos.

5) Construa frases ou pequenos textos com dois dos pares de parônimos do quadro seguinte (se necessário, consulte o dicionário para confirmar o significado das

---

[32] Exercício de Travaglia, Rocha e Arruda-Fernandes (2009c, p. 188).

palavras). Em sala, Você apresenta suas frases ou pequenos textos e as explica para a turma. O(A) professor(a) diz se ficou adequado.

Descrição x discrição	Emigrar x imigrar	Cavalheiro x cavaleiro
Acidente x incidente	Estofar x estufar	Tráfego x tráfico
Flagrante x fragrante	Prescrever x proscrever	Retificar x ratificar
	Eminente x iminente	

Resposta pessoal.

Capítulo 9

Exercícios sobre antônimos

9.1. Antônimos

Geralmente, diz-se que **antônimos** são palavras com sentido contrário, oposto. Eco (1974, p. 34) fala em eixos semânticos entendidos como cópias de oposições ou de antônimos. Então a antonímia seria definida como uma oposição de sentidos entre as palavras. Não se trata, todavia, da oposição proposta por Saussure e que é estruturante da língua e pela qual qualquer item lexical da língua se opõe a qualquer outro, como, por exemplo, a oposição que se pode afirmar existir entre as palavras "flor" e "carro", mas que não é uma antonímia, pois essa é uma oposição mais específica em que se pode dizer que temos dois polos em um mesmo eixo. Há antônimos de tipos diferentes[33], conforme o modo de oposição de seus sentidos. Geralmente, fala-se em três tipos de antônimos, que são:

▷ **Antônimos propriamente ditos**, também chamados de gradativos: neles, a predicação de cada um pode ser relativa, por haver uma forma de gradação. Assim, pode-se ser alto em relação a uma coisa e baixo em relação à outra. Geralmente, os antônimos propriamente ditos são representados por adjetivos, mas nem sempre (cf. amar X odiar). Por serem gradativos combinam com expressões como meio, muito, um pouco, mais.

Alguns exemplos: alto x baixo; quente x frio; sábio x ignorante; magro X gordo; bonito X feio; jovem X idoso; grande X pequeno; longe X perto.

Observa-se a gradação nestas frases:

→ Aqui está muito frio (ou seja, um frio mais intenso do que o observado em outro lugar).

→ Eu te amo mais do que João te ama.

Além desses, temos os antônimos não graduáveis de que falamos a seguir.

▷ **Antônimos por contrariedade**, que alguns chamam de inversos. Esses antônimos implicam transformações sintáticas quanto mutuamente substituídos ou indicam processos contrários. É o caso, por exemplo, de vender X comprar, em que temos:

→ João vendeu o livro para Pedro X Pedro comprou o livro de João.

Esse tipo de antônimo é comum na classe dos verbos, mas também aparecem, como diz Lyons (1977, p. 280), em

> áreas do vocabulário que têm a ver com papéis sociais recíprocos (médico e paciente, patrão e empregado), relações de parentesco (pai / mãe e filho / filha) e ainda relações temporais e espaciais (acima e abaixo, em frente de e atrás de, antes e depois).

---

[33] Os três tipos que registramos aqui foram propostos por Lyons (1977, p. 270-280). Cf. também Eco (1974, p. 34), que cita Lyons (1968) e Cançado (2008, p. 45-47).

Exemplos: comprar x vender; preceder X seguir; subir x descer; sair X entrar; abrir x fechar; anoitecer x amanhecer.

▷ **Antônimos complementares**, que alguns chamam de **binários**. Reconhece-se este tipo quando a negação de um implica a asserção do outro, e vice-versa. Exemplos: macho X fêmea; vivo X morto; vertebrado X invertebrado; verdadeiro X falso; móvel X imóvel; igual X diferente; acompanhado X só; presente X ausente.

Assim, se afirmo que alguém está vivo, evidentemente, não vale que ele está morto. Ou seja, as afirmações: "Ele está vivo" e "Ele está morto" não podem ser verdadeiras para a mesma situação e entidade ou ser. Esses antônimos não são graduáveis e se por vezes eles forem usados com expressões de graduação a afirmação terá que ser entendida em um sentido conotativo.

Assim, "X é verdadeiro" implica que "X não é falso" como um juízo de valor para uma afirmativa, mas se alguém disser que "X (uma pessoa) é mais verdadeiro do que Y (uma pessoa)" isto provavelmente será entendido como sendo dito de uma pessoa que fala mais a verdade do que a mentira ou que não age com hipocrisia, falsidade.

Nos textos, é comum a aproximação de ideias opostas, contrárias, contrastantes, criando a figura de linguagem chamada de **antítese**, que sempre é definida como uma figura do pensamento ou do sentir, constituída pela oposição entre duas ideias ou pensamentos.

Exemplos:

(74)

A proposta do prefeito não **apagou** o descontentamento dos moradores, mas sim **acendeu** ressentimentos antigos.

(75)

O **amor** por força dos maus tratos morreu. Nasceu aos poucos um **ódio** que resultaria nessa tragédia.

(76)

Ela é **alta** e eu sou baixo, ela é **magra** e eu sou **gordo**. Será que essas diferenças podem prejudicar nosso relacionamento?

Segundo Azeredo (2008), a antítese "é a relação entre duas unidades de significado – palavras, sintagmas ou enunciados – que expressam conteúdos opostos" (AZEREDO, 2008, p. 497). De acordo com o referido autor, a antítese dá relevo, destaque a uma contrariedade que existe no espírito do falante. Muitas vezes, a oposição só pode ser percebida pelo contexto, pela situação de comunicação e depende muito do conhecimento de mundo de quem produz o texto e de quem procura compreendê-lo. Todavia importa mais aqui a antítese construída com antônimos e que por isso mesmo é menos dependente de contexto. É o caso dos exemplos (74), (75) e (76). Nos exemplos de (77), a antítese e a oposição de conteúdo entre as palavras destacadas dependem mais de contexto e de conhecimento de mundo.

(77)

→ "Este mundo não é pátria nossa, é desterro; não é morada, é estalagem; não é porto, é mar por onde navegamos" (BERNARDES, *apud* ANDRÉ, 1974, p. 386) (pátria x desterro, morada x estalagem e porto x mar por onde navegamos).

→ A infâmia ocultava-se em honras e elogios que nasciam do interesse (infâmia X honras, elogios).

→ Este trabalho não é uma pesquisa, mas um plágio (pesquisa X plágio);

9.2. Exemplos de exercícios sobre antônimos

(78)

"Quando entramos no quarto havia um cheiro **ativo** de clorofórmio. Alguém fizera uso desse produto há pouco".

O contrário de "ativo" na expressão "cheiro ativo" é:

a) Suave. *X*

b) Agradável.

c) Preguiçoso.

d) Tolo.

(79)

Uma palavra pode ter mais de um antônimo dependendo do sentido que ela apresenta em cada vez que for usada. Diga qual palavra tem sentido oposto ao da palavra **seco** nos exemplos seguintes:

a) Comprei um vinho tinto **seco**. *suave, doce*

b) Pendurei as roupas no varal. Uma hora depois elas estavam **secas**. *molhadas*

c) A sua prima é **seca**. Nunca vi alguém tão magro assim. *gorda, cheinha*

d) Adoro comer frutas **secas**. *frescas*.

(80)

Leia o pequeno texto seguinte, prestando atenção nas palavras e nas expressões em destaque:

As ruas estavam **apinhadas de gente**. As pessoas atravessavam a rua **imprudentemente, apressadas**, porque estavam **decididas** a ver o jogo desde o início, fosse onde fosse. Por causa do trabalho a maioria chegaria em casa **na última hora**. Era a final da copa do mundo e o país inteiro estava alegre, com a possibilidade de ser campeão, mais uma vez. Considerava-se o apoio da torcida **essencial** para o time **ganhar** o jogo e sagrar-se hexacampeão.

João tinha o espírito **desligado** de tudo isso. Estava **triste**. Andava como se tudo o que o cercava não existisse, não estivesse acontecendo. Ele tinha perdido o emprego e toda essa euforia pelo jogo não cabia em sua alma.

1) Encontre em destaque no trecho o antônimo de:

a) Desertas. *Apinhadas de gente.*

b) Alegre. *Triste.*

c) Indecisas. *Decididas.*

d) Cautelosamente. *Imprudentemente.*

e) Bem cedo. *Na última hora.*

f) Calmamente. *Apressadas.*

g) Perder. *Ganhar.*

h) Desnecessário, sem importância *Essencial.*

2) Em sua opinião, no texto, a expressão "fosse onde fosse" é antônima de "casa"?
Sim, porque "fosse onde fosse" significa em qualquer lugar, onde pudesse ver o jogo, e em casa é um lugar específico, o lar, a residência, a moradia de cada um.

3) Observe que a palavra **desligado**, que aparece no texto, é antônima de **ligado**. O antônimo nesse caso foi feito usando o prefixo (elemento da língua que se acrescenta ao início das palavras para formar novas palavras) DES-.

⇒ # Veja outros exemplos de antônimos formados com o prefixo DES_: desleal X leal, desarrumado X arrumado, desabastecer X abastecer, desacordo X acordo.

⇒ # Procure outro antônimo formado com DES_ e faça uma frase com ele (se preciso veja no dicionário as palavras começadas com DES_ e se elas são antônimas de outra). Em sala, cada aluno apresenta sua frase e indica qual o antônimo usado e qual seu significado. Todos anotam os diferentes antônimos com DES- apresentados. Quantos antônimos com DES_ a turma encontrou?

Essas atividades, além de trabalharem com os antônimos, mostram em B a influência do contexto linguístico ou situacional; em C, trabalham também a formação de palavras com prefixos (cf. Capítulo 12, Itens 12.3. e 12.3.1.).

---

(81)

No Capítulo 10, houve a explicação sobre o que é **antônimo.**[34]

---

[34] Exercício de Travaglia, Rocha e Arruda-Fernandes (2009a, p. 266-267).

Lembrete!

Antônimo é uma palavra ou expressão com sentido oposto, contrário ao de outra palavra ou expressão.

Para fixar os conteúdos, no trecho seguinte, há duas palavras antônimas?

"Os ipês pertencem à família das Bignoniáceas, da qual também faz parte o jacarandá, e ao gênero *Tabebuia* (do tupi, 'pau' ou 'madeira que flutua'), embora sejam de madeira muito pesada para flutuar. Tabebuia era, na verdade, o nome usado pelos índios para denominar a caixeta (*Tabebuia cassinoides*), uma árvore de madeira leve da região litorânea do Brasil, muito usada hoje na fabricação de artesanatos, instrumentos musicais, lápis e vários outros objetos."

Pesada x leve.

1) Escolha cinco palavras dos textos e diga seu antônimo de acordo com o sentido que têm no texto. Depois escolha um par de antônimos e escreva um pequeno texto em que os dois sejam utilizados.

Resposta pessoal. Sugestão: palavra no texto, sem itálico, antônimo dela em itálico:

Ficha técnica do pau-brasil: *fino x grosso; ascendentes x descendentes; longos x curtos; pequenos x grandes; muito x pouco; brilhante x opaco.*

Flor símbolo do Brasil: *menor x maior; mais x menos; bonito x feio, sem x com.*

2) Reescreva os períodos seguintes, trocando as palavras em destaque por seu antônimo e realizando as transformações exigidas por essas trocas para que o sentido continue plausível:

a) O velho pé de ipê está **vivo** e em breve ficará florido.

b) José **subiu** na casa para consertar o telhado.

c) Este café está muito **quente**. Vou esfriá-lo um pouquinho.

d) Meu pai **abria** a loja sempre na mesma hora.

e) Os ipês também são usados para fins medicinais, embora **sem** comprovação científica.

a) O velho pé de ipê está morto e não florirá mais.

b) José desceu do telhado depois de consertá-lo.

c) Este café está muito frio. Vou esquentá-lo um pouquinho.

d) Meu pai fechava a loja sempre na mesma hora.

e) Os ipês também são usados para fins medicinais, com comprovação científica.

---

(82)

Observe os pares de palavras em destaque nos trechos seguintes:

> ⇒ Como já vimos, **em cima** se escreve separado e **embaixo** se escreve junto.
>
> ⇒ Qual palavra se escreve separado e qual se escreve junto? Em cima é **separado** e embaixo é **junto**.

Em sua opinião, as palavras em destaque em cada trecho têm o mesmo sentido ou sentidos opostos/contrários? Sentidos contrários/opostos não é verdade? Palavras assim, que têm sentidos contrários/opostos, são chamadas de **antônimos**.

Pesquise os antônimos das palavras em destaque nos trechos seguintes retirados dos textos desse capítulo:

a) Paulo estava **sem** dinheiro para ir ao cinema. *com*

b) Ele estava muito azarado, tanto que, se jogasse cara ou coroa, **perderia** todas as vezes. *ganharia*

c) Paulo era meio distraído e, quando ia ajudar o pai, acabava fazendo **tudo** errado. *nada*

d) Deixe a porta bem **aberta**. *fechada*

e) Ajude-me a **levantar** a mesa para pôr o tapete embaixo. *abaixar*

f) Paulo estava **sempre** apressado. *nunca*

g) "No dia **seguinte**, tratou logo de mostrar o **novo** livro para o José, seu **melhor** amigo no **primeiro** ano". *anterior, velho, pior, último.*

h) "Não vai dar **certo** respondeu o **amigo**." *errado, inimigo*

i) Não é **difícil** saber qual é a mão direita. *fácil*

j) "Você está enganado. Não é nada fácil", **discordou** o amigo. *concordou*

Em seguida, responda:

1) Em quais enunciados de as palavras em destaque podem ser substituídas por seu antônimo criando um novo enunciado com sentido diferente? *a, d, h, i*

2) Em quais enunciados, se substituirmos as palavras em destaque por seu antônimo, criaremos frases estranhas, às vezes sem sentido? *b, c, e, f, g, j*

3) Em qual dessas frases é só mudar a ordem do antônimo para que o conteúdo fique adequado?

É a frase f. Se simplesmente trocarmos a palavra em destaque pelo antônimo, teremos "Paulo estava nunca apressado" que é ruim, mas, se dissermos: "Paulo nunca estava apressado" a frase fica adequada.

Lembrete!

Antônimos são palavras que percebemos como tendo sentido oposto ou contrário de algum modo. - Alto x baixo, quente x frio, sábio x ignorante.

- Subir x descer, abrir x fechar, anoitecer x amanhecer.

- Vivo x morto, vertebrado x invertebrado, igual X diferente.

No quadro anterior, **morto** foi apresentado como antônimo de **vivo**. Em sua opinião, **morto** é antônimo de vivo em todas as frases a seguir? Justifique sua resposta:

a) Este menino é muito **vivo**. Percebe as coisas com rapidez.

b) Quando cheguei em casa encontrei meu canarinho **vivo** na gaiola.

c) Esta flor tem um perfume **vivo**.

d) A fé **viva** de Maria a sustentou de pé ao passar por tantos problemas.

Não. Morto é antônimo de vivo apenas na frase b, porque aqui vivo significa "com vida" o que é contrário de morto = sem vida. Em a, vivo = esperto, perspicaz. Em c, vivo = forte, intenso. Em d, vivo = fervoroso, ardente. Portanto em a, c e d, morto não pode ser antônimo de vivo.

Capítulo 10

Exercícios sobre hiperônimos e hipônimos

10.1. Hiperônimos e hipônimos

A hiponímia é uma relação semântica que acontece entre palavras, quando podemos dizer que o sentido de uma que chamamos de **hiperônimo** está contido, incluído no sentido de outra que será chamada de **hipônimo**. A relação é assimétrica porque o hipônimo contém o hiperônimo uma vez que o sentido do hiperônimo está contido no sentido do hipônimo, ou seja, todas as características que compõem o significado do hiperônimo estão contidas no significado do hipônimo, mas o hiperônimo não contém o seu hipônimo.

Podemos dizer que cachorro é um animal, mas não podemos dizer que todo animal é um cachorro, porque o cão tem todas as características de animal, mas animal não contém todas as características caninas. Ou seja, todo cachorro é um animal, mas nem todo animal é um cachorro. A classe de animais inclui outros elementos como, por exemplo: vaca, leão, pássaro, peixe, cavalo, onça, macaco, bode.

Nos exemplos seguintes, os itens mais à esquerda são sempre hipônimos dos itens mais à direita:

⇒ Lírio → flor → vegetal (aqui lírio é hipônimo de flor e flor é hipônimo de vegetal).

⇒ Liquidificador → eletrodoméstico (liquidificador é hipônimo de eletrodoméstico).

⇒ Carro → meio de transporte (carro é hipônimo de meio de transporte).

⇒ Celular → telefone (celular é hipônimo de telefone).

⇒ Pastor-alemão → cachorro → animal (pastor-alemão é hipônimo de cachorro e cachorro é hipônimo de animal).

Como se pode notar, o hipônimo é mais específico que o hiperônimo e a relação de hiponímia e hiperonímia organiza o léxico em classes dadas pelo hiperônimo. Assim, por exemplo:

⇒ Móveis (classe): mesa, cadeira, poltrona, sofá, guarda-roupa, pufe, cama, criado-mudo, cômoda, escrivaninha, cristaleira, entre outros exemplos.

⇒ Pedras preciosas (classe): diamante, esmeralda, topázio, água marinha, safira, ametista, entre outros exemplos.

Quando dizemos o hipônimo, ele sempre implica o hiperônimo, assim não se pode dizer que ganhei uma rosa e negar que ganhei uma flor, porque se ganhei uma rosa necessariamente ganhei uma flor. Mas, se citamos o hiperônimo, ele não implica necessariamente um hipônimo específico: se alguém afirma que ganhou uma flor não ganhou necessariamente uma rosa, pois pode ter ganhado, por exemplo, violetas, lírios, crisântemos, austromélias, cravos, begônias, camélias, orquídeas. Isso é importante na construção de textos.

A Linguística Textual já mostrou que, na coesão referencial, em que termos substituem e retomam outros que já apareceram no texto, o mais natural é que o hiperônimo substitua e retome o hipônimo. Observe os seguintes exemplos:

⇒ "Vimos o carro do ministro aproximar-se. Alguns minutos depois, o veículo estacionava diante do Palácio do Governo." (apud KOCH, 1989, p. 46)

⇒ As rosas no vaso murcharam. As flores não suportaram o calor.

10.2. Exemplos de exercícios sobre hiperônimos e hipônimos

(83)

Nas frases seguintes, substitua as palavras em destaque por uma única palavra que englobe todos os elementos que ela está substituindo:

a) Comprei **laranja**, **pera**, **uva**, **morango**, **abacaxi**, **goiaba** e **banana**, para servir na festa havaiana que vamos fazer. *frutas*

b) Quando eu casei meu pai me deu o **sofá**, a **cama** com dois **criados-mudos**, uma **mesa**, seis **cadeiras** e um **armário para a cozinha** de presente. *móveis*

c) Estas **margaridas**, **lírios**, **rosas**, **bocas-de-leão** e **crisântemos** vão nos permitir fazer belos arranjos. *flores*

d) Meus **tios**, **primos**, **irmãos**, **avós**, meu **pai** e minha **mãe** vieram todos para a minha festa de aniversário. *parentes*

(84)

Seja a frase:

> Arranjamos um veículo para nos levar até a cidade mais próxima.

a) Assinale os elementos a seguir que são veículos:

(*X*) carro   ( ) cavalo   (*X*) ônibus   (*X*) moto   ( ) bicicleta ( ) barco

( ) camelo   ( ) carroça (*X*) caminhão   (*X*) perua   ( ) avião   (*X*) furgão

b) Se nem todos são veículos, qual a palavra ou expressão que abarcaria todos?

Meios de transporte.

---

(85)

Circule nos parênteses a palavra que preenche adequadamente a lacuna tendo em vista os elementos enumerados após os dois-pontos:

a) Meu filho gosta de todas as _____: alface, rúcula, couve, chicória (verduras, frutas, comidas). *verduras*

b) Mamãe preparou alguns _____ para meu aniversário: pé de moleque, brigadeiro, cajuzinho, olho de sogra (quitutes, manjares, doces). *doces*

c) Tenho amigos de todas as _____: brancos, negros, índios (opiniões, religiões, etnias). *etnias*

d) Você deve praticar algum (alguma) _____: natação, futebol, corrida ou ciclismo, por exemplo. É importante para a saúde (trabalho, esporte, atividade). *esporte*

e) Meu tio sempre dizia que para sermos cultos devíamos falar pelo menos duas _____ especialmente: francês e inglês (falas, línguas, culturas). *línguas*

f) Alguns tipos de _____ geralmente não são muito usados no trabalho: chinelos, pantufas, galochas, tamancos (calçados, sapatos, chinelões). *calçados*

g) Minha irmã ganhou diversos _____ em seu casamento: batedeira de bolo, forno de micro-ondas, geladeira, liquidificador, ferro de passar (móveis, eletrodomésticos, instrumentos). *eletrodomésticos*

h) Naquela praça plantaram diversas espécies de _____: sibipirunas, espatódias, ipês, caliandras, umbelas (árvores, gramíneas, arbustos, palmeiras). *árvores*

---

(86)

Observando os pares de frases 1, 2, 3 e 4 a seguir:

▷ Em cada par, qual frase lhe parece melhor e mais fácil de ser entendida? Tente dizer a razão.

▷ Entre a frase **a** e a frase **b** de cada par, há alguma diferença de sentido?

1)

   a) Eles fizerem um lindo buquê com crisântemos, rosas e orquídeas. As flores foram colhidas no meu jardim.

   b) Eles fizeram um lindo buquê com flores. Crisântemos, rosas e orquídeas foram colhidos em meu jardim.

2)

   a) A prefeitura mandou asfaltar as praças, ruas, avenidas e becos de nosso bairro. Os logradouros estavam com muitos buracos.

   b) A prefeitura mandou asfaltar os logradouros de nosso bairro. Praças, ruas, avenidas e becos estavam com muitos buracos.

3)

   a) Galinhas, gansos, patos e marrecos seriam mortos para festejar o casamento da princesa. As aves descobriram e planejaram fugir.

   b) As aves seriam mortas para festejar o casamento da princesa. Galinhas, gansos, patos e marrecos descobriram e planejaram fugir.

4)

   a) Ela adora ametistas, safiras, esmeraldas e brilhantes. As pedras preciosas são lindas.

   b) Ela adora pedras preciosas. Ametistas, safiras, esmeraldas e brilhantes são lindas.

   ⇒ # *Espera-se que, pelo princípio da Linguística Textual, que diz que os hiperônimos retomam melhor os hipônimos do que estes o hiperônimo, espera-se que as frases a sejam percebidas como melhores.*

   ⇒ # *Entre as frases **a** e **b**, há uma diferença de sentido. Em **b** sempre se tem a impressão de que os hipônimos enumerados são os únicos a que a predicação se aplica, mas que há outros a que o predicado não se aplica. Assim em **1b**. somente os crisântemos, rosas e orquídeas teriam sido colhidas no jardim de quem fala, mas que outras flores usadas não foram do jardim do falante. Este sentido não aparece em a. Assim por diante: em **2b** somente praças, ruas, avenidas e becos estariam esburacados, mas não outros logradouros; em **3b** somente galinhas, gansos, patos e marrecos descobriram e querem fugir. As outras aves não; em **4b** parece que só ametistas, safiras, esmeraldas e brilhantes são lindos e não outras pedras preciosas.*

(87)

Levando em conta as palavras em destaque, diga que afirmações não podem ser feitas sem criar um problema de significado, uma espécie de contradição.

a) Maria ganhou uma **rosa** do irmão, portanto ganhou uma **flor**.

b) Maria falou com o **padre**, mas não falou com um **sacerdote**. X

c) Compramos um **liquidificador** novo, então compramos um **eletrodoméstico**.

d) Maria adora **cachorros**, mas não gosta de **animais**. X

Tópico 3

Léxico e outros fatos semânticos

Capítulo 11

Exercícios de vocabulário e outros fatos semânticos relacionados ao léxico: denotação e conotação; sentido geral e específico; campos lexicais

11.1. Exercícios sobre denotação e conotação

11.1.1 Denotação e conotação

Os termos denotação e conotação possuem vários significados distintos na literatura linguística. Aqui vamos trabalhar mais com os sentidos tradicionais de denotação e conotação que se distinguem por alguns critérios que geralmente aparecem nos textos sobre denotação e conotação e que resumimos no quadro a seguir:

Denotação	Conotação
Sentido literal	Sentido figurado
Primeiro sentido	Segundos sentidos
Sentido objetivo	Sentido subjetivo
Sentido referencial	Sentido emocional, afetivo
Sentido geral	Sentido particular

Muitos se contrapõem a esse sentido tradicional de denotação e conotação, dizendo ser muito difícil determinar qual é o sentido literal, o primeiro sentido ou o sentido objetivo. Isto é verdade. Já se o sentido é mais referencial, denotando algo do mundo biopsicofisicossocial ou tem um sentido mais emocional, se é um sentido geral na sociedade ou mais particular em um uso feito por um falante é mais fácil de determinar. Geralmente se toma como denotativo o sentido mais frequente, o que nem sempre é o caso; ou sentidos relacionados ao ser humano. Assim, por exemplo, a palavra "cabeça" teria o sentido denotativo de parte do corpo humano e o sentido de "chefe, dirigente, líder" ou "pessoa mais importante" em determinado grupo ou instituição seria um sentido conotativo como nas frases: "João é o cabeça da quadrilha" ou "Quem é o cabeça da revolta?"

A seguir, estão mais alguns sentidos correntes com que a palavra cabeça é usada:

(88)

A extremidade mais dilatada de um objeto: A cabeça do prego era pequena.

(89)

Pessoa muito inteligente e/ou culta: É uma das maiores cabeças do Brasil.

(90)

A sede da razão, do raciocínio: Não tem cabeça para matemática.

(91)

Juízo, prudência, tino: Não fará loucuras, pois tem cabeça.

Pode-se perceber que esses sentidos possuem alguma relação com a parte do corpo humano, seja sua forma – o sentido (88) –, sejam funções exercidas pelo cérebro abrigado pelo crânio – sentidos (89), (90) e (91). Nesse caso são segundos sentidos e, portanto, sentidos conotativos? Por quê? Não é fácil decidir sobre tais questões, e parece-nos que não convém tratar desses detalhes com alunos de Ensino Fundamental e Médio, por não se ter critérios sólidos para decidir. Há certo consenso em considerar como conotativos os sentidos estabelecidos por meio de metáforas, metonímias e sinédoques. Assim podemos trabalhar essa questão tratando ou não teoricamente das figuras de linguagem de palavras.

Vejamos mais alguns exemplos. Para uma comunidade de falantes de Língua Portuguesa, a palavra "vermelho", referencial e objetivamente, refere-se a uma cor precisa dada por um comprimento de onda da luz (625-740 nm) e a uma frequência (480-405 THz)[35]. Então a palavra "vermelho" denota esse sentido. Já o sentido político da cor vermelha (esquerda, um determinado partido político ou postura ideológica), que varia conforme o grupo falante que o usa, seria uma conotação? Alguns teóricos dizem que sim, porque não é um valor que vale para toda a comunidade de fala da Língua Portuguesa, mas é um valor para um grupo ou indivíduo não sendo valores gerais, mas particulares. O mesmo aconteceria com valores psicológicos que nossa sociedade atribui à cor vermelha como paixão, energia, amor, vida, sedução, raiva.

E o que dizer de significações atribuídas à palavra "vermelho" que não se ligam à definição dada anteriormente para a cor, mas são compartilhadas por toda a comunidade falante de Língua Portuguesa, como é o caso de "perigo" e "pare". Se tomarmos a palavra noite[36] de maneira geral ela denota o período oposto ao dia, o período do dia entre o pôr e nascer do Sol. Em certos contextos noite

---

[35] Diferentes fontes dão comprimentos de onda e frequências diferentes para as cores, mas sempre próximas na sua indicação.

[36] Os exemplos das palavras noite e ferro foram retirados de Dubois et al. (1978, 170), com algumas modificações.

pode significar "tristeza", "luto" que para muitos seriam então conotações. Finalmente, vejamos o exemplo da palavra ferro. Sua denotação é dada pelo conjunto de características que são: elemento químico com o número atômico 26, que é um metal, duro, com diversas e importantes aplicações [exemplo (92)]. Mas pode ser usado no lugar de um objeto feito desse metal [como nos exemplos (93), (94) e (95)] ou ter um uso a partir de uma das características do metal ferro como a dureza, a resistência (exemplo 96).

(92)

Essa grade é feita de ferro.

(93)

Quem com ferro fere com ferro será ferido. *(ferro = espada ou outra arma feita de ferro)*

(94)

A passadeira usa o ferro para deixar as roupas bem lisinhas. *(ferro = utensílio ou eletrodoméstico, próprio para alisar roupas em função do seu aquecimento)*

(95)

O navio lançou ferro. *(âncora)*

(96)

Ele tem um coração de ferro.

Obviamente teremos mais facilidade para considerar sentido conotativo o que aparece em (93), em que se tem uma metonímia fundamentada na relação material pelo objeto que dele é feito e em (96), em que se tem uma metáfora que, de acordo com o contexto, pode indicar um coração resistente que não adoece ou uma pessoa dura de sentimentos, entre outros. Mas os sentidos de (94) e (95) seriam conotações a partir do sentido de (92)? Não se trata de uma metonímia, porque não é o uso do material pelo objeto, mas sim de nomes que se consagraram em determinados campos [(94) – serviços domésticos e (95) – marinha] para certos objetos, naturalmente feitos do material ferro. Na verdade, em (93), a diferença é que ferro não é um nome usado consensualmente para espada. Estamos apelando então para o critério de sentido geral e sentido particular.

Para alguns teóricos, há são efeitos de sentido diversos, possíveis para um item lexical, dependendo do contexto linguístico (cotexto) e do contexto de situação em que ele é usado e de algum modo relacionado com os traços de significado que dão o conceito básico do item lexical.

A semiologia diz-nos que denotação de um item lexical isolado seria uma posição no sistema da língua ou em um campo semântico, portanto a classe de todas as unidades culturais (seres, objetos, sentimentos, processos, estados, entre outras categorias) que ocupam a mesma posição no campo, e de certa forma funcionam como a referência imediata que o lexema, o item lexical provoca no destinatário da mensagem (cf. ECO, 1974, p. 37-38).

Por sua vez, a conotação seria "o conjunto de todas as unidades culturais que uma definição "intencional"[37] do significante pode pôr em jogo; e é, por conseguinte, a soma de todas as unidades culturais que o significante pode revocar institucionalmente à mente do destinatário" (ECO, 1974, p. 42). Esse sentido de denotação e conotação não vai ser trabalhado com alunos dos Ensinos Fundamental e Médio, mas podem ajudar no sentido de que se trabalha o fato de que um item lexical (ou pelo menos sua forma significante perceptível pelos sentidos, já que temos os casos de homonímia) pode ser o veiculador, o recurso de expressão nos textos, de um bom número de significações, que podem ser vistas como diferentes sentidos da mesma palavra (Cf. Capítulo 2).

De todo modo, é sempre válido e altamente pertinente para a produção e compreensão de textos que o aluno saiba perceber os sentidos diversos que um item lexical é capaz de veicular, de pôr em jogo e essa percepção pode acontecer de modo bastante independente de conceitos teóricos.

---

[37] Uma definição "intencional" é sempre um conjunto de características que permite identificar a entidade que é referida pelo item lexical. Não confundir com intencional, derivado de intenção, 'aquilo que se pretende'.

11.1.2. Exemplos de exercícios sobre denotação e conotação

(97)

As palavras em destaque nos trechos seguintes estão em sentido denotativo. Crie outras frases usando as mesmas palavras em sentido conotativo, metafórico, figurado. Antes observe os exemplos seguintes:

⇒ O **calor** do Sol é essencial para a vida na Terra.

⇒ No **calor** da discussão ele deixou escapar o que nunca poderia ter dito para a mulher.

a) A **torrente** da enxurrada abalou os **alicerces** de nossa casa.

b) Os **frutos** das árvores são alimentos importantes para os seres humanos.

c) A **noite** estava estrelada e me fez querer rever a minha amada.

d) Os frutos estavam **verdes**. Não pudemos comê-los.

e) O **foguete** para a Lua partiu sem problemas.

A resposta será pessoal. Apresentamos alguns exemplos de possíveis respostas:

a) Aquela torrente de palavras ditas pelo irmão o deixou perplexo.

Os alicerces de sua educação são bons, por isto você tem facilidade para entender tudo.

b) Trabalhou muito e agora estava feliz porque colhia os frutos de suas realizações.

c) Sua vida atualmente era uma noite constante, não surgia uma nova alvorada, para livrá-lo de tanto sofrimento e preocupação.

d) Jairo ainda é um profissional verdinho, mas será um dos melhores na sua área.

e) João era um foguete e nenhum colega conseguia acompanhá-lo. Por isto às vezes ele parecia desordeiro.

(98)[38]

Observe os trechos a seguir:

a) "[...] afugentar, espavoridos, **homens que são verdadeiros caminhões** [..]"

---

[38] Exercício de Travaglia, Rocha e Arruda-Fernandes (2009a, p. 247-248), com pequenas adaptações, pela correlação com um exercício sobre comparação que não foi reproduzido aqui.

b) "Depois me ofereceram, com muito carinho, uma **lata cheia de comida, com carne sem osso, um banquete** para a minha vida de cachorro vadio".

Em **a**, faz-se uma comparação entre homens e caminhões, embora não esteja expressa a característica comum atribuída ao homem e ao caminhão, nem se utilizou o conectivo "como" ou outra palavra para estabelecer a comparação. Identifique a característica comum entre "homens" e "caminhões" que levou a essa comparação.

Grandes, pesados, com muita força.

Em **b** também não há conectivo, nem se explicita a característica comum entre "lata cheia de comida, com carne sem osso" e "banquete". Qual é a característica comum que possibilitou a comparação?

Refeição especial.

---

(99)

Comparações como as apresentadas no exercício anterior são possíveis porque relacionamos seres, sentimentos ou ações por suas características comuns. Às vezes, ao fazermos isso, aproximamos mundos muito diferentes, como no seguinte exemplo de Cecília Meireles:

"Bom será que essa árvore seja a **mangueira**. Pois **nesse vasto palácio verde** podem morar muitos passarinhos."

Mangueira: árvore frondosa, com muitos galhos e folhas verdes, dá frutos suculentos e doces.

Palácio: Mansão ou prédio suntuoso, muito confortável, com inúmeros cômodos, abriga reis, nobres, autoridades e pessoas importantes.

Considerando ainda que os pássaros vivem em galhos de árvores, a mangueira, com tantos galhos e folhas verdes e com os frutos poderá ser para os pássaros uma morada suntuosa, confortável, digna de pássaros muito importantes. Daí "vasto palácio verde". Temos aqui o que normalmente se chama de **metáfora**.

1) Explique as seguintes **metáforas** encontradas nos textos "História de bem-te-vi" (MEIRELES, 2002) e "A ingenuidade de Sultão" (LESSA, 1972):

   a) "Com estas **florestas de arranha-céus** que vão crescendo, muita gente pensa que passarinho é coisa só de jardim zoológico" (História de bem-te-vi)

   Floresta é uma vasta extensão de terra coberta com grande quantidade de árvores, que são altas e longas. Como os arranha-céus também são altos e longos e estão ocupando uma vasta extensão da cidade, a autora criou a metáfora "floresta de arranha-céus".

   b) "[...] Pisando, chutando, montando, puxando pelo rabo **os gigantes bondosos**. [...]" (A ingenuidade de Sultão)

   Geralmente "gigante" refere-se a um homem excessivamente alto, com grande força e poder. Estas características (grande, forte, poderoso) foram atribuídas ao animal, aqui um cachorro.

2) Alguns comportamentos ou modos de agir são frequentemente associados a determinados animais. Por exemplo: o touro é muito forte, por isto, quando afirmamos que "João é um touro", queremos significar que "João é muito forte".

   i) O que se pretende significar quando se diz:

a) Aquela mulher é uma cobra.

b) João é uma raposa.

c) Dona Divina dorme com as galinhas.

Respostas:

a) A cobra tem veneno, pode matar. Então a mulher é muito má, pode fazer muita maldade.

b) As raposas são espertas, procuram enganar suas presas ou os caçadores para conseguir alimento ou escapar de ser morta. Considera-se que João age com esperteza para tirar proveito próprio.

c) As galinhas, antes de escurecer, vão para o poleiro dormir. Dona Divina deve dormir muito cedo.

ii) Selecione duas outras metáforas semelhantes, faladas comumente em sua região. Explique em que situação elas são utilizadas e o que significam.

Resposta pessoal.

(100)

1) Nas frases seguintes, está entre parênteses o sentido mais comum das palavras em destaque nas frases. Nestas, as palavras em destaque têm outro sentido diferente do apresentado entre parênteses. Diga o sentido dessas palavras nas frases:

a) Estava **mergulhado** na tristeza (mergulhar: entrar na água a ponto de ficar coberto por ela; imergir). *Totalmente tomado, envolvido, absorto na tristeza.*

b) Na guerra as armas disparam mil **mortes** (morte: ato de morrer; o fim da vida animal ou vegetal). *Balas (tem-se uma metonímia em que se emprega o efeito pela causa).*

c) Você é um **leão** (leão: na zoologia, animal carnívoro da família dos felinos que habita, sobretudo, na África e é visto como muito forte, resistente, bom caçador e aguerrido na caça). *Homem valente, corajoso, que enfrenta as dificuldades com empenho.*

d) Vozes **claras, luminosas** (claro: sem escuridão, que ilumina, luminoso, luzente, brilhante/luminoso: que dá ou esparge luz própria). *Vozes belas, formosas, com um belo timbre.*

e) Conhecimento é **ouro** (ouro: elemento químico de número atômico 79, metálico, amarelo, utilizado em ligas preciosas como as usadas na confecção de joias, muito valorizado pelos seres humanos). *Algo valioso.*

2) Depois de dar o sentido das palavras em destaque nas frases de 1, construa outras frases ou pequenos textos em que as palavras em destaque tenham o sentido
apresentado entre parênteses.

Resposta pessoal. Exemplos: a) O rapaz estava mergulhado na piscina. b) A morte é temida por todos. c)
O leão protege seus filhotes. d) O quarto que aluguei era claro, bem iluminado. / Há alguns animais que
são luminosos, como o vagalume. e) Este colar é de ouro 18 quilates.

3) Há alguma relação entre o sentido das palavras dado entre parênteses e o sentido
apresentado em 1 para as mesmas palavras?

Resposta pessoal. Espera-se que os alunos digam que sempre há alguma relação, pois em a) algo mergu-
lhado fica envolto pela água, em b) embora não haja qualquer traço comum entre as significações de bala
e morte há o conhecimento de que as balas das armas causam mortes, em c) o leão é visto como um animal
forte, valente, lutador, em d) a clareza e a luz em nossa sociedade geralmente são vistas como qualidades
positivas, como algo belo, e em e) o valor do ouro é visto como o valor do conhecimento.

11.2. Exercícios sobre sentido geral e específico

11.2.1. Sentido geral e específico

Frequentemente em nosso uso diário da língua, seja falada seja escrita,
quando não há necessidade de muita precisão (Cf. Capítulo 17) no que dizemos, lançamos mão de palavras que com seu sentido um tanto quanto indefini-
do são capazes de substituir outras. É o caso também de usar um superlexema
(Cf. Capítulo 6) e ainda as palavras do tipo que muitos chamam de termos ônibus, porque em certos dialetos, por exemplo, eles substituem toda e qualquer
palavra. Esse é o caso do uso que os mineiros fazem da palavra trem – veja exemplos (101) a (103) –, substituindo quase tudo na sua fala. Outras palavras desse
tipo são "coisa" e "negócio".

(101)

Deixe-me ver esse **trem** aqui, se fica bem em mim. (Um colete que uma mulher aponta na loja de roupas.)

(102)

Que **trem** é esse? (Perguntando sobre um aparelho no laboratório da escola.)

(103)

Não gostei desse **trem** que você pôs na carne. (Seria um tempero?)

Vimos, no Capítulo 10, que os hipônimos são mais específicos que seu hiperônimo, mas neste caso há sempre uma relação de implicação que não acontece aqui. O hipônimo implica o hiperônimo. Assim se digo: "ganhei uma **rosa**", isso implica que "ganhei uma **flor**". Essa implicação não acontece nos casos focalizados neste item. Já "trem" não implica uma roupa ou aparelho ou tempero.

Como apresentado nos exercícios no Item 12.5.2., não são apenas essas palavras mais indefinidas, superlexemas e termos ônibus, que têm sentido mais geral, que substituem outras. Lá se verá que, na verdade, as siglas substituem nomes inteiros.

Perceber qual palavra está sendo substituída e seria mais precisa ao dizer o que queremos é importante no ensino de vocabulário, porque nem sempre podemos lançar mão do artifício de usar palavras genéricas.

O uso de palavras pouco precisas nos textos acontece seja por desconhecimento lexical, seja por displicência ou simplesmente por se estar em uma situação que não exige uma linguagem mais monitorada, mas é preciso ser capaz de escolher e dizer a melhor palavra para expressar o sentido que se quer passar ao interlocutor.

O uso da palavra exata e própria para exprimir o que se quer é a precisão, apontada sempre como uma das qualidades de linguagem.

O uso de palavras de sentido geral pode comprometer o que se diz, pois permite interpretações que nem sempre são a que se quer, pelo fato de o texto ficar impreciso e obscuro. A imprecisão vocabular pode também advir da escolha equivocada de palavras, o que, om palavras de sentido geral e termos ônibus, também compromete o que se quer dizer (sobre precisão e imprecisão vocabular, cf. Tópico 9, Capítulo 17).

A seguir, estão alguns exercícios que mostram como se pode chamar a atenção para o fato de o uso de termos mais genéricos ou ônibus nem sempre ser recomendável, o que é um fato que não se pode negligenciar. Pode-se observar que geralmente em exercícios é solicitado que se faça a substituição de um termo genérico por outro mais específico. Isso exige na maioria dos casos uma ampliação do léxico que é dominado.

11.2.2. Exemplos de exercícios sobre sentido geral e específico

(104)[39]

Correlacione o verbo ter com as palavras, indicadas na segunda coluna e que podem substituí-lo dando um sentido mais preciso, exato ao texto:

a) Seus primos deveriam **ter** melhor conduta.

b) Embora **tivesse** grandes contrariedades, Pedro **teve** muita coragem diante daquela situação difícil.

c) Este novo método de leitura rápida **tem** inúmeras vantagens.

d) Esta caixa **tem** objetos diversos.

e) Não respeitar os sinais de trânsito **tem** muitos perigos.

f) A artilharia antiaérea **teve** um papel importante durante a guerra.

g) Durante o primeiro semestre, todos os alunos desta classe **tiveram** sarampo.

---

[39] Exercício inspirado pelo exercício proposto por Moreira e Rocha (1996, p. 83).

h) A indústria têxtil **está tendo** um mau período.

i) A equipe do governo **teve** ontem uma reunião.

j) Os aristocratas **tinham** uma vida luxuosa.

k) Meu tio **tinha** muito carinho por mim.

l) Nossos atos **devem ter** um fim nobre.

m) Esta seita religiosa **tem** cada vez mais adeptos.

n) Seus pais e os dele sempre **tiveram** boas relações.

o) Este menino **tem** dor de ouvido.

p) **Tinha** muitas esperanças sobre o resultado do concurso.

q) Trabalhar sem interesse nunca **tem** bons resultados.

r) Este boneco **pode ter** formas distintas.

s) Embora **tivesse** uma grave doença, estava sempre de bom humor.

t) Meus tios **tinham** muitas terras no sertão.

(*t*) possuíam	(*i*) realizou	(*d*) contém	(*e*) acarreta
(*r*) apresentar	(*k*) nutria / sentia	(*n*) mantiveram	(*h*) enfrentando
(*c*) apresenta	(*o*) sente / sofre	(*a*) apresentar	(*s*) sofresse
(*g*) contraíram	(*p*) acalentava	(*l*) visar	(*q*) traz, resulta em
(*b*) enfrentasse / portou-se com	(*j*) levavam / ostentavam / desfrutavam de	(*m*) angaria / consegue / conquista	(*f*) desempenhou

☞ *Nesse exercício, o número de ocorrências é grande e só deveria ser aplicado assim já em um ano mais adiantado do Ensino Fundamental ou no Ensino Médio. Em séries iniciais, como recomendado, ater-se aos casos de ocorrência mais frequente.*

(105)[40]

Reescreva as frases, substituindo o que está em destaque por termos mais específicos e realizando as modificações necessárias:

a) O **depósito de máquinas** fica perto na ala sul da indústria. *galpão*

b) Precisamos construir **depósitos de cereais** maiores, pois a colheita foi muito grande. *seleiros/silos*

c) Não produza faíscas dentro do **depósito de pólvora**. *paiol*

d) Este porto tem muitos **depósitos de mercadorias importadas ou a exportar** que são alugados para as empresas. *armazéns*

e) Lave e cubra sempre **o depósito de água** para impedir a reprodução do mosquito da dengue. *caixa-d'água/cisterna*

f) **O depósito de vinhos** fica no subsolo. *a adega*

g) Somente pessoas autorizadas podem entrar no **depósito de aeronaves**. *hangar*

h) Nesta casa há um excelente **depósito de comestíveis,** mas ele está muito sujo. É preciso limpar. *despensa*

(106)

Nas frases seguintes, o adjetivo belo foi usado com muitos sentidos diferentes. Reescreva as frases substituindo belo por outro adjetivo de sentido mais específico:

a) Nossos atletas obtiveram uma **bela** colocação nas Olímpiadas. *honrosa, gloriosa, ótima.*

b) Pedro não falava comigo. Um **belo** dia se aproximou e me perguntou se queria sair com ele. *certo.*

c) Meu filho fez uma **bela** pintura e ganhou o prêmio da exposição. *bonita*

d) A **bela** apresentação do violinista entusiasmou o público. *perfeita, irrepreensível*

---

[40] Exercício inspirado em exercício proposto por Moreira e Rocha (1996, p. 84).

e) Minha tia fez uma **bela** festa em seu aniversário. *grande, boa*

f) Fomos à casa de minha noiva. A mãe dela fez uma **bela** bacalhoada. *gostosa, saborosa, substanciosa, apetitosa*

g) Esta é a mais **bela** sinfonia que já ouvi. *bonita, sublime, harmoniosa, melodiosa*

h) Fui aprovado no concurso com uma **bela** nota. *nota alta*

i) Jorge tem uma **bela** criação de gado: 10.000 cabeças. *Numerosa, grande*

j) Meu irmão tinha um **belo** coração. Ajudava todos que podia. *bom, generoso*

---

(107)[41]

1) Nos trechos seguintes, substitua a palavra ou a expressão em destaque por outra de sentido equivalente e mais preciso, exato, sem alterar o sentido da frase:

a) "Se fomos capazes de interferir na natureza para piorar as **coisas**, também somos capazes de medidas concretas para ajudar o meio ambiente [...]." (Texto 1) *a situação*

b) "Palavra de honra é **coisa** de menino". (Texto 2) *atitude*

c) "O céu estava nublado, **com coisa que** fosse chover". (Texto 2) *como se*

2) Reescreva as frases seguintes, substituindo a palavra "**coisa**" por outra de sentido equivalente. Se necessário, para que as frases continuem bem estruturadas, elas podem ser modificadas, mas o sentido da nova frase deve ser equivalente ao da frase com a palavra "coisa".

☞ *As respostas a essa questão podem variar bastante. O importante é que o sentido da frase não se altere. O gabarito apresentado é apenas uma das respostas possíveis.*

a) As coisas não podem ser mais importantes do que as pessoas.

Os bens materiais não podem ser mais importantes do que as pessoas.

---

[41] Exercício de Travaglia, Rocha e Arruda-Fernandes (2009b, p. 304).

b) Ontem fui ao novo *shopping center* e comprei uma porção de coisas.

Ontem fui ao shopping center novo e comprei uma porção de roupas, sapatos, objetos de decoração, além de outras mercadorias.

c) A descoberta da penicilina foi uma coisa fantástica para a humanidade.

A descoberta da penicilina foi uma conquista fantástica para a humanidade.

d) Não posso me atrasar para a reunião, porque serão tratadas coisas muito importantes.

Não posso me atrasar para a reunião, porque serão tratados assuntos muito importantes.

e) Ela estava bem, de repente teve uma coisa e precisou ser levada às pressas para o hospital.

Ela estava bem, de repente teve um desmaio/mal-estar e precisou ser levada às pressas para o hospital./ Ela estava bem, de repente passou mal e precisou ser levada às pressas para o hospital.

f) Depois de examinar os documentos, os fiscais desconfiaram de que ali havia coisa.

Depois de examinar os documentos, os fiscais desconfiaram de que ali havia dados errados/ problemas/fraude.

---

(108)

Observe as palavras em destaque nas frases seguintes que foram faladas por diversas pessoas. Escolha na lista do quadro qual ou quais poderiam ter sido usadas por quem disse as frases, para fazer seu ouvinte saber especificamente do que se trata.

> Assuntos – imãs, percevejos – cabide – suco de morango –
> muitos trabalhos, vários exercícios – móvel.

a) Paulo, traz para mim um pouco daquele **negócio vermelho** que você estava bebendo. *Suco de morango/suco de frutas vermelhas.*

b) Não posso me atrasar para a reunião, porque serão tratadas **coisas** muito importantes. *Assuntos/questões.*

c) Hoje fizemos uma **coiseira** lá na escola. *Muitos trabalhos/vários exercícios.*

d) Lá em casa tem um quadro de fotos presas com uns **"trem redondo"**. *Imãs/percevejos.*

e) Mamãe me arruma um daqueles **troços** para eu pendurar minha roupa. *Cabide.*

f) Tem um **trem** atrapalhando a entrada e não podemos passar. *Móvel.*

11.3. Exercícios sobre campos lexicais

11.3.1. Campos lexicais

Um campo lexical é o conjunto de itens lexicais que pertencem a uma mesma área de conhecimento e que usamos para falar de determinado tópico ou assunto relacionado com uma atividade ou área de conhecimento. Assim, por exemplo, constituem um campo lexical as palavras relacionadas com a atividade da **educação** e, portanto, pertenceriam a esse campo palavras como professor, aluno, diretor, secretário, escola, biblioteca, quadro negro, currículo, avaliação, aula, sala de aula, diário de classe, plano de curso, plano de aula, ensino, caderno, livro, apostila, Ministério da Educação, ministro da Educação, entre outros exemplos.

Já uma atividade como **casamento** tem em seu campo lexical palavras tais como: casamento civil ou religioso, cartório, templo religioso, igreja, juiz, escrivão, sacerdote (padre, pastor), padrinhos, convidados, festa, salão de festa, convite, presentes, padrinhos, madrinhas, vestidos de noiva e de madrinhas, terno do noivo e padrinhos, bufê, flores, arranjos, músicas.

Cada área tem um campo lexical relacionado e isso facilita o aprendizado do léxico, pois nos apropriamos das palavras ligadas às áreas de conhecimento com que nos relacionamos de alguma forma em algum momento. Pode-se lembrar facilmente de itens lexicais relacionados a áreas como **futebol** (jogador, goleiro, atacante, lateral, *corner*, pênalti, escanteio, gol, grande área, trave, chuteira, uniforme, juiz, bandeirinha, entre outros exemplos), construção civil (engenheiro civil, pedreiro, mestre de obras, cimento, concreto, tijolo, azulejo, cerâmica, alicerce, paredes, telhado, cobertura, portas, janelas, vidros, canos, torneiras, tomadas, interruptores, fios elétricos, e outros relacionados à área), **trânsito** (veículos, carros, caminhonete, caminhão, ônibus, motos, bicicletas, ruas, avenidas, semáforo, guarda de trânsito, secretaria de trânsito, engarrafamento, faixa de pedestres, entre outros exemplos). Ou seja, os campos lexicais de certa forma organizam o vocabulário que conhecemos, por estabelecerem subconjuntos conceituais dentro do léxico como um todo, de modo semelhante ao que os campos semânticos e os hiperônimos o fazem.

Parece-nos que se pode colocar nos campos lexicais o conjunto de **verbos de elocução** embora o que os une em uma classe seja menos falar de uma área de conhecimento e mais exercer o papel de introdutores de fala com nuanças diferentes, exercendo seja no discurso direto seja no discurso indireto o papel de verbos "dicendi" (verbos de dizer). Pertencem a esse grupo de itens lexicais, entre outros possíveis: falar, dizer, afirmar, exclamar, anunciar, admitir, advertir, confessar, assegurar, balbuciar, murmurar, cochichar, confirmar, gritar, declarar, perguntar, questionar, explicar, informar, insinuar, jurar, mencionar, negar, objetar, reclamar, advertir, contar, lembrar, reconhecer, repetir, revelar, destacar, sublinhar, suplicar, responder, redarguir, confessar (como os verbos dicendi são muito importantes na construção dos textos em que usamos discursos relatados e como têm implicações sintáticas e morfológicas na composição textual, vamos trabalhar com eles mais especificamente no Tópico 5, Capítulo 13, Item 13.3.).

Exercícios com campos lexicais são extremamente importantes para o enriquecimento do vocabulário dominado por um falante, para que tenha competência para produzir textos que se referem a determinadas áreas do conhecimento.

11.3.2. Exemplos de exercícios sobre campos lexicais

(109)

1) As pessoas usam roupas o tempo todo. O conjunto das roupas que usamos é chamado de **vestuário**. Vamos fazer um exercício para ver o quanto a turma sabe sobre vestuário. Que palavras você sabe sobre o vestuário, as peças que o compõem, as ações que são feitas para confeccionar as roupas, repará-las e usá-las, os materiais que utilizamos na confecção de roupas e assim por diante.

A turma vai fazer um levantamento de todas as palavras que sabe e usa para falar do vestuário e também vai procurar descobrir outras novas. Para isto, vai se dividir em cinco grupos. Cada grupo vai anotar o que seus membros lembram e vai pesquisar com as pessoas da família, costureiras, alfaiates, vendedores de lojas de tecidos e de confecções (roupas), estilistas, ou seja, pessoas que trabalham com vestuário; pesquisar em revistas de moda e outras fontes como confecções de roupas, na internet, por exemplo, palavras relativas ao vestuário, usadas para os fins apresentados a seguir (sempre que possível anote o significado da palavra ou busque uma imagem esclarecedora). Em cada caso colocamos um exemplo de palavra do grupo:

⇒ O grupo 1 pesquisa as palavras da letra **a**.
⇒ O grupo 2 pesquisa as palavras das letras **b, c, d, j**.
⇒ O grupo 3 pesquisa as palavras da letra e, **k**.
⇒ * O grupo 4 pesquisa as palavras da letras **f, h, i**.
⇒ O grupo 5 pesquisa as palavras da letras **g, l, m, n, o**.

a) **Peças do vestuário e suas variedades**:
  → **Masculino**: cueca (samba-canção) (entre parênteses, apresentam-se as variedades de um mesmo item).
  → **Feminino**: vestido (*chemisier*, tubinho).
  → **Comum a homens e mulheres**: calça.
  → **Peças de roupas para o frio**: suéter.

b) **Ações que se faz para usar as roupas**: vestir.

c) **Ações que se faz para confeccionar peças de vestuário ou mantê-las em condições de uso**: costurar.

d) **Tipos de arremate**: pé de galinha.

e) **Tecidos para confeccionar as roupas**: microfibra.

f) **Fibras e materiais para confeccionar tecidos**: algodão.

g) **Adjetivos usados para caracterizar elementos do vestuário**: plissado (para saia).

h) **Partes de roupas**: bolso.

i) **Elementos usados na confecção de peças de vestuário, incluindo os chamados aviamentos**: tecido.

j) **Instrumentos para confeccionar o vestuário**: máquina de costura.

k) **Tipos de estampas**: listrado.

l) **Tipos de trajes conforme a ocasião social**: esporte.

m) **Coisas que se fazem nas roupas para enfeitar ou com outras funções**: nervura.

n) **Tipos de confecção de roupa**: alta costura.

o) **Profissionais da área do vestuário**: alfaiate.

Na sala cada grupo apresenta suas palavras que um aluno do grupo vai escrevendo no quadro ou outra forma de apresentação existente na escola (por exemplo, apresentação com o programa Power Point). Se alguém de outro grupo souber algo mais, deve falar para ser acrescentado. Se houver dúvidas sobre o sentido da palavra. Qualquer aluno pode perguntar ao grupo que está apresentando. Se for preciso, podem-se usar imagens para ajudar a esclarecer o sentido. Por exemplo, para "plissado", podem ser apresentadas as imagens de um tecido sendo plissado e de uma saia plissada (como no exemplo seguinte). No caso de plissado, pode-se também dar a definição: 'com pregas miúdas' e em sequência em toda a extensão de uma peça.

No final, todos os alunos ficam com a lista completa, para usar na Atividade 2.

2) Cada grupo vai escrever um diálogo entre os indicados a seguir, usando o maior número de palavras do vocabulário sobre vestuário que aprendeu na atividade A. Os grupos escolhem ou se faz um sorteio, para decidir qual diálogo cada grupo vai produzir.

a) Diálogo entre um(a) cliente que levou uma roupa para ser feita e uma costureira.

b) Diálogo entre um(a) cliente que levou uma roupa para ser feita e um alfaiate.

c) Diálogo entre um(a) estilista e a costureira que está fazendo a roupa que ele(a) criou.

d) Diálogo entre um comprador e um vendedor de uma loja de tecidos e aviamentos.

e) Diálogo entre um comprador e um vendedor de uma loja de roupas prontas.

Os diálogos serão representados e discutidos, verificando se o vocabulário da área do vestuário foi devidamente empregado.

A proposta de resposta a seguir, evidentemente, não inclui todos os itens lexicais possíveis. Outros podem aparecer.

a) Peças do vestuário e suas variedades:

⇒ **Masculino**: *cueca (samba-canção, boxer, slip), meias, terno, calção, robe, terno, sobrecasaca, blazer, sobretudo etc.*

⇒ **Feminino**: *vestido (chemisier, tubinho) tailleur, saia (godê, reta, envelope), blusa, xale, écharpe, calcinha, sutiã, corpete, colã, meia (soquete, ¾, 4/8, meia-calça), casaco, cardigã, parca, pelerine, bolero, camisola, robe, baby-doll, bata, canga, saída de banho, saída de praia, lingerie etc.*

⇒ **Comum a homens e mulheres**: *calça (diferentes tipos), camisa, camiseta (t-shirt com gola redonda ou V, regata, polo), jardineira, macacão, robe/roupão, suspensório, colete, luva, cinto, pijama, bermuda, short, boné, touca, boina, capa, capa de chuva, jaqueta, sobretudo, echarpe etc.*

⇒ **Peças de roupas para o frio**: *pulôver, suéter, cachecol, jaqueta, mantô, casaco, luva, sobretudo etc.*

*b) **Ações feitas para usar as roupas**: vestir, calçar, pôr, despir, cobrir, descalçar, usar etc.*

*c) **Ações feitas para confeccionar peças de vestuário ou mantê-las em condições de uso**: costurar, moldar/fazer o molde, cortar, montar, chulear, casear, fazer casinha de abelha/nervura/ arrematar, alinhavar, enrugar, preguear, franzir, plissar, embainhar, ajustar, remendar, reformar, bordar etc.*

*d) **Tipos de arremate**: pé de galinha, ponto paris, ponto "ajour" ou ponto paris, overloque, costura embutida, etc.*

*e) **Tecidos para confeccionar as roupas**: algodão, malha, morim, cassa, lese, gurgurão, damasco, voil, anarruga, chifon, tafetá, linho, viscose, crepe (georgete, marroquino, casca de melão, chifon, de seda, madame, de cetim), piquê, failete/faille, organdi, musseline, americano cru, tricoline, flanela, elastano, lycra, renda, cetim, cambraia, casimira, brim, lã, jersey, lingerie, musselina, veludo, tencel, tweed, filó, brocado, canvas, microfibra, chita, tule etc.*

*f) **Fibras e materiais para confeccionar tecidos**: algodão, lã, linho, seda, juta, rami, modal, acetato, rayon, viscose, poliéster, nylon, lycra etc.*

g) **Adjetivos usados para caracterizar elementos do vestuário**: *plissado, infestado (tecido com 1,4 metro de largura), sedoso, suave, térmico, resistente, chique, casual, slim, long line etc.*

h) **Partes de roupas**: *cós, bolso (diferentes tipos), manga, gola, lapela, braguilha, gavião, barra/bainha, forro, decote (V, U, redondo, princesinha), ombreira, colarinho, pernas, cava, punho, presilha etc.*

i) **Elementos usados na confecção de peças de vestuário**: *tecido, entretela, fivela, zíper, linha, botão, sianinha, ponto russo, tira bordada, viés, cadarço, elástico, lastex, fita, barbatana, passafita, galão, ilhós, colchete, fechos, aplicação, galão etc.*

j) **Instrumentos para confeccionar o vestuário**: *máquina de costura, overloque, agulha, dedal, fita métrica, esquadro, tesoura, alfinetes, fita métrica etc.*

k) **Tipos de estampas**: *listrado, xadrez, estampado (floral, cashemir), de bolinha/de poá, patchwork, manchado, degradê, liso, etc.*

l) **Tipos de trajes conforme a ocasião social**: *esporte, esporte fino/passeio, casual, passeio completo, black-tie, social etc.*

m) **Coisas que se fazem nas roupas para enfeitar ou com outras funções**: *nervura, casa de abelha, pesponto, plissado, bordado etc.*

n) **Tipos de confecção de roupa**: *alta costura, alfaiataria, prêt-à-porter, costura etc.*

o) **Profissionais da área do vestuário**: *alfaiate, costureira, estilista, modelador, tingidor etc.*

☞ Esse tipo de exercício em que se faz um grande levantamento do léxico de uma área de conhecimento deve ser trabalhado em um prazo mais longo e feito de preferência com áreas de conhecimento que, por alguma razão, despertam o interesse das pessoas ou de que elas necessitam por alguma razão.

☞ Como se pode perceber o potencial de incremento do vocabulário desse tipo de exercício é muito grande. Pode-se fazer esse tipo de exercício com muitas áreas como, por exemplo: alimento, árvores frutíferas ou floríferas, saúde, esportes e assim por diante.

(110)

Observe a frase seguinte, retirada do texto:

> "Otávio caiu e entortou os **raios** da bicicleta nova que ganhara em seu aniversário."

1) A palavra em destaque indica uma peça da bicicleta. Quais são as outras peças que compõem uma bicicleta? Faça um levantamento registrando as palavras:

   a) Que indicam as peças da bicicleta (se for preciso vá a uma oficina e/ou loja de bicicletas para aprender quais são as peças e a identificá-las).

   b) Que indicam o que podemos fazer com uma bicicleta (por exemplo: passear).

Na sala cada um diz uma palavra e explica o que é. Os outros anotam para todos terem a mesma lista.

   a) Selim, cano do selim, quadro, alavanca de mudança de marcha, guidão, cabo do freio, alavanca do freio, para-lama dianteiro e traseiro, freio dianteiro e freio traseiro, garfo dianteiro e traseiro, pneu com/sem câmara de ar, porta cantil, pedal, calça-pé, corrente, roda dentada, câmbio traseiro, olho de gato, bagageiro, bomba pneumática, raios, bloco, entre outros.

   b) Competir, passear, trabalhar, pedalar, entregar, transportar, entre outros.

2) Um aluno ou o(a) professor(a) leva uma bicicleta para a sala. O(A) professor(a) mostra uma peça da bicicleta e escolhe um(a) aluno(a) para dizer o nome dela. Caso este(a) não saiba, outro(a) aluno(a) pode dizer.

3) Escreva uma frase com uma palavra indicando algo que se pode fazer com uma bicicleta. Cada aluno(a) diz sua frase, e a turma aprova ou corrige, conforme o caso.

(111)[42]

Quando nos referimos a algum ramo de atividade, sempre utilizamos palavras ou expressões relacionadas a essa atividade. No texto, para se referir ao ato de empinar papagaio, o autor utiliza-se de várias palavras ou expressões relacionadas a esta atividade. Quais são elas?

Folhas de jornal – folhas de papel de seda – varetas – gilete – cola – carretel de linhas – estirante – embicar.

---

[42]   Exercício de Travaglia, Rocha e Arruda-Fernandes (2009b, p. 83), com pequena modificação.

E se fosse uma atividade diferente? Fazer, por exemplo, um telefone sem fio, uma máquina fotográfica de latinha, um cata-vento de garrafa PET? Que palavras ou expressões poderiam ser associadas a estas atividades? Se não conhece essas atividades, escolha outra e diga que palavras seriam usadas nela ou pesquise na internet como fazê-las. Resposta pessoal. Sugestões:

⇒ *Telefone sem fio*: *latas vazias (leite condensado, milho, ervilha, massa de tomate, refrigerante, entre outros); barbante; prego, palitinho, amarrar, encerar, esticar, prender, entre outros.*

⇒ *Máquina fotográfica*: *lata vazia de leite em pó; lixa, barbante, tesoura, tinta, papel- alumínio, papel preto, cola, fita isolante, prego, martelo, tinta preta, pincel, papel-fotográfico. Desenhar, colar, pintar, furar entre outros.*

⇒ *Cata-vento de garrafa PET*: *garrafa PET, tampinha de garrafa, faca, tesoura, arame duro ou pedaço de ferro não muito grosso, cola quente, caneta hidrocor, cortar, grampear, colar.*

⇒ *Outra atividade à escolha do aluno*: *Resposta pessoal.*

(112)[43]

A um conjunto de palavras relacionadas a uma mesma atividade ou área de conhecimento, denominamos **campo lexical**.

1) Procure identificar na primeira parte do texto "Orgulho e força" – o relato sobre Oprah Winfrey – cinco palavras ou expressões relacionadas a um mesmo campo lexical. Diga qual é o campo e as palavras e expressões dele que encontrou.

Respostas possíveis:

Televisão: *Apresentadora de programa, canal GNT, produtora de TV, programa, audiência, TV americana.*

Revista: *editora, tiragem, exemplares, capa, primeiro número.*

Dieta: *balança, efeito sanfona, quilos, dieta, batata assada.*

Família: *filhos, mãe, avó, primo, tio.*

2) Escolha um dos quatro campos lexicais seguintes e escreva um pequeno texto (por exemplo: um parágrafo), utilizando todas as palavras do campo que foram indicadas.

---

[43] Exercício de Travaglia, Rocha e Arruda-Fernandes (2009b, p. 156), com modificação e acréscimo de 2 e 3.

Pode usar outras palavras do campo que não foram indicadas. Em sala, o(a) professor(a) indicará alunos para lerem seus parágrafos e a turma vai dizer qual o campo lexical utilizado.

a) Advogado, juiz, processo, crime, absolvido.

b) País, cidade, estado, bairro.

c) Reunião social, comemoração, banquete, convite, garçom, bebida, comida.

d) Hospital, médico, enfermeira, receita, remédio, sarar.

Resposta pessoal.

3) Sabe algo sobre futebol?

a) Então dê o significado das palavras seguintes quando estamos falando de futebol. Podem ser termos técnicos, gírias e expressões comuns nessa modalidade esportiva.

i) Caneta.	ii) Estar na banheira.	iii) Frangueiro.	iv) Bandeirinha.
v) Chapéu.	vi) Catimba	vii) Placar.	viii) Tabela.
ix) Ganhar de virada.	x) Tapetão.		

b) Depois, em grupo, os alunos fazem uma pequena narração de jogo como se falassem no rádio. Podem-se usar outros termos do futebol conhecidos. Em sala, o grupo escolhe um colega para fazer a narração oralmente.

i) **Caneta**: *quando um jogador passa a bola por debaixo das pernas de outro.*

ii) **Estar na banheira**: *quando o jogador fica só no ataque, esperando que os outros jogadores lhe passem a bola para fazer o gol.*

iii) **Frangueiro**: *goleiro que toma muitos gols ou deixa entrar bolas fáceis de pegar.*

iv) **Bandeirinha**: *os dois auxiliares do árbitro/juiz principal do jogo.*

v) **Chapéu**: *acontece quando um jogador chuta a bola por cima da cabeça de outro e a pega do outro lado.*

vi) **Catimba**: *ações praticadas pelos jogadores para atrasar o jogo ou deixar os adversários nervosos.*

vii) **Placar**: *local em que o resultado do jogo é mostrado.*

viii) **Tabela**: *troca de passes entre jogadores de um mesmo time, durante a corrida, buscando o gol.*

ix) **Ganhar de virada**: *quando um time que, após começar perdendo, consegue ganhar uma partida.*

x) **Tapetão**: *fala-se quando um jogo é disputado na justiça desportiva.*

(113)

1) Procure em cada conjunto qual é a palavra intrusa, tendo em vista a área à qual ela pertence. Explique por que a considerou intrusa.

a) Queijo, iogurte, requeijão, coalhada, pudim.

b) Torneira, janela, cano, chuveiro, ducha, pia.

c) Sapato, camisa, camiseta, calça, saia, vestido, paletó.

d) Rua, avenida, travessa, praça, castelo.

e) Pasta, livro, caderno, uniforme, lápis, caneta, lapiseira.

f) Mangueira, laranjeira, pitangueira, eucalipto, jaqueira, limoeiro.

Respostas:

a) Pudim - não é um produto feito com o leite por fermentação e coagulação.

b) Janela - não indica elementos relacionados com o uso da água em uma casa.

c) Sapato - não é uma peça de roupa como as demais.

d) Castelo - não é um logradouro público como as demais.

e) Uniforme - não é um objeto escolar, embora seja algo que se usa na escola.

f) Eucalipto - não é uma árvore frutífera como as demais.

2) Escolha uma das alternativas de 1 e produza um pequeno texto, utilizando todas as palavras, excluindo a intrusa.

Resposta pessoal. Exemplos:

a) Todos as ruas, avenidas, travessas e praças da cidade foram recuperadas este ano pela prefeitura, que tem feito um bom trabalho de recuperação da cidade.

b) No quintal de casa havia vários pés de fruta: mangueira, laranjeira, pitangueira, jaqueira e um limoeiro de limão galego. Amávamos brincar debaixo delas e subir pelos galhos.

Tópico 4

Formação de palavras e exercícios de vocabulário

Capítulo 12

Exercícios de vocabulário sobre formação de palavras

Preliminares

Uma parte importante do trabalho com o léxico é aprender que muitas palavras são formadas a partir de outras por meio de processos diversos e que isto nos ajuda, e muito, a perceber a significação de palavras que nunca ouvimos ou lemos antes. Portanto a formação de palavras é um mecanismo importante para a chamada economia linguística: em vez de memorizarmos uma palavra para cada significado, fazemos correlações entre significados de palavras formadas com o mesmo lexema, mas com acréscimo ou diminuição de morfemas outros que não o lexema para dizermos coisas com significação muito próxima ou não.

Embora os fatos sobre formação de palavras sejam sobejamente conhecidos, consideramos pertinente neste capítulo registrar alguns pontos básicos para o trabalho com exercícios de vocabulário sobre formação de palavras.

Como vimos, o léxico é um inventário dos itens lexicais (palavras e expressões) de uma língua que combinamos uns com os outros para dizer o que queremos, formando frases ou enunciados e com esses os textos, que não são, como se sabe, uma mera soma de frases. Esse inventário fica arquivado em nossa memória que contém todos os itens lexicais que aprendemos, memorizando sua forma (escrita e/ou oral) seu significado e outras informações necessárias para conhecer uma palavra (Cf. Item 1.2.). Um dos objetivos dos exercícios de vocabulário é justamente aumentar o conjunto de itens lexicais dominado por alguém, incrementando assim sua competência lexical.

Embora esse conjunto de palavras seja arquivado na memória, há muitas palavras que o falante, mesmo nunca tendo ouvido ou lido, pode saber usar, tendo em vista seu conhecimento de outros itens lexicais e o uso de elementos usados na formação das palavras, como os prefixos e sufixos. Assim, se sabemos o significado das palavras ler, ver, abrir, começar e conhecemos o prefixo RE-, sabendo que ele indica "repetição",[44] saberemos ou poderemos inferir o significado das palavras reler, rever, reabrir e recomeçar. Do mesmo modo, se conhecemos as palavras bom, luz, amargo, amor, cheiro e o sufixo -OSO, sabendo que ele indica "quantidade, abundância", saberemos ou poderemos inferir o significado das palavras bondoso, luminoso, amargoso, amoroso, cheiroso.

---

[44] O prefixo RE_ tem, segundo alguns estudiosos, outros valores que são menos comuns: a) retrocesso, retorno, recuo (replicar, regredir); b) reforço, intensificação (refulgir); c) oposição, rejeição, repulsa (reagir, repelir). Observa-se que, nesses exemplos, nem sempre o lexema a que se acrescenta o prefixo existe de forma independente nos dias atuais, o que é um problema para o ensino. Nossa sugestão é que não se trabalhe a formação de palavras com casos em que serão necessárias informações históricas, diacrônicas.

Ainda temos os radicais, que são elementos lexicais usados em várias palavras. Um exemplo é o radical grego TELE- que significa 'longe, distância' e aparece em palavras como telégrafo (escrita a distância), televisão, telecomando, telecurso, teleconferência, telefonar (falar a distância). A partir do uso na palavra televisão aplicada às estações de transmissão que enviam imagens e som a distância e ao aparelho que recebe essas transmissões, o radical TELE- hoje em dia se refere muito a coisas ligadas à televisão: telenovela, teleator, telereportagem, telespectador, televizinho, televisivo. Na composição dessas palavras com TELE- podem entrar outras palavras correntes em nossa língua (visão, comando, curso, conferência, ator, reportagem, vizinho), mas também entram outros radicais que não são palavras correntes em nossa língua.

É o caso de GRAFO- (escrita, escrito, escrever) em palavras como telégrafo, telefotografo, polígrafo, calígrafo, biógrafo, autógrafo, ágrafo; SPE- / SPEÇÃO- / SPECTO- (ver, olhar) em palavras como espiar, espectador, introspecção (olhar para dentro).

Esses elementos que entram na formação das palavras podem ser identificados por meio de **regras de análise estrutural** que nos dizem quais elementos e de que tipos se tem em uma palavra. Já as **regras de formação de palavras** nos dizem como tais elementos se combinam ou não para formar novas palavras.

A formação de novas palavras traz para a língua o que é estudado sobre o nome de **neologismo** até que a palavra se torne corrente pelo menos para um setor da cultura e sociedade. Os neologismos surgem em diferentes áreas da vida cultural e social. A linguagem técnica é responsável pelo surgimento de um grande número de neologismos, mas eles surgem também em função de elementos sociais diversos que levam os usuários a criar palavras que julgam necessárias ou interessantes para a expressão de alguma significação em dados momentos ou circunstâncias. Uma boa fonte de neologismos é a linguagem jornalística, por exemplo, que, frequentemente, cria palavras ligadas a circunstâncias econômicas, políticas, entre outras áreas. Dois exemplos que se pode apresentar aqui são as palavras covidado e mutar.

O adjetivo "*covidado*" foi criado (quando estamos escrevendo este texto) em função da pandemia da Covid-19, em 2020, para sugerir que a pessoa já foi infectada ou não [exemplo (114)] e ao mesmo tempo estabelece uma correlação com a palavra "convidado". Já o verbo "mutar" [exemplo (115)] foi criado durante uma reunião virtual, por alguém que, querendo dizer que um dos participantes havia tirado o som de seu microfone durante a utilização de um aplicativo de reuniões virtuais. Ao se esquecer do verbo "emudecer" ou da expressão "tirar o som", essa pessoa cria outra palavra, advinda do inglês "mute", tendo em vista a forte influência desse idioma na linguagem da informática, como atestam os neologismos deletar e resetar hoje muito usados e criados respectivamente a partir dos verbos ingleses delete e reset, substituindo os verbos portugueses "apagar" e "reiniciar". Pode-se discutir a necessidade e a pertinência de criar ou não estes dois verbos, já que temos dois verbos no Português com exatamente o mesmo sentido. Isto nos parece mais uma questão de política linguística, mas podem-se comentar esses fatos com os falantes em geral e com alunos.

(114)

⇒ Não precisa ficar preocupado. Eu não estou **convidado** (uma pessoa diz a outra em cuja casa está chegando durante a pandemia).

⇒ Pode vir sem medo, porque aqui ninguém está **covidado** (dito por alguém que convida outrem para vir a sua casa em tempos da pandemia).

(115)

Nós não estamos ouvindo a Marli, porque ela **mutou** o microfone dela. Marli, ligue seu microfone!

Os neologismos semânticos que nem sempre são vistos como neologismos podem ocorrer. Alguns ficam para sempre como é o caso da palavra "formidável" que hoje significa "Muito bom, muito bonito; admirável, excelente, magnífico" (FERREIRA, 2004) [exemplo (116)], mas já significou o contrário: "algo horrível", "Que inspira grande temor; que é perigoso; que tem aspecto terrificante" (FERREIRA, 2004).

Houaiss (2001) e Ferreira (2004) registram esse segundo sentido antigo, obsoleto, portanto um **arcaísmo**, ou seja, a palavra não se usa hoje nesse sentido. Outro exemplo de neologismo semântico mais recente é a palavra "irado" que, como se sabe, significa "com raiva", "furioso" [exemplo (117)], mas que na gíria dos jovens tomou o sentido de "algo muito bom", "legal", "muito divertido", sentido que não é registrado em Houaiss (2001) e Ferreira (2004) [exemplo (118)].

(116)
O novo teatro municipal é **formidável**.

(117)
Meu primo ficou **irado** quando quebrei seu *videogame* (furioso, com raiva).

(118)
O *show* dos Ultra foi **irado**. Você perdeu (muito bom, legal).

Os neologismos podem se firmar ou não na língua, podem atingir grande popularidade sendo usados por grande parte dos falantes ou podem ficar restritos a certos grupos sociais, como é o caso de termos técnicos. No ensino, sempre que surgem, é conveniente dizer aos alunos que se trata de um neologismo.

Nas gramáticas e livros sobre morfologia, as regras de formação de palavras são identificadas com os processos de formação de palavras, essencialmente a derivação e a composição. Na literatura sobre formação de palavras, estão arrolados os seguintes processos:

⇒ Derivação prefixal.

⇒ Derivação sufixal.

⇒ Derivação prefixal e sufixal (ou parassintética).

⇒ Derivação regressiva.

⇒ Derivação imprópria ou conversão.

⇒ Composição (por justaposição ou por aglutinação).

⇒ Redução ou abreviação.

⇒ Siglas.

⇒ Cruzamento vocabular ou amálgama.

⇒ Reduplicação.

⇒ Onomatopeia.

12.1. Morfemas na formação de palavras

Há diferentes elementos que são usados na formação de palavras. São os **morfemas**, que podem ser:

⇒ **Lexicais** (as raízes, radicais e palavras) que também são chamados de lexemas;

⇒ **Gramaticais**, que são os afixos (prefixos e sufixos) que se agregam aos lexemas (radicais ou palavras), sendo chamados de **gramemas**.

Radicais ou raízes não são a mesma coisa, mas para efeito didático, podemos considerá-los como sendo os lexemas ou morfemas lexicais que se opõem aos gramemas ou morfemas gramaticais e falarmos apenas em radicais, pois a identificação das raízes demanda um grande conhecimento diacrônico e demanda comparação retroativa de línguas, indo, por exemplo, até o indo-europeu.

Os **lexemas** são os componentes das palavras (radicais) ou as palavras que têm uma significação ligada a um mundo biológico (árvore, inseto, homem, animal, entre outros), psíquico (amar, inveja, medo, entre outros), físico (pedra, ferro, madeira, quebrar, entre outros) ou social (pai, patrão, governador, professor, ensinar, marido, entre outros). Não é, portanto, uma significação que se estabelece apenas internamente à língua como no caso dos gramemas. As gramáticas quase sempre apresentam uma lista dos radicais gregos e latinos que formam palavras do Português com seus respectivos significados. No ensino há de se trabalhar com os mais produtivos e mais frequentes. Os lexemas podem ser formas livres ou presas. As formas livres geralmente são palavras que podem por si só constituir frases ou enunciados. É o caso do verbo guardar e do substantivo roupa que compõem a palavra guarda-roupa. As formas presas geralmente são radicais que não podem por si só constituir frases ou enunciados. São formas presas o radical agr- (campo), que aparece nas palavras "agricultura", "agronegócio", e os radicais bio (vida) e logos (estudo), que aparecem na palavra "biologia", em que aparece também o sufixo -IA.

Os **gramemas** são os elementos formadores de palavras ou as palavras que têm sentido gramatical, isto é, um sentido que só se define dentro da língua, nada tendo a ver com um mundo biológico, psíquico, físico ou social. São gramemas os prefixos, os sufixos, as flexões e as palavras de classes como pronomes, artigos, conjunções e preposições. No estudo do vocabulário, interessam particularmente os prefixos e sufixos. Do mesmo modo que apresentam uma lista de radicais, as gramáticas quase sempre apresentam uma lista dos prefixos e sufixos formadores de palavras no português, com seus respectivos significados, separando aqueles de origem latina e aqueles de origem grega. Como a lista de prefixos e sufixos é extensa, sugere-se também trabalhar com os mais produtivos e mais frequentes.

Como radicais, prefixos e sufixos já estão devidamente registrados nas gramáticas, parece desnecessário arrolá-los novamente aqui.

Cognatos são várias palavras que têm um morfema lexical comum, ou seja, têm a mesma base lexical e foram formadas usando prefixos, sufixos e outros elementos diversos. Como elas têm o mesmo lexema em sua formação elas têm algo em comum no seu significado. Esse conjunto de palavras que têm como base o mesmo lexema constitui o que se chama de uma **família de palavras** ou **família etimológica**. Exemplos:

⇒ Local, localizar, deslocado, localização, realocar, localizável, localista, alocar, locador, localidade, (o lexema comum é "loc-" que significa 'lugar').
⇒ Pedra, pedregoso, empedrado, pedregulho, apedrejar, pedreiro, pedregal, pedreira, pedreirense, pedroso, pedrado, pedrada, pedrouço (o lexema comum é "pedr-", que indica a 'matéria mineral sólida, dura, da natureza das rochas' [HOUAISS, 2001] existente na natureza).

12.2. Derivação

A derivação é feita usando **afixos**: prefixos (derivação prefixal) ou **sufixos** (derivação sufixal) ou os dois simultaneamente (o que geralmente é chamado de derivação prefixal e sufixal ou parassintética). O **prefixo** é o morfema (afixo) que se junta antes da palavra base. O sufixo é o morfema (afixo) que se junta após a palavra base. A palavra que serve de base para a formação de outra(s) é chamada de primitiva, e a formada usando prefixos e/ou sufixos é chamada de derivada. A base usada em processos de derivação geralmente é uma forma livre, isto é, uma palavra que por si só pode constituir um enunciado.

Quando formamos novas palavras por derivação prefixal, elas sempre serão da mesma classe da palavra primitiva:

⇒ Fazer / desfazer (verbo).

⇒ Capaz / incapaz (adjetivo).

⇒ Braço/ antebraço (substantivo).

Já as palavras formadas por sufixo com frequência mudam de classe:

⇒ Ajudar (verbo)/ajudante (substantivo).

⇒ Traduzir (verbo)/tradução, tradutor (substantivos).

⇒ Grudar (verbo)/grudento (adjetivo).

⇒ Belo (adjetivo)/beleza (substantivo).

⇒ Moderno (adjetivo)/modernismo (substantivo).

⇒ Areia (substantivo)/arenoso (adjetivo).

⇒ Vela (substantivo)/velejar (verbo).

Alguns exemplos de **derivação parassintética** são: descentralizar (des+centr+al+izar), engavetar (en+gavet+ar), desalmado (des+alma+ado), embranquecer (em+branco+ecer), rejuvenescer (re+jovem+escer), enterrar (en + terra + ar), indecomponível (in+de+compor+ vel), insensatez (in+sen-sato+ez), entre outros.

Para muitos não basta que se tenha simultaneamente um prefixo e um sufixo para se ter uma palavra formada por derivação parassintética. Se ao eliminar um dos afixos fica uma forma que existe na língua, não se teria derivação parassintética, mas a formação de palavra em dois planos de derivação. Assim, desalmado seria uma formação parassintética, pois não se tem na língua nem "desalma", nem "almado". Do mesmo modo, não se tem "gavetar" ou "engaveta" e, portanto, engavetar é de formação parassintética.

Já no caso de "insensatez", tem-se "sensatez" e "insensato" e, portanto, não se teria uma formação por derivação parassintética, mas sim uma formação por derivação prefixal e sufixal simultâneas. Muitos autores não fazem essa distinção e havendo um prefixo e um sufixo ao mesmo tempo haveria uma formação por **derivação parassintética** ou por **derivação prefixal e sufixal**, funcionando as duas denominações como equivalentes.

Os outros processos de formação de palavras que recebem o nome de derivação são a **derivação regressiva** e a **derivação imprópria** ou **conversão**.

Pela **derivação regressiva** uma nova palavra é formada não pelo acréscimo de algo à palavra base, mas, ao contrário, pela supressão, cortando algo da palavra base. O que é suprimido na derivação regressiva é uma sequência que é tomada como um afixo, mas que não é realmente um afixo, embora seja vista como tal. A mera remoção de afixo seria o processo inverso de um caso de derivação.

Segundo Basílio (1987, p. 38) "temos um caso de derivação regressiva quando uma palavra é interpretada como sendo uma construção base + afixo e então o afixo é retirado para se formar outra palavra constituída apenas da suposta base". O exemplo que essa autora nos dá é o da palavra "sarampo" (a doença) que teria vindo de "sarampão" (ataque forte de sarampo).

Sandmann (1992, p. 44-45) dá o exemplo do verbo "legislar" que derivaria de "legislador". O caso mais importante de derivação regressiva é aquele pelo qual se formam substantivos a partir de verbos. Assim, por exemplo:

⇒ Amparar/amparo, ensinar/ensino, começar/começo.

⇒ Lutar/luta, buscar/busca, entregar/entrega.

⇒ Enfocar/enfoque, revidar/revide, tocar/toque.

Ao que parece, sem esse grupo de palavras relacionadas com verbos haveria um número não muito grande de derivações regressivas. Discute-se muito se essas formas são realmente deverbais e qual é a direção que deve ser considerada como real: do verbo para o substantivo ou do substantivo para o verbo.

Para alguns autores, como Bechara (1999, p. 371), os substantivos são deverbais quando indicam ação, como os dos exemplos anteriores; já os substantivos que dão origem a verbos denotariam objeto ou substância (arquivo → arquivar, timbre → timbrar, apelido → apelidar).

Discute-se ainda se as vogais finais **-a**, **-e**, **-o** seriam vogais temáticas da forma verbal, o que pode ser válido para as formas terminadas em **-a** e **-e**, mas não para as terminadas em **-o**. Há, na literatura sobre formação de palavras algumas posições sobre essas questões que não é importante tratar com os alunos, pois o que interessa é que eles percebam as diferentes relações entre itens lexicais.

Para muitos a derivação regressiva não deve ser confundida com a redução ou abreviação (cf. Item 12.5.1.).

A **derivação imprópria ou conversão** não é propriamente um processo de formação de palavras, mas uma extensão de uso pela mudança de classe ou subclasse de uma palavra o que implica mudança também de propriedades gramaticais. Talvez o caso mais comum de derivação imprópria seja o da substantivação em que palavras de outras classes (geralmente adjetivos, verbos e advérbios) são substantivadas, com frequência pela anteposição de um artigo. Assim temos:

⇒ Ele olhava no **longe** procurando um sinal da cidade (advérbio → substantivo).

⇒ O **amar** é fundamental para a saúde dos seres humanos (verbo → substantivo).

⇒ **Viver** é **lutar** (verbo → substantivo).

⇒ Recebeu um grande e sonoro **não** do patrão (advérbio → substantivo).

⇒ Os **pobres** sempre encontram um modo de sobreviver (adjetivo → substantivo).

Tem-se também a mudança de adjetivo em advérbio:

⇒ Ele falou muito **alto.**

⇒ Todos saíram **rápido** do recinto.

12.2.1. Exemplos de exercícios sobre formação de palavras por derivação prefixal

(119)

Observe as palavras em destaque nos trechos seguintes:

a) "Carlos, que pretende ser astrônomo, diz que tem pela frente uma carreira universitária '**ilimitada**."

b) "As crianças deixaram de brincar nas ruas por causa da **insegurança**."

c) "Quando os jovens se reúnem são **inevitáveis** as conversas sobre namoro."

d) "Você tem doze anos de idade **incompletos**, portanto é uma criança."

1) Estas palavras têm o sentido contrário a outras. Quais são essas outras palavras?
Limitada, segurança, evitáveis, completos.

2) Observe que essas palavras têm sentido contrário por causa do prefixo **I-** ou **IN-**. Podemos obter palavras de sentido contrário acrescentando também **IM-** (paciente > impaciente) e **IR-** (real > irreal). As formas **I-, IN-, IM-** e **IR-** tem o sentido de "não", "negação", "oposto".[45]

A partir da lista de palavras apresentadas a seguir, tente descobrir quando, geralmente, se usa cada forma do prefixo:

---

[45]   Estamos apresentando como quatro prefixos, mas, na verdade, trata-se de apenas um prefixo (IN-) com ajustes ortográficos em função da palavra a que ele se acrescenta.

I- : ilegal, ilegível, ilegítimo, inato, inatural, imortal, imoral.

IN- : inativo, inábil, infeliz, incapaz, inexplicável, indecente, ingrato, indisciplinado.

IM- : impaciente, impossível, impróprio, imbatível, imberbe.

IR- : irreal, irrelevante, irracional, irrecuperável, irrecusável.

I- : foi usado com palavras iniciadas por l, n e m.

IN- : foi usado com palavras iniciadas por vogal, e as consoantes: f, d, c, d, g.

IM- : foi usado com palavras iniciadas por p e m.

IR-: foi usado com palavras iniciadas por r.

Lembrete!

Os elementos que acrescentamos no início de uma palavra para formar outra são chamados de **prefixos**. Cada prefixo acrescenta à palavra nova uma nova ideia:

Feliz > **in**feliz (negação).

Ler > **re**ler (repetição).

Mofo > **an**timofo (oposição, ação contrária).

3) Escolha uma palavra formada com um desses prefixos (IN-, RE-, ANTI-) e forme uma frase. Leia para a turma, que vai julgar se a palavra escolhida foi bem empregada.

Respostas pessoais.

☞ Ressalta-se que esse exercício trata da formação de palavras com prefixo, mas em A e B é também um exercício de antônimos.

(120)[46]

Observe no texto o emprego da palavra sobreviver.

"Não seria jamais um exemplar capaz de sobreviver sozinho."

"O animal não sobrevive."

1) Que diferença de sentido há entre **viver** e **sobreviver**?

Viver é ter vida, enquanto sobreviver é continuar a viver depois de outra pessoa ou depois de passar por algo (perigo, doença, desastre, guerra) que podia matar quem sobrevive.

2) Observe as palavras em destaque nos trechos a seguir:

   a) "Os animais **convivem** com os homens".

   b) "Não foi possível fazer **reviver** o filhote de mamãe gibão"

Qual a diferença de sentido entre **viver** e **conviver**: E entre **viver** e **reviver**?

Já dissemos que viver é ter vida, enquanto conviver é viver com alguém, partilhar da vida de alguém ou com alguma coisa e reviver é voltar ou trazer de volta à vida algo ou alguém.

⇒ Os elementos iniciais **sobre-**, **re-**, **con-**, que se antepõem à palavra "viver", são chamados PREFIXOS.

⇒ Os prefixos alteram o sentido da palavra, acrescentando-lhe uma nova ideia que eles têm em si:

Prefixo	Sentido do prefixo	Exemplo
Sobre-	Acima de	Sobreviver, sobrecarga
Con-	Companhia	Conviver, concidadão
Re-	Repetição	Reviver, reler

⇒ Construa frases com as palavras **sobreviver**, **conviver**, **reviver**. *Resposta pessoal.*

⇒ Dê exemplos de outras palavras com os prefixos **sobre-**, **con-** e **re-**. *Resposta pessoal.*

Lembrete!

Novas palavras se formam pelo acréscimo de prefixos

---

[46] Exercício de Soares (1972, p. 69).

(121)[47]

Algumas vezes formamos novas palavras, acrescentando no início de palavras já existentes certos elementos, que chamamos de prefixos, como nos seguintes exemplos:

a) A **ex**-atleta faz acusações contra seu "descobridor" [...]

b) [...] Paulo Sérgio lamenta as seguidas faltas aos treinamentos de sua **ex**-pupila.

c) O Presidente da Federação Amazonense de Pugilismo (FAP), [...] e o Presidente da Federação Amazonense de Boxe (FAB) [...], eternos **des**afetos, acusam Marreta de ser uma atleta **in**disciplinada.

1) Que ideias indicam os prefixos em destaque?

Em (a) e (b) EX- indica a ideia de que uma pessoa deixou de ser algo (cargo ou função).

Em (c), DES- e IN- indicam a ideia de negação.

2) Escreva outras palavras formadas com os prefixos:

    a) Ex-: _____

    b) Des-: _____

    c) In-: _____

3) Forme uma frase com uma palavra entre as encontradas para cada prefixo.

v 2 e 3 têm resposta pessoal.

(122)

Observe, no trecho sob o texto "Atividade física na infância e na adolescência", que a preposição/a palavra "sobre" pode ser usada como um prefixo, com o valor de algo que está acima, que é superior, que ultrapassa outro. Nesse caso, pode alternar, às vezes, com o prefixo super-: sobredotado, superdotado.

---

[47] Exercício de Travaglia, Rocha e Arruda-Fernandes (2009a, p. 114-115), com acréscimo de 2 e 3 e pequenas modificações.

Importante

☞ *os prefixos "sobre-" e "super-" são semelhantes quanto ao significado de algo superior, acima, mas os dois não costumam ser utilizados com a mesma palavra. Por exemplo, no caso de "sobredotado" e "superdotado", só o último costuma ser utilizado; em sobrepeso/ superpeso, só o primeiro costuma ser utilizado para indicar "acima do peso, sem caracterizar obesidade". Já superpeso seria usado para indicar que é um peso excepcional, ou que algo ou alguém tem uma importância muito grande em dada circunstância. Geralmente o significado da palavra quando os dois são usados não é o mesmo como acabamos de ver e como se pode observar em: sobrecoxa (parte da perna do frango que fica acima da coxa) e supercoxa (palavra que seria usada mais para uma coxa excepcionalmente grande ou forte).*

☞ *Estes exercícios trabalham a formação de palavras por prefixação, mas também os sentidos de palavras gramaticais.*

"[...] o número de crianças e adolescentes com quadro de **sobrepeso** e obesidade vem aumentando consideravelmente."

Sobre- + peso
↓
acima de

→ Sobrepeso quer dizer 'acima do peso', mas ainda não obeso.

Observe outras palavras formadas com "**sobre–**" usado como prefixo:

sobrecoxa, sobressair, sobrecama, sobremesa, sobrecapa, sobrecarga, sobrecarregar, sobre-humano, sobrevoo.

Eleja uma das palavras formadas com o prefixo sobre– e faça uma frase ou pequeno texto, empregando a palavra escolhida. Se quiser, pode usar mais de uma, desde que dê sentido.

Exemplos de resposta:

→ No almoço comi três sobrecoxas de frango. Agora quero saber o que temos de sobremesa.

→ José sempre se sobressai no seu trabalho, por isso sempre tem boas promoções.

→ A sobrecapa do livro era muito bonita e resistente.

1) Observe, nos trechos seguintes, outra preposição/palavra que também pode funcionar como prefixo: É a preposição "**contra**", que significa:

⇒ "Em oposição a".

⇒ "Em luta com".

⇒ "Em movimento contrário a".

⇒ "em direção ou sentido oposto a".

⇒ "Em desfavor de algo ou alguém".

a) "Não é possível ir **contra** a modernização, mas é importante que os hábitos sejam mudados e a atividade física programada seja incorporada à rotina de todas as pessoas."

b) A Comissão Nacional de Direitos Humanos deu queixa **contra** Biranchi Das, acusando-o de exploração de crianças.

i) Qual é o sentido de contra nessas passagens?

a) Em oposição. b) Em desfavor de alguém.

⇒ Nos trechos do texto apresentados em **a** e **b**, a preposição contra não está sendo usada como prefixo e sim como preposição.

ii) Escreva duas frases ou pequenos textos usando a preposição **contra**. Respostas pessoais. Exemplos:

→ Ele bateu contra o muro.

→ Ele foi contra você na eleição.

→ José avançou contra o irmão para tirar-lhe a bola.

2) Observe as palavras no quadro a seguir em que "**contra**" funciona como prefixo. Escolha duas delas e use as duas em um único pequeno texto.

Contraveneno, contrapor, contradizer, contracorrente, contragolpe, contramão, contraespionagem, contraproducente, contra-ataque.

Exemplos de resposta:

- Jorge, que joga no contra-ataque do time de sua cidade, foi multado por dirigir seu carro na contramão.

- A contraespionagem americana deu um contragolpe nos terroristas.

- Para se contrapor ao irmão, Pedro acabou se contradizendo.

---

(123)

Qual a diferença na forma e no sentido das palavras em destaque:

"O **terrorismo** fez com que aparecesse o **antiterrorismo** que é financiado principalmente pelos países vítimas de ataques."

A diferença de forma é a presença do prefixo anti-, que dá a ideia de oposição, contra. Neste contexto, terrorismo quer dizer: "emprego sistemático da violência para fins políticos, especialmente a prática de atentados e destruições por grupos cujo objetivo é a desorganização da sociedade existente e a tomada do poder" (Houaiss, 2001), enquanto "antiterrorismo" indica as ações de combate a tais grupos e suas ações violentas.

Lembrete!

Prefixos são elementos acrescentados no início de um radical ou de uma palavra, modificando seu sentido.

---

(124)

Veja outras palavras formadas por prefixos e diga qual é a nova ideia que o prefixo acrescentou à palavra primitiva.

a) Meus parentes chegaram na **ante**véspera de meu casamento.

b) Muitos apelidos representam uma **des**qualificação da pessoa e por isso não devem ser usados.

c) Meu **bis**avô tem 86 anos, mas é muito forte.

d) Minha mãe **pre**disse que meu irmão ia ter dor de barriga por comer demais.

e) A **inter**comunicação entre os povos é importante para a paz.

O prefixo ante- dá a ideia de "antes", "anterioridade"; assim antevéspera = o dia antes da véspera. O prefixo des- tem um sentido de negação, de ação contrária; desqualificação = retirar as qualidades, diminuir. O prefixo bis- tem sentido de duas vezes, repetição; bisavô = duas vezes avô, por ser o avô do meu pai e meu. O prefixo pre- tem sentido de antes, anterioridade; assim predisse = disse antes de acontecer. O prefixo inter- tem o sentido de "posição ou ação intermediária, ação recíproca"; intercomunicação = comunicação recíproca.

12.2.2. Exemplos de exercícios sobre formação de palavras por derivação sufixal

(125)[48]

Observe a palavra destacada no trecho de "Narizinho", transcrito a seguir.

> "Não há peixe do rio que a não conheça; assim que ela aparece, todos acodem em uma grande **faminteza**."

Essa palavra foi criada por Monteiro Lobato (confira que ela não aparece no dicionário) para exprimir "qualidade daquele que está faminto, tem fome", da seguinte forma:

> faminto + -EZA = faminteza

Podemos formar muitas palavras (substantivos) para dar nome a qualidades, modo de ser, estado, sempre a partir da palavra que indica a característica (adjetivo) com o acréscimo do sufixo - **EZA**. Observe os exemplos seguintes:

duro + -EZA = dureza	belo + -EZA = beleza	claro + -EZA = clareza
delicado + -EZA = delicadeza	gentil + -EZA = gentileza	leve + -EZA = leveza
ligeiro + -EZA + ligeireza	mole + -EZA = moleza	puro + -EZA = pureza

---

[48] Exercício de Travaglia, Rocha e Arruda-Fernandes (2009, p. 71).

Lembrete!

Sufixo é o elemento que acrescentamos ao final de uma palavra para formar outra nova. O sufixo sempre acrescenta à palavra uma ideia. Por exemplo, o sufixo -EZA, que acabamos de ver, acrescenta a ideia de "qualidade de".

Com a ajuda do(a) professor(a), os alunos criarão no quadro-negro (vá copiando no seu caderno) uma lista de palavras formadas com -EZA. Depois, oralmente, cada um faz uma frase com uma palavra formada em -EZA, e os colegas e o(a) professor(a) comentam a frase elaborada.

---

(126)

Observe no texto o adjetivo (a palavra)[49] **perturbador**:

"Tia Nicota contou-nos então um fato **perturbador**: nós não tínhamos mais nenhum dinheiro para continuar a viagem."

Esse adjetivo (essa palavra) é derivado (isto é, é formada a partir de) do verbo (da palavra)[50] *perturbar*, com o acréscimo do elemento final (sufixo) **-dor**:

Perturbar + dor = perturbador (= algo ou alguém que perturba)

▷ Outros exemplos:

⇒ Varrer + dor = varredor →️ que varre.

---

[49] Aqui estamos lembrando e mostrando mais uma vez que, se o aluno não tem ainda o conceito de adjetivo, substantivo, verbo, orações adjetivas, entre outros, podemos dizer simplesmente palavra ou a expressão e isto não afeta o exercício em seus propósitos.

[50] Voltamos a lembrar que essa alternância entre adjetivo x palavra, verbo x palavra, são possibilidades de construir o enunciado sem ter que utilizar conhecimento teórico necessário caso usemos termos como substantivo, adjetivo, verbo, oração adjetiva x expressões/trechos; elemento final x sufixo, entre outros.

⇒ Espremer + dor = espremedor →ʸ que espreme

⇒ Cantar + dor = cantador →ʸ que canta

1) Substitua as expressões (ou orações adjetivas) em destaque por palavras (adjetivos) formados de outra palavra (de verbos), usando o elemento final -dor(a):

   a) Um homem que acusa _____ *acusador*.

   b) Uma pessoa que fala muito _____ *faladora*.

   c) Um animal que rói _____ *roedor*.

   d) Um conselho que salva _____ *salvador*.

   e) Um mistério que desafia _____ *desafiador*.

2) Agora escreva a palavra que indica:

   a) O objeto que usamos para coar algo. *coador*

   b) O objeto que usamos para afiar as facas. *afiador*

   c) O homem que faz compras em uma empresa. *comprador*

   d) A pessoa que paga os funcionários no fim do mês. *pagador*

   e) O produto para polir metais. *polidor*

3) Encontre outras palavras formadas com o final -dor.

4) Elabore frases com as três palavras formadas com -dor que foram encontradas. Na sala, cada aluno fala uma frase e os colegas dizem se ficou bem construída, ou não.

---

(127)

Texto:

As olarias de Satuba[51]

(Ledo Ivo)

Nas olarias de Satuba
podemos comprar muita coisa:
tijolos para erguer os muros
e as paredes de nossas casas.

[...]

E o oleiro que tudo faz

---

[51]   IVO, Ledo. *Estação central*. Rio de Janeiro: Tempo Brasileiro, 1964. p. 14-15.

– telha, tijolo, vaso e pote –

não se faz ainda a si mesmo,

não aprendeu a modelar-se.

São ainda bem primitivas
as olarias de Satuba.

Exemplo 1 (Exercício de repetição) Trabalha o uso do sufixo - EIRO para formação de nomes de profissão.

P - José trabalha na olaria, ele é oleiro.

A - José trabalha na olaria, ele é oleiro.

P - Ele trabalha na sapataria, ele é sapateiro.

A - Repete.

P - João e Pedro trabalham no açougue, eles são açougueiros.

A - Repete.

P - Eles trabalham na padaria, eles são padeiros.

A - Repete.

P - Benedito trabalha na serralheria, ele é serralheiro.

A - Repete.

P - Manuel trabalha na ferraria, ele é ferreiro.

A - Repete.

P - Lúcio trabalha na marcenaria, ele é marceneiro.

A - Repete.

P - Luiz trabalha na marinha, ele é marinheiro.

A - Repete.

P - Mário cuida das vacas, ele é vaqueiro.

A - Repete.

(128)

No texto aparece a palavra "**sapataria**":

"Aquela **sapataria** era muito antiga na cidade e sempre vendeu sapatos de boa qualidade. Era lamentável que fosse fechar".

A palavra "sapataria" é formada assim: sapato + ARIA

Lembrete!

Sufixo é o elemento que acrescentamos ao final de uma palavra para formar outra.

O sufixo -ARIA aparece em muitas outras palavras:

Livraria, frutaria, quitandaria, revistaria, padaria, algodoaria, barbearia, camisaria, cervejaria, churrascaria, drogaria, marmoraria, papelaria, pastelaria, queijaria, relojoaria, rouparia, tinturaria, vidraçaria, entre outras.

1) Observando essas palavras, informe qual é o sentido que o sufixo -ARIA acrescenta às palavras a que se junta.

Lugar em que se vende, fabrica ou guarda algo,

2) O sufixo -ARIA apresenta outros sentidos. Qual é o sentido que apresenta em palavras como:

Boataria, caixaria, gataria, gritaria, pancadaria, prataria.

Grande quantidade de algo.

3)

a) Recorda-se de outras palavras formadas com o sufixo -ARIA? Liste-as agrupando-as de acordo com os dois sentidos do sufixo que foram apontados em 1 e 2.

Resposta pessoal.

b) Forme uma frase com uma dessas palavras listadas pela turma. Em sala o(a) professor(a) indica alunos para dizer a sua frase e a turma diz se foi bem formada.

Resposta pessoal.

(129)[52]

No texto "Alimentação do Adolescente", ocorrem as palavras **comportamento, planejamento, desenvolvimento** e **crescimento**. Essas palavras são formadas a partir da adição do sufixo **-mento** a um verbo. Esse sufixo transforma verbos em substantivos e indica **ato ou ação de.**

⇒ Comportar + -mento = comportamento ⟶ ato ou ação de comportar-se.

⇒ Planejar + -mento = planejamento ⟶ ato ou ação de planejar.

⇒ Desenvolver + -mento = desenvolvimento ⟶ ato ou ação de desenvolver.

⇒ Crescer + -mento = crescimento ⟶ ato ou ação de crescer.

Da mesma forma, as palavras **urbanização** e **alimentação** são formadas a partir da adição do sufixo -ção ao verbo, transformando verbos em substantivos e também indicando *ato ou ação de*. Observe:

⇒ Urbanizar + -ção = urbanização ⟶ ato ou ação de urbanizar.

⇒ Alimentar + -cão = alimentação ⟶ ato ou ação de alimentar.

Lembrete!

Sufixos são os elementos finais que acrescentamos a uma palavra para formar outra. Eles também acrescentam uma ideia à palavra nova.

1) Para cada verbo no quadro seguinte, forme um substantivo, acrescentando o sufixo **-mento** ou o sufixo **-ção**. Construa uma frase com cada substantivo formado.

a) Encerrar b) Julgar c) Abastecer d) Desaparecer e) Armazenar f) Nomear g) Trair

a) Encerramento b) Julgamento c) Abastecimento d) Desaparecimento e) Armazenamento f) Nomeação g) Traição

---

52   Exercício de Travaglia, Rocha e Arruda-Fernandes (2009, p. 175).

Exemplos de respostas:

a) Os alunos estão preparando uma festa para comemorar o encerramento do semestre.

b) O julgamento daquele prisioneiro deverá ocorrer na próxima semana.

c) O abastecimento de água, em determinadas regiões, é precário.

d) Os astrônomos noticiaram o desaparecimento de um cometa.

e) Estão sendo construídos vários silos na região para armazenamento de grãos.

f) No dia da nomeação da diretora, os alunos prestaram-lhe uma homenagem.

g) A ausência de Pedro na peça teatral foi considerada pelos colegas como traição.

---

(130)[53]

Observe as palavras em destaque na estrofe seguinte, do "Baião da garoa":

"Meu São Pedro, me ajude.

Mande chuva, chuva boa

Chuvisqueiro, chuvisquinho,

Nem que seja uma garoa".

Nestes versos as palavras "chuvisqueiro" e "chuvisquinho" foram formadas com os sufixos -eiro e -inho:

-**INHO** é um SUFIXO DIMINUTIVO - indica diminuição ou afeto.

-**EIRO** é um SUFIXO FORMADOR DE SUBSTANTIVOS - pode dar ideia de intensidade, de aumento.

Assim, na estrofe apresentada, os autores começam pedindo uma "chuva boa", que é uma chuva forte, e o pedido vai ficando cada vez menos exigente, pois aceitam um "chuvisqueiro", depois um "chuvisquinho" e acabam se contentando com uma garoa, "Chuvisquinho" é uma palavra formada a partir do substantivo "chuvisco" que, por sua vez, deriva-se de "chuva", o que pode ser representado pelo seguinte esquema:

Chuva > chuvisco > chuvisquinho

---

[53]   Exercício de Travaglia, Rocha e Arruda-Fernandes (2009, p. 238-239), com modificações.

⇒ Então, qual o significado de "chuvisquinho"?

Chuva mais fina do que chuvisco.

E "chuvisqueiro"? "Chuvisqueiro" é uma palavra formada a partir do substantivo "chuvisco" que, por sua vez, deriva-se de "chuva", o que pode ser representado pelo seguinte esquema:

> Chuva > chuvisco > chuvisqueiro

⇒ Se "chuvisco" quer dizer "chuva fina", o que significa "chuvisqueiro"?

Chuva menos fina do que um chuvisco.

Entretanto, -**eiro**, -**eira** pode ter outros significados, como nas palavras em destaque do trecho de "O Sabiá, naturalmente", transcrito no quadro:

"[...] plantar em quintais e jardins pelo menos uma pequena muda de **amoreira, pitangueira** ou **jabuticabeira** [...]"

Nessas palavras, -eira quer dizer "árvore". Assim:

⇒ Amoreira = árvore que dá amora.

⇒ Pitangueira = árvore que dá pitanga.

⇒ Jabuticabeira = árvore que dá jabuticaba.

De modo semelhante o sufixo -inho, -zinho, além de indicar diminutivo, pode indicar também afeição, como no exemplo a seguir.

O rapaz pergunta para a namorada:

– **Amorzinho**, vamos visitar a exposição de pássaros?

Com certeza, ao chamar a namorada de "amorzinho" o rapaz não quis dizer que seu amor era pequeno, nem que a namorada era pequena. Mas foi uma forma carinhosa de se expressar.

O sentido dos sufixos -eiro, -eira, -inho, -zinho será, pois, determinado pelo contexto em que aparecem. Na atividade a seguir, poderá identificar outros sentidos destes sufixos.

1) No quadro seguinte, estão relacionados os significados de alguns sufixos. Relacione esses significados com os sufixos em destaque nas palavras das frases apresentadas após o quadro:

Diminuição	Afeto, carinho
Árvore	Ideia de intensidade, aumento
Ocupação, profissão	Lugar onde se guarda algo

a) No meio daquele nevo**eiro,** o pescador pensou que não encontraria nunca mais o caminho de casa.

b) Rafael se tornou um cozinh**eiro** de mão cheia e com isso ganhava a vida.

c) Sobre a mesa estava um tint**eiro** de cristal e bronze. Era muito bonito e a seu lado havia uma pena.

d) "Meninos, esse fogu**inho** não vai nos aquecer".

e) A velha mangu**eira** sempre estivera ali desde que nasci. Não queria que ela fosse derrubada.

f) "Mas que cão**zinho** mais fofo! Deixa eu brincar com ele?"

g) O sapat**inho** do bebê era de tricô e muito delicado.

h) Que bele**zinha** de menina!

i) Fomos passear na praça, mas voltamos debaixo de um aguac**eiro** que nos deixou ensopados.

j) A mulher disse para o marido: "Querid**inho,** você pode me ajudar a levar a comida para a mesa?"

*Em **a** e **i**, -eiro = intensidade, aumento.*

*Em **b**, - eiro = ocupação, profissão.*

*Em **c**, -eiro = lugar onde se guarda algo.*

*Em **d**, **f** e **g**, -inho = diminuição.*

*Em **e**, -eira = árvore.*

*Em **f**, **g**, **h** e **j**, -inho = afeto, carinho. Em **j**, em outra situação poderia ter um valor pejorativo com ironia, escárnio.*

2) Escolha uma palavra para cujo sufixo foi atribuído mais de um significado e escreva uma frase para cada significado.

Resposta pessoal.

12.3. Composição

A composição acontece pela junção de dois ou mais radicais ou de duas ou mais palavras já existentes na língua ou de um radical e uma palavra já existente, ou seja, de dois ou mais lexemas. As palavras resultantes da composição são chamadas de compostas. A composição pode acontecer por:

▷ **Justaposição**: quando os radicais ou palavras que compõem a palavra mantêm sua forma: guarda-roupa, escola modelo, agronegócio, olho de sogra, navio-escola, porta bandeira, piscicultura.

▷ **Aglutinação**: quando os radicais ou palavras perdem sua integridade: pernalta (perna + alta), planalto (plano + alto), aguardente (água + ardente), embora (em + boa + hora), boquiaberto (boca + aberto), noroeste (norte + oeste).

As palavras que têm apenas um radical são chamadas de **simples** (mesa, dente, belo, recomeçar, rede, pão, paralelo, mar) e as que têm mais de um radical são chamadas de **compostas** (ferrovia, automóvel, melão-de-são-caetano, guarda-roupa, aguardente). Como nos ensina Basílio (1987, p. 27),

> a derivação obedece às necessidades de expressão de categorias nocionais, com contraparte sintática ou não, mas de caráter fixo e via de regra, de teor geral. Já o processo de composição obedece à necessidade de expressão de combinações particulares.

Segundo a autora, a composição atende às necessidades de denominação e esta pode ser **descritiva ou metafórica**. Ela é **descritiva** quando o significado do composto é dedutível dos elementos que foram reunidos para formá-lo como em sofá-cama, água de cheiro, guarda-roupa. Quando a nomeação é **metafórica,** não se pode saber o significado a partir dos elementos reunidos na composição, porque a associação com aquilo que é denominado se faz "em termos de propriedades transferidas em termos associativos". Estão neste caso compostos como louva-a-deus (um inseto), olho de sogra (um tipo de bombom), pé de moleque (um doce feito com amendoim e rapadura).

12.3.1. Exemplos de exercícios sobre formação de palavras por composição

(131)

Muitas palavras são formadas com a mesma **base**. Essa base comum pode ser:

a) Uma **palavra** que podemos usar sozinha em frases.

b) Um elemento que não é uma palavra e que chamamos de **radical**. A palavra que serve de base tem em si um radical. Observe a seguir:

⇒ Palavras que têm como uma de suas bases a palavra **guarda** (do verbo guardar): guarda-chuva, guarda-louça, guarda-roupa, guarda-comida, guarda-costas, guarda-corpo, guarda-móveis, guarda-pó, guarda-volumes (radical presente: guard- que aparece em palavras como guardião, guardador, guardar).

⇒ Palavras que têm como base comum o radical "**pedr-**", por exemplo: pedra, pedrinha, pedreiro, pedregulho, pedrada, pedraria, empedrado, pedregoso, pedreira,

⇒ As palavras que têm um radical como base comum são chamadas de **cognatas**.

1) Sublinhar quatro cognatos em cada letra. Depois diga qual é a base comum a todos eles e qual o significado dessa base:

a) Concentração, consentir, cento, concentrar, centralizar, contar, assentar, centro.

b) Espacial, esposa, específico, espaço, espaçado, espírito, espécie, espécime, esperto, especial, espelho, espacialidade, espaçonave.

c) Egoísmo, adequado, equador, égua, inadequado, aquático, eco, equação, equino.

d) Conclusão, conclamar, inclemente, inconcluso, reclusão, concluir, inclusão, concludente.

e) Concerto, concertar, certo, conservar, dissertação, acerto, cercear, certeza, incerto, inserto.

a) Concentração, concentrar, centralizar, centro. Todos têm o lexema/radical "centr-" que indica o ponto equidistante de outros pontos indicados.

b) Espacial, espaço, espaçado, espacialidade e espaçonave. O lexema/radical comum é "espaç-" que indica um lugar sem matéria, o vão entre dois pontos com matéria. Espaçonave tem dois lexemas/radicais: "espaç", mas também "nav", que indica embarcação, objeto que serve para o transporte marítimo e no ar.

c) *Adequado, equador, inadequado, equação. O lexema/radical comum é "equ-", que significa 'igual'.*

d) *Conclusão, inconcluso, concluir, concludente. O lexema/radical comum é "concl-", que significa 'fim, término'.*

e) *Concerto, concertar, certo, certeza, acerto. O lexema/radical comum é "cert-", que significa 'correto, colocar em ordem em algo correto, em harmonia'.*

(132)

"Papai chegou com a surpresa: uma **televisão** de LCD de alta definição com 50 polegadas. Mamãe achou aquilo um "monstro", mas ficou muito satisfeita. Como se pode ficar satisfeito com um monstro?"

A palavra em destaque no trecho anterior é formada por duas outras, mesmo que uma delas não apareça sozinha em nossa língua:

tele + visão

Tele = longe.

Visão = sentido que nos permite perceber as coisas e seres pelos olhos.

Por isso, televisão = aparelho que permite a visão de algo ao longe.

Pesquise outras palavras formadas com **tele** e:

1) Dê o significado de cada uma.

2) Forme frases com duas delas.

3) A turma tenta lembrar outras palavras formadas com **tele**.

Telescópio Telegrama Telecomando Telefone

(133)[54]

Algumas vezes formamos novas palavras, juntando duas outras já existentes, como a palavra em destaque no trecho seguinte:

---

[54] Exercício de Travaglia, Rocha e Arruda-Fernandes (2009, p. 208), com pequenas alterações, entre as quais do trecho do texto usado.

Um homem de 21 anos teria amarrado uma grande quantidade de latinhas ao **para-choque** do carro e arrastado pelo bairro, fazendo um barulhão. A polícia foi chamada e o prendeu.

Observe que a palavra "para-choque" foi formada com a junção do verbo "parar" (eu paro, tu paras, ele para) e o substantivo "choque". Há outras palavras formadas assim com o verbo parar:

Para-brisa, para-sol, paraquedas, para-lama, para-raios.

1) Sem consultar o dicionário, procure dizer o sentido das palavras formadas com o verbo parar.

Para-brisa = peça de vidro fixada na parte anterior de um automóvel que dá visibilidade ao motorista e o protege do vento e da poeira.

Para-sol = o mesmo que guarda-sol e guarda-chuva.

Paraquedas = aparelho que serve para reduzir a velocidade de queda dos corpos no ar.

Para-lama = peça colocada por cima das rodas de veículos para proteger de respingos de lama, água ou detritos, quando o veículo se movimenta.

Para-raios = sistema metálico de condutores, colocado em edificações para direcionar descargas elétricas atmosféricas (raios) e proteger contra elas.

2)

a) Procure duas outras palavras formadas desse modo: juntando duas ou mais palavras existentes na língua.

Resposta pessoal. Sugestões: beija-flor, bem-te-vi, guarda-roupa, guarda-louça, guarda-chuva, pé de moleque, planalto, aguardente, conta-gotas.

b) Escreva o significado das palavras encontradas e indique se este tem relação ou não com o sentido das palavras que se juntaram.

c) Elabore uma frase com uma dessas palavras para comprovar se realmente compreendeu o sentido dela.

Lembrete!

As palavras formadas pela junção de duas outras são chamadas de **palavras compostas**.

3) Para a correção do exercício anterior, reúnam-se em pequenos grupos.

⇒ No grupo, cada aluno vai falar:
a) A palavra escolhida para fazer a frase.
b) A frase feita.

⇒ O grupo escolhe duas frases para apresentar para a sala toda e que será escrita no quadro.

⇒ O relator de cada grupo diz a frase escolhida e a turma discute se está correta, se as palavras compostas têm ou não um sentido relacionado com o sentido das que entraram em sua formação.

⇒ Continuando, os relatores vão dizendo as palavras compostas que descobriram e que vão sendo colocadas no quadro e todos copiam em seu caderno.

(134)

Observe o texto seguinte:

> **BIODIVERSIDADE BRASILEIRA**
>
> Estudo publicado pela revista científica *Nature* revelou que um quarto de todos os peixes de água doce, 16% das aves e 12% dos mamíferos do planeta estão no Brasil. [55]

Alguns dicionários não registram a palavra "biodiversidade". O *Grande Dicionário Larousse Cultural da Língua Portuguesa* registra apenas "diversidade":

> **Diversidade** - s.f. (lat. *diversitas*) 1. Diferença, dessemelhança, variedade. 2. Divergência, oposição, contradição. • **Ecol.** Atributo de um ecossistema que leva em consideração o número de espécies e o número de indivíduos por espécies em uma determinada área.

A palavra "diversidade" é um termo muito usado em Ecologia, por isto o dicionário Larousse Cultural dá este sentido especializado em seu verbete após a rubrica **Ecol.** (=na ecologia)

---

[55]   SOBE E DESCE. Veja [on-line], 24 ago. 2018. Disponível em: https://veja.abril.com.br/revista-veja/sobedesce-2597/. Acesso em: out. 2021.

E a palavra **biodiversidade**? Observe que ela é formada de duas outras:

BIO + DIVERSIDADE

No verbete "diversidade" vimos apenas uma parte do significado da palavra biodiversidade. É preciso, pois, saber o significado de "bio".

"**Bio-**" é um radical que funciona como um prefixo, ou seja, não é um prefixo[56], porém, da mesma forma que um prefixo, não é empregado sozinho, mas sempre associado a outro elemento para formar uma palavra.

"**Bio-**" quer dizer "vida". Assim, se considerarmos a segunda acepção do verbete "diversidade", teremos:

Bio + diversidade = vida + variedade

Ou seja, variedade de vida. *O novo dicionário Aurélio da língua portuguesa* apresenta o conceito científico desta "variedade de vida", como é utilizado em Ecologia:

Biodiversidade - *sf.* Conjunto de espécies animais, vegetais e de microrganismos em um determinado *habitat* natural; riqueza de espécies. [O estudo da biodiversidade inclui as interações entre as espécies e a variabilidade genética destas em um *habitat*.]

Ferreira (2004) registra:

Biodiversidade - Ecol. A existência, em uma dada região, de uma grande variedade de espécies, ou de outras categorias taxonômicas (como gêneros, entre outros exemplos.) de plantas ou de animais.

A palavra "Ecologia" também é formada por duas partes:

ECO + LOGIA

Eco- = *habitat* ou meio ambiente + -logia = ciência, estudo

---

[56] É importante lembrar que prefixos são elementos acrescentados no início de palavras para formar outras.

⇒ Diante disso, o que significa Ecologia?

Ciência do meio ambiente ou ciência que estuda o meio ambiente

Entretanto, é preciso saber que Bio- e Eco- aparecem sempre no início da palavra, enquanto -logia ocorre no meio ou no fim das palavras.

Nos textos deste capítulo, há outras palavras formadas da mesma forma que "biodiversidade" e "ecologia", a saber:

a) Genocídio = GENO + CÍDIO

Geno- = raça, povo, espécie + -cídio= que mata; morte, assassinato

b) Biocídio = BIO + CÍDIO

bio- = vida + -cídio = que mata; morte, assassinato

⇒ Assim, o que quer dizer "genocídio"? E "biocídio"?

Genocídio quer dizer matar um povo, uma raça ou uma espécie.

Biocídio quer dizer matar a vida, ou o ato daquele que mata um indivíduo

Vejamos mais alguns casos:

1) Tecnológico = é derivado de "tecnologia", portanto:

TECNO + LOGIA + ICO

Tecno- = técnica, arte, ofício + -logia = ciência, estudo + -ico = relacionado a

Nesse caso, primeiro, a partir de tecno- + -logia, formamos "tecnologia". Depois, acrescentamos o sufixo[57] -ico, que forma adjetivos de substantivos, para obtermos "tecnológico". Assim:

⇒ O que significa "tecnologia"? *Ciência ou estudo da técnica ou da arte para fazer algo.*

⇒ O que significa "tecnológico"? *Relacionado à tecnologia (= estudo da técnica ou da arte).*

---

[57] É importante lembrar que sufixos são elementos que acrescentamos no final de palavras para formar outras.

☞ Importante saber que o significado retirado das partes das palavras é bastante simpli-ficado. O sentido de cada uma delas só se completa em um contexto: ou nas ciências que as empregam, ou em textos.

2) Considerando o que foi aprendido, responda:

a) Os radicais bio- e logia lhe são familiares? Então, o que significa biologia?

Estudo da vida, dos seres vivos.

b) Se "ornit(o)-" refere-se a aves, pássaros, e antropo- refere-se a homem, ser humano, o que significam "ornitologia" e "antropologia"?

Ornitologia = Ciência ou estudo das aves, dos pássaros.

Antropologia = A ciência que estuda ou reflete acerca do ser humano, do que lhe é específico.

c) Explique como foi formado o termo "ornitológico", presente na expressão "fauna ornitológica", que aparece no texto.

Ornito = ave, pássaros + logia = estudo, ciência + -ico = relacionado a; portanto ornitológico = relativo ao estudo das aves e pássaros da fauna.

d) Observe as partes que formam a palavra "biociência" e, a partir daí, diga o que ela significa.

Ciência ou estudo da vida.

e) O que quer dizer futurologia? E mentirologia?

Futurologia = estudo ou ciência do futuro.

Mentirologia = estudo ou ciência da mentira.

☞ Os termos realmente existem: **futurologia** se aplica ao estudo da "evolução da técnica, da tecnologia, da ciência, da economia, do plano social, com vistas à previsão do futuro" (HOU-AISS, 2001), e **mentirologia** é geralmente pejorativo, significando o estudo da mentira.

(135)[58]

Recorda-se do que são palavras compostas? As palavras grifadas nas frases a seguir são palavras compostas:

a) Brasília está localizada no **planalto** (plano + alto) central.

b) O **guarda-chuva** que ganhei de minha tia é ótimo.

c) Nesses anos de trabalho, ele juntou um bom **pé de meia**.

d) Maria ganhou um buquê de **girassóis** do namorado, mas sua flor preferida é a **sempre-viva.**

e) Algumas pessoas gostam de tomar **aguardente** (água + ardente).

f) **Pé de moleque é** um doce ótimo.

1) Pelo que se observa anteriormente, o que caracteriza uma palavra composta?

Ela é sempre formada de outras duas ou mais.

Lembrete!

Palavras compostas são aquelas formadas pela união de mais de uma palavra: beija-flor, pé de moleque, viravolta, vaivém, planalto, passatempo, guarda-roupa, aguardente, entre outras.

2) Observe as palavras em destaque nos tópicos a seguir:

⇒ "Descontados, obviamente, os países **lusófonos**, falar português em viagens internacionais é praticamente impossível." (Texto 1)

⇒ Juntos, Portugal, Brasil, Angola, Cabo Verde, Guiné-Bissau, Moçambique, Timor Leste e São Tomé e Príncipe compõem a chamada **lusofonia**, ou seja, comunidade de países de língua portuguesa." (Texto 1)

---

[58]   Exercício de Travaglia, Rocha e Arruda-Fernandes (2009c, p. 68-70), com pequena alteração.

a) Diga o que elas significam. Se necessário consulte o dicionário.

Lusofonia é a comunidade formada por quem fala português. Lusófono é o país, povo ou pessoa que fala português.

b) Elas também são palavras compostas. Elas são formadas por outras palavras da Língua Portuguesa que podemos usar em frases? *Não.*

c) Essas duas palavras são formadas pelos elementos luso e fono, que chamamos de **radicais**. O radical é o elemento básico significativo das palavras e o encontramos retirando das palavras os prefixos, sufixos, marcas de flexão (indicadoras de singular, plural, masculino, feminino, e nos verbos tempo-modo e número-pessoa).

Observe a palavra em destaque no texto e outras que têm o mesmo radical. Informe qual é o radical destas palavras lembrando-se de que, às vezes, ele sofre pequenas modificações.

" [...] como o Prêmio Nobel que José Saramago recebeu em 1998" (Texto 1)

Recibo   recebimento   recebedor   recebedoria

O radical é receb- ou recib.

d) Encontre outras palavras que têm o mesmo radical das palavras **atemporal** e **pedreiro**.

⇒ *Exemplos: temporal, temporalidade, tempo, intempestivo, temporão, extemporâneo.*

⇒ *Exemplos: pedra, pedrada, apedrejar pedregulho, empedrar/empedrado, pedraria, pedregoso, pedrento, pedrisco, pétreo.*

3)

a) O radical·"luso" indica o lugar de origem de algo: o que é próprio de, ou é originário de Portugal. Há muitos outros radicais desse tipo, como os apresentados a seguir:

Nipo = do Japão	Sino= da China	Franco= da França	Anglo= da Inglaterra
Austro= da Áustria	Afro= da África	Ítalo= da Itália	Belgo= da Bélgica
Greco= da Grécia	Teuto = da Alemanha		

Forme frases com os adjetivos compostos apresentados a seguir:

Sino-tibetano	Afro-brasileiro	Belgo-mineiro	Franco-anglo-italiano.

Resposta pessoal.

b) O outro radical que aparece em lusofonia é "fono (=som)". Complete o significado das palavras seguintes formadas com esse radical e forme frase com uma delas.

Telefone	fonologia	afônico	fonoteca	cacofonia

Resposta pessoal.

Lembrete!

Radicais são elementos responsáveis pela base do significado de uma palavra e aos quais acrescentamos outros elementos ou que reunimos com outros radicais ou palavras para formar palavras compostas. Assim o radical fono (som) pôde ser usado para formar todas as palavras apresentadas no exercício 3b.

Outro exemplo: tele = longe foi usado para formar: telefone, telescópio, telemetria, televisão, teletransporte, telégrafo.

Outros radicais que aparecem nestes exemplos: scop= ver; metr= medida, medir; *grafo*=escrita, escrever.

c) Aqui, apresentou-se o conceito de cacofonia, um som que soa mal, ridículo. Segundo a norma culta, ao falarmos ou escrevermos, devemos evitar o uso de cacofonias. Os alunos vão procurar exemplos de cacofonias e, depois, na sala, vão dizer os exemplos encontrados. Todos verão que a norma culta tem razão em sua recomendação, pois há sempre algo ridículo ou de sentido que as regras sociais consideram constrangedores.

Resposta pessoal. Exemplo: Os vaqueiros usam uma vara de toca gado. (tocagado = tocar gado)

---

(136)

1) **Multi-** e **pluri-** são elementos linguísticos de origem latina e significam 'muito, muitos, vários'. **Auto-** é de origem grega e quer dizer 'de si mesmo'. Com essas informações, explique o significado das palavras em destaque nas frases seguintes:

a) O povo brasileiro tem características enriquecedoras, além de **multiétnico**, é **pluricultural**.

b) Nem sempre um povo é conhecido pelo nome com que ele se **autodenomina**.

Multiétnico = muitas etnias ou relativo a muitas etnias. Pluricultural = várias culturas ou composto de várias culturas. Autodenomina - ato pelo qual alguém ou um grupo dá a si próprio.

2) Encontre uma palavra com cada um dos seguintes elementos: multi-, pluri-, auto-. Depois diga o que elas significam. Em sala apresentará os exemplos para seus colegas.

Resposta pessoal. Exemplos: multicolorido = com muitas cores. Plurianual = relativo a vários anos. Autodefesa = o próprio indivíduo se defender.

12.4. Outros processos de formação de palavras

12.4.1. Redução ou abreviação

Na redução ou abreviação, forma-se outra palavra pela supressão ou corte de algo da palavra base, mas o que se corta é geralmente imprevisível. Para Basílio (1987, p. 37), a nova palavra é sinônima da primitiva e quase sempre usada em um registro mais coloquial, por vezes com uma carga emocional variada. É o caso, por exemplo, de:

1) Delega (por delegado), boteco (por botequim), cerva (por cerveja), confa (por confusão), batera (por baterista), reaça (por reacionário), japa (por japonês), entre outros exemplos.

2) Dermato (por dermatologista), cine (por cinema que por sua vez já seria abreviatura de cinematógrafo), mini (por minissaia), micro (por micro-computador), quilo (por quilograma), foto (por fotografia), entre outros exemplos.

3) O segurança (por guarda de segurança), a circular (por carta circular), o classificado (por anúncio classificado), o curta/longa (por filme de curta/longa-metragem), a constituinte (por assembleia constituinte), entre outros exemplos.

Sandman (1992) apresenta três tipos de abreviaturas que ocorrem na língua portuguesa, representados nos exemplos de 1 a 3. Em 1, tem-se uma abreviatura que não leva em conta nenhuma estrutura morfológica, mas suprime-se uma parte fonética que não tem significado próprio seja no início seja no fim da palavra. Mesmo que a palavra original tenha uma estrutura complexa, a abreviatura não leva isso em conta, como acontece em Floripa (por Florianópolis) e granfa (por grã-fino). Esse tipo tem uso mais coloquial e nele se incluem geralmente as abreviaturas de nomes próprios como Zé (por José), Bete (por Elisabete), Edu (por Eduardo), Cida (por Aparecida), Tião (por Sebastião).

No segundo tipo, apresentado no exemplo 2, leva-se em conta a estrutura da palavra complexa, eliminando-se um dos componentes, geralmente motivado por um princípio de economia. A nova palavra mantém a semântica e o gênero da primitiva.

No terceiro tipo, exemplificado no exemplo 3, o que acontece é a redução de sintagmas nominais de caráter mais permanente. Geralmente permanece o determinante. Sandmann (1992, p. 53) diz que esse tipo de abreviatura pode receber o nome de elipse.

Alguns estudiosos incluem as siglas entre as abreviaturas. Mas aqui vamos tratá-las à parte no Item 12.5.2.

12.4.1.1. Exemplos de exercícios sobre formação de palavras por redução ou abreviação

(137)

1) Observe as falas seguinte e preste atenção nas palavras em destaque.

a) Não lhe contei? Passamos as férias em **Floripa**. A cidade é dez!

b) Acho que a Tereza é muito **granfa** e não vai querer participar de nossa festinha.

c) E aí, seu **delega**? Está tudo certo?

As palavras destacadas são abreviaturas de outras da nossa língua. Indique que palavras elas estão abreviando.

Floripa = Florianópolis, granfa = grã-fino, delega = delegado

2) Em sua opinião, essas abreviaturas seriam usadas em textos como os especificados a seguir? Por quê?

a) **Floripa**: Em um texto sobre a cidade publicado no *site* dela.

b) **Granfa**: Em um discurso de homenagem a Tereza em um evento.

c) **Delega**: Em um requerimento destinado à autoridade indicada pela palavra.

Espera-se que o aluno diga que não, pois as abreviaturas são de uso mais coloquial, como no texto das falas e esses textos indicados são mais formais.

(138)

1) A palavra **cine** é uma redução ou abreviação da palavra **cinema**. Em sua opinião, as duas são usadas uma no lugar da outra? Antes de responder, observe os seguintes trechos:

a) Fomos ao cine ontem. / a') Fomos ao cinema ontem.

b) Estávamos em frente ao Cinema Bristol. / b') Estávamos em frente ao Cine Bristol.

c) O cine é uma arte especial que encanta a todos. / c') O cinema é uma arte especial que encanta a todos.

d) Qual cine da cidade é o mais confortável? / d') Qual cinema da cidade é o mais confortável.

e) Vão derrubar o Cinema Avenida? Mas ele é parte da história da cidade! / e') Vão derrubar o Cine Avenida? Mas ele é parte da história da cidade!

⇒ Agora indique quais das frases têm mais chances de serem usadas por alguém. Discuta com seus colegas e depois com a turma toda para ver a opinião geral.

*Espera-se que os alunos percebam que as frases **a', b', c', d' e e'** têm mais chance de ocorrer do que as versões de **a, b, c, d e e**.*

2) Complete as frases com as palavras **cine** ou **cinema**.

a) Minha mãe gosta de ir ao _____ todo domingo *(cinema)*.

b) O maior _____ da cidade é o _____ Éden *(cinema/cine)*.

c) Todos na cidade ficaram chateados com o fechamento do _____ Paradiso *(cine)*.

d) O _____ é considerado uma indústria e dá emprego a muita gente *(cinema)*.

⇒ Considerando como preencheu as lacunas e as frases de 1 que a turma considerou que são mais usadas, quando acha que preferencialmente se usa a palavra cine e não a palavra cinema?

Geralmente quando vamos dizer o nome de uma sala de exibição de filmes, o nome de um cinema.

3) A palavra **cine** (que é abreviatura de cinema) é, na verdade, um radical que indica movimento. Daí ele ter sido usado na palavra cinema, que é a imagem em movimento. Em nossa língua, o radical **cine**, além do sentido de movimento, também passou a ser utilizado para formar palavras relacionadas com a arte do cinema, sua produção, exibição, gosto pelo cinema. Algumas dessas palavras são:

Cinéfilo, cinemania, cinejornal, cineasta, cineclube, cinerama

Escolha uma dessas palavras e faça uma frase com ela. Em sala, cada aluno vai ler sua frase e revelar o sentido da palavra escolhida e a turma e o(a) professor(a) dirão se a frase foi bem formada, tendo em vista o sentido da palavra.

Resposta pessoal. Exemplos: João é cinéfilo, por isso tem uma grande coleção de filmes em DVD./ Fundamos um cineclube em nossa escola./João M. é um grande cineasta. Adoro seus filmes.

---

(139)

É comum em nossa língua abreviarmos ou reduzirmos palavras ou expressões de uso frequente (que são quase uma palavra composta), criando outras palavras. Observe alguns exemplos seguintes:

a) Vamos tomar uma **cerva** (=cerveja), meu amigo!

b) Preciso marcar uma consulta com um **dermato** (dermatologista), porque minha pele está cheia de manchas.

c) Meu **micro** (=microcomputador) novo tem dois terabites de memória.

d) O **classificado** (= anúncio classificado) que pus no jornal já deu resultado. Vendi meu carro.

e) Ontem assisti a um **curta** (= filme de curta metragem) muito bonito.

Em sua opinião, o uso dessas novas palavras criadas por abreviação facilita o uso da língua? Por quê?

Espera-se que o aluno diga que sim, por serem formas mais econômicas, às vezes bem menores.

☞ *É importante perceber que alguns usos, sobretudo o das abreviaturas do tipo 1, visto no Item 12.4.1., podem criar efeitos de aproximação, intimidade, camaradagem, como o de cerva na frase a ou as abreviaturas de nomes próprios (por exemplo, Zé, Bete, Malu, Quim,); ou efeitos depreciativos, pejorativos, como no caso, por exemplo, de portuga, confa e granfa.*

12.4.2. Siglas

O processo de formação de palavras chamado de siglas é visto por alguns estudiosos como uma forma de abreviação (cf. Item 12.5.1.). É o caso de Bechara (1999, p. 371), Sandmann (1992, p. 53-56) e Azeredo (2008, p. 468). Este processo é bastante produtivo e consiste em formar uma palavra tomando-se apenas as letras iniciais ou sílabas de nomes de instituições sociais diversas:

⇒ Empresas (Embratel – Empresa Brasileira de Telecomunicação).

⇒ Órgãos públicos (Anac – Agência Nacional de Aviação Civil).

⇒ Clubes (UTC – Uberlândia Tênis Clube).

⇒ Associações (Abralin – Associação Brasileira de Linguística).

⇒ Outros tipos de instituições e organizações (ONG – Organização não Governamental; Otan – Organização do Tratado do Atlântico Norte, OMS – Organização Mundial de Saúde).

⇒Comissões ou subórgãos ou instâncias constituintes ou operantes em determinados órgãos (CCJ – Comissão de Constituição e Justiça, uma importante instância para a aprovação de projetos na Câmara de Deputados do Congresso Nacional).

⇒Estados (MG, RS).

⇒Países (BR, EUA).

As siglas são utilizadas também para nomes de eventos (Silel - Simpósio de Letras e Linguística), documentos (MP - Medida Provisória), entre outros.

Para Sandmann (1992, p. 53-56) há basicamente três modos pelos quais as siglas se formam:

▷ No primeiro tipo tomam-se as sílabas iniciais de um nome de instituição ou outro, respeitando-se a estrutura silábica da língua e formando sequências que são uma palavra. Este tipo de sigla é grafado com a primeira letra maiúscula e as demais minúsculas. É o caso de Celin (Central de Línguas), Selet (Secretaria de Letras), Detran (Departamento de Trânsito), Petrobras (Petróleo Brasileiro S.A.), Silel (Simpósio de Letras e Linguística), Embraer (Empresa Brasileira de Aeronáutica).

▷ No segundo tipo, usam-se fonemas/letras iniciais das palavras constituintes do nome, formando-se uma sequência que não pode ser lida como uma palavra e então o que se faz na fala é uma soletração. Esse tipo de sigla é grafado com todas as letras maiúsculas. Exemplos: PTB (Partido Trabalhista Brasileiro), DCE (Diretório Central dos Estudantes), CTI (Centro de Tratamento Intensivo), DP (Delegacia de Polícia), INSS (Instituto Nacional de Serviço Social), UFMG (Universidade Federal de Minas Gerais), FM (Frequência modulada).

▷ No terceiro tipo, usam-se apenas as letras iniciais dos nomes, mas elas formam sequências que podem ser pronunciadas como palavras normais e não soletradas. Exemplos: UPA (Unidade de Pronto Atendimento – parte da estrutura de hospitais ou, em muitos municípios, um órgão de tratamento da saúde), Dalvim (Diretório Acadêmico de Letras Vinicius de Moraes), MEC (Ministério da Educação e Cultura), UAI (Unidade de Atendimento Integral - um órgão do sistema de saúde), ONU (Organização das Nações Unidas), Ibope (Instituto Brasileiro de Opinião Pública). Em Ibope, houve na escrita o acréscimo de um **e** para facilitar a pronúncia. Muitas vezes este **e** aparece na fala, frequentemente reduzido a **i**, mas não é posto na escrita. É o que acontece, por exemplo, com MEC (pronuncia-se Mequi) e ONG (pronuncia-se ongui).

Sandmann (1992) fala de um tipo misto em que haveria o uso de mais de um dos processos que se acabou de especificar, e a sigla é formada pelo uso de letras iniciais, sílabas e, às vezes, até incorporando palavras inteiras ou apenas parte delas. Exemplos: Funarte (Fundação Nacional de Artes), Ancine (Agência Nacional de Cinema), ABCOOP (Associação Brasileira de Cooperativas), Delem (Departamento de Línguas Estrangeiras Modernas), Dalvim (Diretório Acadêmico de Letras Vinicius de Moraes).

O plural das siglas é feito pelo acréscimo de um **s**. Assim temos:

⇒As **UAIs**[59] da cidade estão em pleno funcionamento. No ano passado, realizaram 120 mil atendimentos.

⇒Os **Detrans** de cada Estado determinam o valor do IPVA a ser pago pelos proprietários de veículos.

Embora tenham uma origem semelhante a uma sigla, certos nomes de produtos não são tratados como tais. É o caso de **AdeS**, um tipo de bebida feito de soja, cujo nome deriva de **A**limento **de S**oja. Parece que os estudos de terminologia ainda não trataram amplamente desses casos de marcas.

---

[59]   Unidade de Atendimento Integrado (UAI): órgão do sistema de saúde de alguns municípios, com consultas e atendimentos de baixa complexidade. Geralmente fazem também triagem de casos que precisam ser encaminhados para hospitais.

12.4.2.1. Exemplos de exercícios sobre formação de palavras por siglas

(140)[60]

Observe as seguintes palavras que aparecem nos textos deste capítulo:

DP; DPPA; UFPel, JEC, MP

1) Qual é o significado destas palavras? O que o ajudou a chegar às respostas?

DP: Delegacia de Polícia.

DPPA: Delegacia de Polícia de Pronto-Atendimento.

UFPel: Universidade Federal de Pelotas.

JEC: Juizado Especial Criminal.

MP: Ministério Público.

Ou são muito conhecidas ou então quem fala ou escreve diz o que é quando aparece pela primeira vez.

Essas palavras são chamadas de **siglas**, que são palavras formadas geralmente com as primeiras letras das palavras de um nome muito extenso ou muito repetido. Esse uso acontece por economia. Por exemplo:

⇒ INSS: **I**nstituto **N**acional de **S**erviço **S**ocial (órgão público).

⇒ MEC: **M**inistério da **E**ducação. (órgão público).

⇒ BB: **B**anco do **B**rasil (empresa).

⇒ CTBC: **C**ompanhia de **T**elefones do **B**rasil **C**entral (empresa).

⇒ ECA: **E**statuto da **C**riança e do **A**dolescente (documento/lei)

⇒ Petrobras: **Petró**leo **Bras**ileiro S.A. (empresa).

⇒ Emuti: **E**scola **Mu**nicipal **Ti**radentes (escola).

⇒ ONU: **O**rganização das **N**ações **U**nidas (organização).

---

[60]   Exercício de Travaglia, Rocha e Arruda-Fernandes (2009, p. 208-209).

Lembrete!

Siglas são palavras formadas com as letras iniciais ou com algumas letras do nome de uma empresa, órgão público, associação ou outro tipo de instituição, mas também de eventos entre outros. Usamos as siglas para economia no falar e escrever, e elas passam a ser usadas para identificar, de modo rápido, tais instituições, eventos.

☞ *Atenção: Para garantir a compreensão por parte dos ouvintes / leitores, sempre que se usa uma sigla pela primeira vez em um texto, deve-se dizer o que é ou escrever por extenso entre parênteses, a não ser que se tenha a certeza de que os interlocutores conhecem a sigla.*

2) Agora pesquise siglas existentes em sua cidade e, depois, no grande grupo, todos vão listá-las no quadro (todos copiam no caderno), especificando o que cada uma significa. Veja siglas que identificam empresas, escolas, firmas, prefeitura, ou órgãos internos dessas instituições ou outras da cidade.

A resposta depende de cada localidade.

(141)

Observe **as siglas** presentes no texto "Estudo aponta a necessidade de ciclovias em Londrina":

⇒ **I**nstituto de **P**esquisa e **P**lanejamento **U**rbano de **L**ondrina (IPPUL).

⇒ **C**ompanhia de **Trân**sito de Londrina (Ciatran).

No exercício 1 da seção "Aprendendo mais sobre as palavras", apareceram duas outras siglas:

⇒ **C**onselho **N**acional de **Trân**sito (Contran).

⇒ **C**onselho **E**stadual de **Trân**sito (Cetran).

1) O que são siglas?

Resposta pessoal.

2) Como as siglas apareceram pela primeira vez no Texto 2? Como sabia a qual órgão de Londrina elas estavam se referindo?

Resposta pessoal

3) As siglas geralmente são escritas com todas as letras em maiúsculas. Quando letras minúsculas, como em "Ciatran", podem ser usadas? Observe os outros exemplos a seguir e depois formule uma explicação:

⇒ INSS: **I**nstituto **N**acional de **S**erviço **S**ocial.

⇒ Funai: **Fu**ndação **Na**cional do **Í**ndio.

⇒ ECA: **E**statuto da **C**riança e do **A**dolescente.

⇒ MEC: **M**inistério da **E**ducação.

⇒ Petrobras: **Petró**leo **Bras**ileiro S.A.

⇒ ONU: **O**rganização das **N**ações **U**nidas.

⇒ Senai: **Se**rviço **N**acional de **A**prendizagem **I**ndustrial.

⇒ DP: **D**elegacia de **P**olícia.

⇒ Selet: **Se**cretaria de **Let**ras.

⇒ UFPel: **U**niversidade **F**ederal de **Pel**otas;

⇒ UnB: **Un**iversidade de **B**rasília.

Resposta pessoal. Mas se espera que o aluno perceba que isto é possível quando a sigla tem mais de três letras e forma uma palavra que pode ser lida ou falada como tal.

Leia o quadro seguinte e confirme se as respostas dadas às questões anteriores estão corretas.

Lembrete!

Siglas são palavras formadas com as letras iniciais ou com algumas letras do nome de uma empesa, órgão público, associação ou outro tipo de instituição. São utilizadas também para nomes de eventos, documentos, entre outros exemplos.

As siglas geralmente são formadas:

⇒Pelas iniciais maiúsculas dos nomes: INSS.

⇒Pelas iniciais maiúsculas dos nomes acompanhadas da letra que se segue minúscula: Unb.

Atenção!

▷ Escrevem-se apenas com letras maiúsculas, as siglas com até três letras formadas pelas iniciais do nome: ECA.

▷ Escrevem-se apenas com a primeira letra maiúscula as siglas:

⇒Com mais de três letras, lidas como se fossem sílabas: Ciatran.

⇒Já vistas como um nome: Petrobras.

Para introduzir uma sigla em um texto, primeiramente se escreve o nome por extenso e, entre parênteses ou travessões, a sigla. A partir daí, passa-se a usar apenas a sigla. Exemplos:

⇒Ontem visitamos o Museu de Arte Moderna (MAM). Foi maravilhoso e é uma pena que a maioria das pessoas que moram aqui não conhece o MAM.

⇒A União Nacional dos Estudantes (UNE) é muito antiga.

4) As siglas costumam ficar mais conhecidas do que o nome completo da entidade, órgão, evento ou documento. Indique as três siglas mais comumente utilizadas em seu grupo e confirme se você e seus colegas realmente sabem o nome que ela está abreviando.

12.4.3. Cruzamento vocabular ou amálgama

Este processo de formação de palavras é visto por alguns como uma forma de composição (SANDMANN; 1992, p. 58-60; AZEREDO, 2008, p. 448). Todavia no cruzamento as palavras que entram na formação do novo item lexical sofrem cortes que não são regulares, são imprevisíveis. O cortes vão depender sempre de quem faz a nova palavra e até certo ponto os cortes são condicionados pela possibilidade de soar bem.

Segundo Azeredo (2008, p. 448), "chama-se **amálgama** lexical ao tipo de composição em que se misturam de forma arbitrária e imprevista dois ou mais lexemas." Para alguns a formação dos amálgamas revela criatividade. Esse processo recebe nomes diversos conforme diferentes teóricos: cruzamento vocabular, amálgama, fusão vocabular, palavra valise, palavras entrecruzadas, palavras montagem, compostos fantasistas entre outros. Os três primeiros são os mais correntes.

São exemplos de cruzamento vocabular ou amálgama: apertamento (apartamento + apertado), suco de uvanja (uva + laranja), bebemorar (beber + comemorar), namorido (namorado + marido), gatoso (gato + idoso ou gostoso), chocotone (chocolate + panetone), brasiguaio (brasileiro + paraguaio), forrogode (forró + pagode), tangorró (tango + forró), macarronese (macarrão + maionese), exclusiviagem (exclusivo + viagem: nome de uma agência de turismo), Grenal (Grêmio + Internacional: para se referir a um jogo clássico entre os dois maiores times do Rio Grande do Sul), showmício (show + comício), atacarejo (atacado + varejo: um tipo de supermercado), patrícia (patroa + polícia) (por exemplo: Minha mulher se chama Rita, mas o nome dela mesmo é Patrícia).

Observa-se que os itens lexicais formados por esse processo costumam ter uma densidade semântica grande, pois transmitem mais de uma ideia (pelo menos duas) em conjunto. Para Martins (1989, p. 123) "sua força expressiva resulta da síntese de significados e do inesperado da combinação". São muito usados em obras literárias, em reportagens, propagandas e também em nomes de produtos ou empresas e mesmo na linguagem do dia a dia, geralmente quando se quer imprimir uma carga afetiva maior ou um viés humorístico, crítico ou mesmo transmitir de forma condensada ideias que se aproximaram muito por alguma razão.

Assim tem-se, por exemplo, "esquerdalha" para sugerir uma esquerda canalha, usado por alguém que quer depreciar um conjunto de pessoas que constituem um grupo político de esquerda. Quando se quis falar em reportagens sobre brasileiros que vivem e trabalham no Paraguai, criou-se "brasiguaio". Na linguagem do cotidiano, criou-se "gatoso" para uma abordagem jocosa ao se falar de idosos, pois a palavra pode sugerir também gato (homem bonito, charmoso) + gostoso, mas geralmente essa interpretação é cortada pelo esclarecimento de que seria um gato idoso. Já "chocotone", "nescau" e "uvanja" apareceram na linguagem comercial para identificar produtos novos em lançamento. "Chocotone" e "nescau" tornaram-se mais conhecidos e de uso mais permanente que "uvanja", tendo em vista que esses produtos fizeram sucesso e são sempre comercializados: "nescau" o ano todo e "chocotone" na época de Natal. Tomamos a Martins (1989, p. 124) dois exemplos da literatura:

(142)

"[...] e carregado o rosto, gravado tão submetido, o coitado; mãos calosas, de **enxadaxim**"[61]

(143)

Falavra

Ainda sei da fala e sei da lavra

E sei das pedras nas palavras **áspedras**

E sei que o leito da linguagem **leixa**

Pedregulhos na letra.

É como o logro

Da poeira na louça ou como lixo

Nos baldios do livro.

Ainda sei da língua e sei da linha

Do luxo e suas luvas, amaciando

Os calos e os dedais.

E sei da fala

E do ato de lavrá-la na **falavra**.[62]

Para Martins (1989, p. 124) em enxadachim Guimarães Rosa funde enxada e espadachim, trocando espada por enxada, sugerindo assim que o personagem

---

[61] GUIMARÃES ROSA, João. *Primeiras estórias*. 3. ed. Rio de Janeiro: José Olympio, 1967.

[62] TELES, Gilberto Mendonça. *Poemas reunidos*. 2. ed. Rio de Janeiro: José Olympio, 1979.

tem a enxada como arma em sua luta inglória. Já em (143) o que observamos são os amálgamas falavra (fala + lavra), áspedras (ásperas + pedras) e leixa (leito + deixa).

"Falavra" sugere que a fala e as palavras lavram os seres, modificando-os, ou seja, as palavras da fala nos esculpem, lavrando-nos; "áspedras" sugerem que as palavras são pedras ásperas que também atuam no processo de lavrar os seres e 'leixa" expressa que a linguagem sofre a influência do rio da vida com seus pedregulhos.

Algumas dessas palavras acabam sendo dicionarizadas como é o caso de "portunhol", criada para falar de uma mistura de Português e Espanhol, usada por determinados falantes, geralmente falantes de uma das línguas e aprendizes da outra.

12.4.3.1. Exemplos de exercícios sobre formação de palavras por cruzamento vocabular ou amálgama

(144)

Observe a palavra em destaque no seguinte trecho:

> João chegou bêbado em casa. Muito bêbado. Sem condições de andar **embriaga-tinhava**[63] pelo jardim tentando chegar à porta de entrada.

1) O produtor do texto formou essa palavra juntando duas outras. Quais foram as duas palavras que ele juntou? *Embriagado e engatinhava.*

2) O que o produtor significa ao usar essa espécie de composto? *Que o personagem estava tão bêbado, embriagado que engatinhava, porque não conseguia andar.*

(145)

João mudou para o **apertamento** que comprou.

---

[63]   A palavra foi criada por Guimarães Rosa (cf. GUIMARÃES ROSA, 1979. p. 104).

1) O que é um *apertamento*? *É um apartamento apertado, pequeno.*

2) Ao usar essa palavra, a pessoa que falou:

   a) Provocou humor.

   b) Depreciou o imóvel comprado por João.

   c) Criou uma palavra.

   d) Realizou todas as ações anteriores. X

---

(146)

Ana queria um nome para sua agência de viagens que sugerisse que ela oferecia um serviço especial. Veja o nome que ela escolheu:

EXCLUSIVIAGEM [64]

1) Como esse nome foi formado? Pela junção das palavras viagem + exclusiva.

2) O que esse nome sugere? Que a agência oferece viagens exclusivas, com qualidade destinada apenas aos clientes da agência.

---

(147)

"A **burrocracia** atrapalha muito o desenvolvimento do Brasil."

1) Nessa frase de um comentarista na televisão aparece a palavra "burrocracia" que na verdade é formada pela fusão de duas outras. Quais? Burro e burocracia.

2) O que essa palavra sugere? Que a burocracia é burra porque desnecessária e motivada apenas por um costume de exigir ações e documentos dispensáveis, o que onera os processos em geral, retardando-os e encarecendo-os.

3) Comumente as pessoas usam palavras formadas desse modo que chamamos de **amálgamas** ou de **cruzamento/fusão vocabular**. Observe mais alguns exemplos e busque dizer quais palavras entraram na formação da nova palavra e também explicar o que significam as palavras novas assim formadas:

---

[64]   Esse é o nome de uma agência de viagem localizada na cidade de Uberlândia (MG).

a) Você assistiu ao filme *Loucademia de Polícia?*

Louca + academia: uma academia em que acontecem coisas que não são corriqueiras em uma academia de polícia, onde os alunos têm atitudes inesperadas e pouco convencionais.

b) Isso não é café é um **chafé**. Traga-me um café de verdade.

Chá + café: usada para sugerir um café ralo e, portanto, ruim.

c) Você sabe o que é uma **mãedrasta**? É você.

Mãe + madrasta: sugere uma mãe que é má para os filhos, comportando-se como uma madrasta, que tradicionalmente, principalmente nas histórias infantis como Branca de Neve e Cinderela, são vistas e apresentadas como más. Também pode ser usada para que a pessoa é uma madrasta boa como uma mãe. Vai depender do contexto de uso.

4) Procure encontrar ou lembrar-se de outras palavras desse tipo. Em sala, todos mencionam as palavras que encontraram e a turma faz uma lista. Tente usar as palavras em pequenos textos.

12.4.4. Reduplicação

A reduplicação, como o próprio nome indica, é um processo de formação de palavras em que se tem a repetição de elementos. Basicamente há dois tipos de elementos que se repetem:

▷ Palavras que individualmente têm um significado. Por exemplo: quebra--quebra, oba-oba, corre-corre, troca-troca, quero-quero, puxa-puxa, lambe-lambe.

▷ Sílabas ou palavras não significativas individualmente, como é o caso de ti-ti-ti, blá-blá-blá, mi-mi-mi, nhem-nhem-nhem, reco-reco, bangue-bangue, tico-tico, ronrom, lenga-lenga, lero-lero. Nesses casos às vezes no segundo elemento há uma mudança de vogal. É o caso de pingue-pongue, tique-taque, zigue-zague e pife-pafe.

As palavras formadas por reduplicação podem ser consideradas: compostos, compostos reduplicativos como dizem alguns, em que os elementos duplicados são sempre elementos iguais, de função e valor iguais.

Este processo é muito comumente usado na criação de onomatopeias (ron-rom, reco-reco, blábláblá, tique-taque e pingue-pongue, entre outros exemplos), que é o próximo e último processo de formação de palavras que registramos aqui.

12.4.4.1. Exemplos de exercícios sobre formação de palavras por reduplicação

(148)

Observe o trecho seguinte, em que aparecem duas palavras formadas pela repetição de outra:

> De repente começou uma briga no salão e foi um **quebra-quebra** danado. O medo provocou um **corre-corre** para fora do salão.

1) Qual das duas significa "uma arruaça, uma bagunça com depredações, com destruição de coisas no salão?" *Quebra-quebra.*

2) O que significa a outra palavra? *Corre-corre significa uma correria desenfreada sem qualquer organização.*

(149)

Muitas palavras são formadas por repetição de outras que têm significado individualmente, como você viu no exercício anterior, mas outras são compostas pela repetição de palavras sem significado individual, com mudança ou não de alguma letra ou pela repetição de sílabas. A seguir, apresentamos alguns exemplos. Pesquise o significado das palavras formadas por reduplicação:

1) Ele nos convidou para um **pife-pafe** na casa dele amanhã. *Jogo de cartas em que tomam parte, usualmente, cinco a nove pessoas, com dois baralhos de 52 cartas, das quais cada*

pessoa recebe nove, e no qual não se permite arriar na mesa combinações de trincas e sequências
a não ser para bater, o que pode ser feito com qualquer descarte adversário, mesmo fora da vez (cf.
FERREIRA, 2004).

2) Não me venha com **blá-blá-blá**. Quero o trabalho pronto até amanhã na hora do almoço. *Conversa fiada, sem conteúdo que não leva a nada. A sílaba que se repete sugere o som de uma fala da qual não se percebe o que está sendo dito.*

3) Meu pai gosta muito de **bangue-bangues.** Não perde um que passa no cinema ou na TV. *Filmes que retratam ou contam histórias ligadas à Conquista do Oeste Norte-Americano. O nome viria provavelmente da repetição da palavra "bangue" que seria uma onomatopeia imitando o som de tiros de revólver muito comuns nesse tipo de filme.*

4) O **rom-rom** do gato me acalmou. *Indica o rumor contínuo feito pelo gato quando descansa.*

> ☞ *Importante anotar o fato de que, com frequência, as palavras formadas por reduplicação, constituem uma onomatopeia.*

12.4.5. Onomatopeia

Alguns estudiosos podem não considerar a onomatopeia um processo de criação de palavras, mas simplesmente um tipo de palavra. Realmente é um tipo de palavra, mas não se pode desconsiderar o fato de que muitas palavras são criadas para serem onomatopeias e essa criação se faz pela imitação ou a tentativa de imitação, por meio dos sons da fala, de ruídos, sons ou vozes, seja das coisas, seja dos instrumentos, seja de máquinas, seja de vozes de animais, de pessoas ou outros elementos.

As onomatopeias podem ter caráter acidental ou permanente. Quando permanentes podem ser lexicalizadas em alguma classe de palavra, geralmente substantivo (pio, estalo) ou verbo (tilintar, zumbir) com o comportamento gramatical dessas classes. Tendo em vista esses fatos, costuma-se distinguir diferentes tipos de onomatopeias (Cf. MARTINS, 1989, p. 47-50):

1) Em primeiro lugar, tem-se sons imitativos produzidos acidentalmente em determinadas situações que podem se repetir, repetindo-se a onomatopeia. É o que se chama de **onomatopeias acidentais.** Exemplos:

(150)
Os micos escondidos nas árvores se revelam gritando "**quiinch, quiinch**".

(151)
Aquele pássaro tinha um estranho canto rouco que me amedrontava: "**trurru, trurru, trurru**".

(152)
Visssh, ele passou ventando por mim.

▷ Em segundo, lugar tem-se as que são chamadas de **onomatopeias propriamente ditas** porque já são consagradas como palavras que imitam determinado som. Estão neste caso onomatopeias como: trrrim (som do telefone), dlim-dlão (campanhia), tchibum (som de mergulho na água), toc-toc (som de batidas na porta ou de tamancos), bum (som de explosão), pou (som de murro, soco), au, au (latido de cão), chuif e buáá (choro), nhac (mordida em algo), cof cof (som de tosse), zzzzz (som de homem ou animal dormindo), blábláblá (imita o som de alguém falando muito e sem parar).

▷ Em terceiro lugar, temos as onomatopeias que já pertencem a uma classe de palavras e que se pode chamar de **lexicalizadas** e, como dito, geralmente são verbos ou substantivos. Alguns exemplos de onomatopeias lexicalizadas são:

(153)

O chicote **estalava** no ar, incentivando os cavalos a correrem.

(154)

Grunhiam os porcos, **cacarejavam** as galinhas, **piavam** os pintinhos, **mugiam** as vacas, **relinchavam** os cavalos, **zurravam** os burros, **berravam** as cabras. Era uma sinfonia rural a que eu não estava acostumado.

(155)

Os vestidos de seda **farfalhavam** pelo salão. O baile seguia animado.

Um tipo interessante de onomatopeia, mas que não representa uma criação de palavra é o que alguns autores chamam de **onomatopeia fonético-ideológica** em que a imitação do som se faz não por uma sílaba ou palavra, mas por frases. Geralmente há uma interpretação do som produzido, como uma sequência significativa de acordo com a situação. É o caso de "bem-te-vi", "fogo-apagou", "tô-fraco", entre outras.

(156)

As galinhas-d'angola anunciavam: **"tô-fraco, tô-fraco, tô-fraco"**.

(157)

O lavrador ouvia e se preocupava, pois os pássaros pretos ameaçavam: **"finca, finca que eu ranco, ranco"**.

(158)

O gavião quer saber a identidade do novo morador do bosque e interroga lá do ar: **"quem é, quem é?"**

(159)

O sapo boi indeciso diz e se contradiz: **"foi, não foi, foi, não foi"**.

12.4.5.1. Exemplos de exercícios sobre formação de palavras por onomatopeia

(160)

Observe a pequena história a seguir:

Caso de roça

1) O que indicam as palavras "piu", "toc", "fisssst" e "ploc", que aparecem nessa historinha? O que elas fazem no texto? *Indicam e imitam sons e barulhos diversos emitidos pelos animais e pelas coisas: "piu, piu, piu" é o piado dos pintinhos; "toc, toc" é o barulho dos tamancos da menina batendo no chão; "fisssst" é o som emitido pela cobra e "ploc, ploc" é o ruído dos ovos quebrando.*

2) Há muitas palavras que fazem o mesmo que as palavras destacadas na questão A. Essas palavras são chamadas de **onomatopeias**. Como sugestão de atividade, em um pequeno grupo, cada aluno fará uma lista das onomatopeias encontradas individualmente. A seguir, escolherão as três que acharem mais interessantes. O grupo apresenta as escolhidas para a sala toda.

3) Em sua opinião, as palavras em destaque nas frases seguintes são onomatopeias, ou não? Discuta com outros. Em caso afirmativo, elas imitam o barulho de quê?

a) O **tique-taque** começou a me incomodar.

b) O vento **ciciava** nas folhas do bambuzal.

c) O galo nos acordava com um longo e alto **cocoricó**.

d) Ao longe ouvíamos as aves anunciando: **"fogo apagô, fogo apago"**.

e) O **coaxar** alto e contínuo incomodava os hóspedes da fazenda.

f) Os pombos **arrulhavam** no telhado.

g) **Triiim!** Antes de entrar, ela já ouviu o aparelho tocando.

As palavras em destaque são onomatopeias e imitam, respectivamente, os seguintes sons: relógio, vento, o canto do galo, o canto de aves do campo, sapos, pombos e telefone tocando.

Lembrete!

Onomatopeias são palavras que procuram reproduzir ou imitar um som produzido por uma pessoa, um animal ou um objeto.

(161)

O foco deste capítulo foram as **onomatopeias**: palavras que procuram reproduzir ou imitar sons ou ruídos produzidos por uma pessoa, animal ou um objeto.

1) Em sua opinião, quais sons ou ruídos as onomatopeias apresentadas a seguir tentam imitar? Utilize uma delas em um pequeno texto.

Blém-blém	Hum	Atchim
Chuá-chuá	vrrumm	Dim-dom

Resposta possível (mas provavelmente haverá divergências. Veja a pergunta a seguir):

Blém-blém = sino/hum (pronuncia-se rum) = resmungo de uma pessoa/atchim = espirro/ chuá-chuá = barulho de água/vrrumm= barulho de motor /dim-dom = campainha

Confecção do pequeno texto com onomatopeia: resposta pessoal.

2) Compare sua resposta dada à pergunta anterior com a resposta de seus colegas. Como se explicam as divergências entre as respostas?

Possível conclusão da turma: como as onomatopeias estão isoladas, fora do contexto, cada um imaginou um barulho que pudesse ser imitado daquela forma. Isto mostra que a reprodução de sons não é tão fiel quanto se deseja.

3) Procure em histórias em quadrinhos três onomatopeias de que mais gosta e que sejam diferentes das encontradas neste capítulo.

Resposta pessoal.

---

(162)

Há algumas onomatopeias que se transformaram em palavras da língua. Ou seja, a partir de onomatopeias muito utilizadas, criaram-se outras palavras que são substantivos e verbos principalmente. A seguir, há alguns enunciados com onomatopeias. Localize-as e, a seguir, informe qual barulho elas tentam reproduzir e se atualmente são um verbo ou substantivo da língua.

a) O zum-zum-zum espalhou-se *(zum-zum-zum = boato; notícia espalhada sussurrando, confidencialmente. Formou-se a partir do som do sussurro. Substantivo).*

b) O menino tirou a cadeira e o homem pumba! no chão *(pumba = batida rápida).*

c) O piquenique foi muito agradável *(não há onomatopeia).*

d) Aquele zumbido incomodava, mas não lhe metia medo *zumbido = barulho produzido por uma abelha, besouro ou mosca. Substantivo).*

e) Deitadinho, o gato ronronava tranquilamente *(ronronava = som gutural emitido por um gato. Verbo).*

f) A maioria dos esportes não lhe agradava, mas era apaixonado por pingue-pongue *(pingue-pongue = nome do esporte também chamado tênis de mesa; provavelmente representa o barulho da bolinha batendo na mesa. Substantivo).*

g) Começava seus estudos de piano tocando a escala: dó-ré-mi-fá-sol-lá-si-dó. Só depois, treinava as músicas *(não há onomatopeia)*.

(163)

1) Observe a palavra em destaque no trecho a seguir:

"Com o chute que recebeu, o cão saiu **ganindo** de dor. Por que o tratavam assim? Afinal era apenas um cão com fome. Pensava lá no seu pensar de cachorro."

"Ganir" imita o som emitido pelo cão quando sente dor, uma espécie de gemido. Outras palavras usadas para lembrar a voz dos cães são "latir", "ladrar" e "rosnar".

2) Com um colega, escolha três animais e procure as palavras que representem o som feito por eles. Por exemplo:

Gato = miar, miado, ronron, miau.

Cobra = chocalhar, silvar, silvo.

3) Apresente-as para a sala e façam uma lista de onomatopeias representando as vozes dos animais.

Resposta pessoal.

4) Que tal fazer um texto em que são utilizadas as quatro palavras para imitar sons emitidos pelos cães apresentadas anteriormente? Mas atenção, pois embora se refiram a sons emitidos pelos cães, elas não são iguais em seu valor. *Resposta pessoal.*

Tópico 5

Exercícios de vocabulário e alguns aspectos sintáticos

Preliminares

Muitas palavras e expressões têm em sua caracterização aspectos sintáticos e por vezes textuais que fazem parte de sua descrição e que o falante deve conhecer para usar adequadamente (Cf. o apresentado no Item 1.2., alínea iv). Estão nesse caso as informações que tradicionalmente estudamos na gramática quando se fala, por exemplo, de regência verbal e nominal e de transitividade. A transitividade sempre nos informa sobre os argumentos (sujeito, complementos) que um item lexical exige ou permite.

Aqui queremos chamar a atenção para três fatos ligados ao léxico e que implicam de algum modo elementos de natureza sintática e textual para os quais é importante estar atento: as **nominalizações**, os **verbos de ligação** e os **verbos dicendi.**

Capítulo 13

Exercícios de vocabulário
e alguns aspectos sintáticos

13.1. Exercícios sobre a nominalização

13.1.1. Nominalização

Na nominalização, tem-se uma palavra que é um nome ou substantivo, conforme se prefira dizer, que advém de outra palavra à qual está relacionada semanticamente e que não é um substantivo, sendo, quase sempre, um verbo, adjetivo ou advérbio. Com mais frequência a nominalização se realiza a partir de verbos. A nominalização acontece por um de três processos de formação de palavras:

as derivações sufixal – exemplos (164) e (168) –, regressiva – exemplos (167), (169a) e (170) – e imprópria – exemplos (165), (166) e (169b).

(164)

Os portugueses **descobriram** o Brasil. O **descobrimento** do Brasil pelos portugueses aconteceu em 1500[65].

(165)

Meu tio **assistia** a muitos jogos na televisão: de futebol, vôlei, basquete. Segundo ele, **o assistir** jogos o acalmava.

(166)

Nosso herói procurava **no longe** vislumbrar sua cidade.

(167)

Os romanos **atacaram** a Gália em 57 a.C. Esse **ataque** mudaria a história do Império Romano.

(168)

Seus colaboradores **são leais**. A **lealdade** de seus colaboradores lhe permite trabalhar com tranquilidade.

(169)

Jantamos na casa de minha avó ontem, porque ela nos convidou. A **janta (a)** / **O jantar (b)** foi muito boa/bom.

(170)

É preciso ensinar esportes para os alunos. O ensino de esportes contribui para a saúde e disciplina de crianças e adolescentes.

---

[65] Atualmente, o termo mais utilizado pelos historiadores é "conquista", em vez de "descobrimento", uma vez que os portugueses sabiam da existência do Brasil e também pelo fato de essa terra já ser povoada pelos indígenas.

A nominalização também é um fato sintático em que, por meio de um nome se retoma um processo ou fato do qual já se falou em uma oração ou trecho de texto anterior em que se usou um verbo em um predicado verbal [como nos exercícios (164), (165), (167), (169) e (170), apresentados anteriormente] ou um predicado nominal [como em (168), apresentado anteriormente], com o fim de predicar algo, ou seja, de dizer alguma coisa sobre esse fato, tomado como uma entidade. Como se observa nesses exemplos, normalmente se transforma uma oração em um sintagma nominal que contém aquilo de que se quer dizer algo. É um processo de tematização, importante na construção de textos.

Não se pode deixar de notar que aí, segundo alguns estudiosos se tem um processo de paráfrase em que se dá continuidade à cadeia linguística, usando um recurso de coesão referencial. Nesse caso, se usa um substantivo como núcleo de um sintagma nominal, para retomar um fato dito anteriormente.

Na nominalização, o sujeito e complementos do verbo nominalizado vão se ligar ao substantivo por meio de preposições que são mais ou menos constantes (de, por, pelo). Geralmente o objeto vai se ligar pela preposição de e o sujeito pela preposição por ou a contração pelo(a)(s). Observe os exemplos a seguir:

(171)

Roberto construir a casa em uma semana foi surpreendente. → A construção **da** casa **por** Roberto em uma semana foi surpreendente.

(172)

Os romanos atacaram a Gália, o que foi um golpe de mestre de Júlio César. → O ataque **da** Gália **pel**os romanos foi um golpe de mestre de Júlio César.

(173)

Os técnicos do museu restauraram o quadro com perfeição. → A restauração **d**o quadro **pel**os técnicos do museu ficou perfeita.

Essas formas alternativas de dizer, usando a nominalização, é um fato lexical a que se deve dar atenção, pois é importante na construção dos textos.

13.1.2. Exemplos de exercícios sobre nominalização

(174)[66]

Observe os seguintes trechos da reportagem:

> a) "O grande avanço de Sócrates foi tornar **a busca da felicidade** uma tarefa de responsabilidade do ser humano, e não do acaso."
>
> b) "Na Constituição americana, já na segunda linha está escrito que todo homem tem o direito inalienável à vida, à liberdade e à **busca da felicidade**."

Nas duas expressões em destaque, o repórter, para falar de uma ação, indicou-a por meio de um substantivo: **busca**

> Buscar a felicidade → busca da felicidade

Veja outros exemplos:

- **Comprar o apartamento** me deixou feliz. → **A compra do apartamento** me deixou feliz.

- **Plantar as flores no jardim** é um prazer. → **O plantio das flores no jardim** é um prazer.

- **Perder um filho em um desastre** é um grande trauma → **A perda de um filho** em um desastre é um grande trauma.

- **Encontrar com um inimigo** é sempre algo desagradável → **O encontro com um inimigo** é sempre algo desagradável.

Agora, mude de uma construção para outra, conforme os exemplos vistos anteriormente:

a) Vender a casa de meus pais foi uma perda que me deixou inconsolável.

b) Esperar pelo resultado do vestibular me deixa nervosa.

c) Limpar a casa todos os dias é uma atividade rotineira de que nem todos gostam.

d) Paula ficou muito feliz quando seus filhos voltaram.

---

[66] Exercício de Travaglia, Rocha e Arruda-Fernandes (2009b, p. 208-209).

e) Enviar-me o livro, foi uma gentileza de sua parte.

f) Os primeiros botões que surgiram no jardim, anunciaram a chegada da primavera.

a) A venda da casa de meus pais foi uma perda que me deixou inconsolável.

b) A espera pelo resultado do vestibular me deixa nervosa.

c) A limpeza da casa todos os dias é uma atividade rotineira de que nem todos gostam.

d) Paula ficou muito feliz com a volta de seus filhos.

e) O envio do livro para mim foi uma gentileza de sua parte.

f) O surgimento dos primeiros botões no jardim anunciou a chegada da primavera.

(175)

Observe, nos trechos seguintes, como o autor deu continuidade a seu texto retomando por meio de um nome/substantivo algo que havia sido dito em uma oração anterior.

a) Era preciso **plantar** o milho antes das chuvas caírem. Embora o **plantio** do milho tenha demorado duas semanas conseguimos terminar antes que chovesse.

b) Mas também era preciso **colher** o algodão para ele não se molhar com as chuvas. A **colheita** do algodão era muito penosa até que criaram as colheitadeiras.

c) Esse ano **adubamos** corretamente a plantação e ela **produziu** muito. A **adubação** correta melhorou a produtividade no campo.

Reescreva as frases seguintes dando continuidade ao assunto, retomando por um nome/substantivo algo que foi citado na oração anterior por meio do verbo em destaque. Essa atividade pode ser realizada em grupos.

a) As lagartas **atacaram** as plantas _____.

b) **Lemos** muitos artigos sobre combate aos fungos, mas _____.

c) Os esgotos **poluíram** os rios _____.

d) João **combateu** o preconceito contra os cereais transgênicos durante muitos anos,

_____.

e) É preciso **limpar** as ruelas entre os pés de café porque _____.

Respostas pessoais. Sugestões de respostas:

a) As lagartas atacaram as plantas e esse ataque impediu-as de produzir.

b) Lemos muitos artigos sobre combate aos fungos, mas a leitura não nos ajudou a encontrar uma solução/mas pouco aprendemos com essa leitura.

c) Os esgotos poluíram os rios e a poluição matou os peixes.

d) João combateu o preconceito contra os cereais transgênicos durante muitos anos, agora desistiu desse combate.

e) É preciso limpar as ruelas entre os pés de café porque essa limpeza é importante para a produtividade da plantação.

13.2. Exercícios sobre verbos de ligação

13.2.1. Verbos de ligação

Os verbos de ligação são assim denominados porque funcionam como um elo entre uma entidade ou um ser e um atributo, característica ou estado que se refere a essa entidade ou ser. Tradicionalmente, na sintaxe, a entidade ou ser são chamados de sujeito e o atributo, característica ou estado recebe o nome de complemento predicativo. Assim sendo o verbo de ligação tem um papel de conector e cada verbo tem um valor semântico diferente (que não é a expressão de um processo) que é preciso conhecer para usar o verbo adequado ao que se quer dizer.

Em Travaglia (2004) registramos a existência de dezessete verbos de ligação no Português com valores semânticos diferentes. Para uso na fala e na escrita é interessante saber a diferença de valor entre os mesmos, conforme especificado no referido estudo, que não vamos elencar neste livro, porque parece desnecessário e demasiado longo especificá-los aqui.

Os dezessete verbos de ligação em ordem alfabética são: acabar, achar, **andar**, apresentar-se, **continuar**, deixar, **estar**, fazer, **ficar**, mostrar-se, **parecer**, passar, permanecer, **ser**, tornar, tratar-se, **viver**.[67] Estão em destaque os de uso mais frequente.

---

[67] Disponível em: http://www.ileel.ufu.br/travaglia/sistema/uploads/arquivos/artigo_verbos_de_ligacao_itens_lexicais_gramaticais.pdf. Acesso em: 18 abr. 2019.

13.2.2. Exemplos de exercícios sobre verbos de ligação

(176)[68]

1) Veja o trecho seguinte, retirado do texto "O coelho e o cachorro"

▷ "[O coelhinho] **Ficou** lindo, **parecia** vivo, diziam as crianças."

⇒ * Qual dos verbos em destaque indica uma mudança? *(ficou → ficar)*

⇒ * Qual deles indica uma comparação estabelecendo uma semelhança? (*parecia* → *parecer*)

2) Relacione as frases com o sentido estabelecido pelo verbo em destaque e a situação em que elas deveriam ser empregadas.

a) O coelho **estava** doente.

b) O coelho **andava** doente.

c) O coelho **parecia** doente.

d) O coelho **vive** doente.

e) O coelho **era** doente.

f) O coelho **continuou** doente.

g) O coelho **acabou** doente.

Sentidos e situações

i) O coelho tinha uma doença, tentaram curá-lo, mas de nada adiantou.

ii) No momento que se fala, o coelho estava sofrendo alguma doença.

iii) Havia já certo tempo que o coelho apresentava uma doença.

iv) O coelho ou alguém fez coisas que provocaram a sua doença.

v) O coelho agia de tal forma que as pessoas achavam que devia estar doente.

vi) O coelho apresenta a característica de ser permanentemente doente.

---

[68]   Exercício de Travaglia, Rocha e Arruda-Fernandes (2009, p. 206), com modificação.

vii) O coelho com muita frequência apresenta-se com alguma doença.

a) = ii / b) = iii / c) = v / d) = vii / e) = vi / f) = i / g) = iv

(177)

Preencha as lacunas com um dos verbos do quadro seguinte, de acordo com o indicado entre parênteses:

> Ser   mostrar-se   viver   andar   permanecer   apresentar-se.

a) Maria _____ confiante perante os colegas (a característica é dada a conhecer pela pessoa quer seja real ou não). *apresentou-se/apresentava-se/apresenta-se (pode também ser o verbo mostrar-se)*

b) Meu primo _____ cansado, por isso nunca quer sair (a característica está presente com certa frequência). *vive.*

c) Eles não quiseram participar. _____ descrentes dos movimentos reivindicatórios (a característica está presente há algum tempo). *andam.*

d) Durante o interrogatório, o réu _____ calado (não houve alteração da característica ou estado). *permaneceu.*

e) Diante de tantos, problemas ele _____ triste (a característica apareceu em função de uma modificação). *ficou.*

(178)

Em qual das frases seguintes temos uma ideia de continuidade do estado de "nervoso", de que ele é permanente?

a) Ele anda nervoso ultimamente.

b) Ele é nervoso. X

c) Ele vive nervoso.

d) Ele ficou nervoso com suas perguntas.

⇒ Em qual das frases anteriores o estado de nervoso é apresentado como habitual? *c*

13.3. Exercícios sobre verbos *dicendi*

13.3.1. Verbos *dicendi*

Verbos *dicendi* são aqueles que usamos nos textos falados ou escritos para introduzir, reproduzir a fala de alguém, dos interlocutores, tanto no discurso direto, quanto no indireto. A seguir listamos em ordem alfabética uma série de verbos que são usados como dicendi, mas de modo algum é uma lista completa do que podemos usar.

Exemplos de verbos *dicendi*: acrescentar, admitir, advertir, afirmar, anuir, anunciar, assegurar, assentir, balbuciar, berrar, bradar, cochichar, concordar, confessar, confirmar, contar, contestar, declarar, destacar, dizer, exclamar, exortar, explicar, falar, fofocar, gaguejar, gritar, indagar, informar, insinuar, jurar, lembrar, mencionar, murmurar, negar, objetar, pedir, perguntar, questionar, reclamar, reconhecer, redarguir, repetir, responder, revelar, solicitar, sublinhar, suplicar, sussurrar, entre outros.

No **discurso direto** os verbos *dicendi* introduzem a fala de alguém (personagem, pessoa que faz um depoimento, entrevistado, entre outros locutores) reproduzida como teria ocorrido – exemplos (179), (181), (183), (186), (189). No discurso indireto, eles são usados para relatar a fala de alguém, informar o que alguém disse (por isso também se diz discurso relatado), ou seja, conta-se o que alguém disse – exemplos (180), (182), (184), (185). No **discurso indireto** a fala vem em uma oração subordinada ao verbo *dicendi*, geralmente introduzida por "que" ou "se" – quando há dúvida, ver exemplo (190).

Tanto no discurso direto quanto no indireto, o verbo dicendi ajuda a registrar o modo como o falante se expressa, a entonação empregada, sua atitude ao falar, sua reação psicológica ou não – exemplos (179) a (190). Nessa função de registrar na escrita o modo de falar, a atitude ao dizer, a entonação da fala, a reação psicológica ou não, os verbos *dicendi* são auxiliados, com frequência, por advérbios ou expressões com valor adverbial – exemplos (186), (187) e (188) ou por orações que a ele se ligam – exemplos (183) e (189). O verbo *dicendi* e advérbios ou orações que o auxiliam nos permitem saber a entonação com que algo foi falado.

Como apresentado nos exercícios seguintes, o trabalho com os verbos dicendi é importante para que o produtor de um texto seja capaz de utilizar esse recurso lexical para exprimir, na escrita, o que na oralidade é feito por recursos de entonação, altura de voz, gestos, expressões fisionômicas, entre outros recursos. Isso também acontece na língua oral, quase sempre quando se usa o discurso indireto.

(179)
Quando a mãe chegou Flávio **pediu**:
– Mãe, posso ir ao cinema com o Pedro, deixa vai! (O verbo "pedir" introduz a fala indicando que a atitude era de solicitação)

(180)
Quando a mãe chegou, Fábio **pediu**-lhe que o deixasse ir ao cinema com Pedro.

(181)
Quando todos ficaram sabendo que Paulo fazia rachas na avenida, o amigo **condenou**:
– Isso é um crime! (O verbo "condenar" apresenta a fala como um julgamento negativo a respeito do fato a que se refere a fala.)

(182)
Quando todos o condenaram, Fábio **argumentou** que só fazia isso altas horas da noite e que, portanto, não havia perigo. (O verbo "argumentar" indica que o que Fábio falou eram ideias que se contrapunham à condenação, mostrando uma atitude de não aceitação da condenação.)

(183)
Não tendo terminado o serviço o secretário estava nervoso. Quando o presidente da empresa chegou ele disse **desculpando-se**:
– Senhor, quero dizer que ontem passei muito mal e não conclui o relatório que pediu. (O verbo "desculpar", usado como uma oração subordinada reduzida de gerúndio ao verbo de elocução dizer, específica a atitude do falante.)

(184)
Eu não **disse** que você era porco. Eu **perguntei** se tinha lavado as orelhas. (O verbo "dizer" indica uma certeza, enquanto "perguntar" indica uma possibilidade, um interesse em saber.)

(185)
Maria **indagou** pelo bairro se alguém tinha visto o filho dela. (o verbo indagar indica a ação de perguntar repetidamente.)

(186)
"Ricardo, você já fez os deveres da escola?", **perguntou** a mãe **com os olhos dardejando**. (O verbo "perguntar" indica o interesse em saber algo, e a expressão adverbial de modo "com os olhos dardejando" indicam que o interesse era acompanhado de uma crítica e reprovação, porque a mãe desconfiava que o filho não cumprira sua obrigação e estava brava, furiosa por isso.)
"Mas vou fazer agora mesmo", **gaguejou** Ricardo com medo da bronca. (o Verbo "gaguejar", indica que Ricardo se sentia culpado e estava inseguro por isso.)

(187)
Ao me ver na festa, minha prima **disse rispidamente** que era para eu me retirar imediatamente. (O verbo dizer introduz a fala e o advérbio rispidamente sugere o modo e entonação do dizer.)

(188)
O diretor da faculdade **anunciou solenemente** que a cerimônia de formatura estava oficialmente iniciada. (O verbo anunciar indica que se disse algo em uma situação oficial com muitos ouvintes e o advérbio solenemente que o diretor usou uma entonação que dava importância ao fato.)

(189)
O pobre rapaz, *gritando e balançando fortemente a cabeça para cima e para baixo*, **suplicava**: (O verbo suplicar indica que o que se dizia era um pedido feito com forte apelo emocional, para comover os ouvintes; a oração "gritando" indica que a súplica era feita com um tom bem alto de voz e a oração "balançando fortemente a cabeça para cima e para baixo" indica um gesto que reforça a súplica, mostrando o desespero do falante)
"Não me condenem, eu sou inocente, nunca fiz nada de mal a ninguém!"

(190)

João **perguntou** se eu queria ir ao baile com ele. (Perguntar indica que a fala é um pedido de informação, que representa um convite.)

13.3.2 Exemplos de exercícios sobre verbos *dicendi*

---

(191)

Você já sabe que **verbos *dicendi*** são verbos que usamos para introduzir falas ou relatar falas. Eles são muitos, mas é preciso lembrar que não podemos usá-los aleatoriamente. Como eles ajudam, no texto escrito, a registrar modos de falar, entonações e algumas atitudes de quem fala é preciso escolhê-los com cuidado.

Observe os trechos seguintes, em que se relata o fato de alguém ter dito que "Maria vai casar".

a) João disse que Maria vai casar.

b) João anunciou que Maria vai casar.

c) João confirmou que Maria vai casar.

d) João negou que Maria vai casar.

e) João sussurrou que Maria vai casar.

Agora relacione as falas anteriores com as situações a seguir, em que mais provavelmente as falas ocorreriam:

( ) Havia dúvidas sobre o casamento de Maria e relata-se que João afirmou que era verdade, disse algo que acabava com a dúvida.

( ) Alguém simplesmente contou que João falou que Maria vai se casar.

( ) Alguém disse que Maria vai se casar e Joao falou que isso não é verdade.

( ) Relata-se que João falou oficial e solenemente em uma reunião de pessoas que Maria vai se casar.

( ) Alguém entra em uma festa e percebendo um burburinho pergunta a João o que há. João conta bem baixo, ao pé do ouvido que ficou-se sabendo que Maria vai casar.

Respostas: c, a, d, b, e

(192)

Construa pequenos textos em que você usa os verbos do quadro seguinte para reproduzir ou relatar a fala de alguém. Depois informe em que situação este texto seria adequadamente usado.

> Responder insinuar dizer ordenar

Exemplos:

Maria ordenou ao filho:

– Desça dessa árvore, agora! (Reproduz a fala. Maria vê o filho em cima da árvore e, considerando que ele está em perigo, manda-o descer.)

Maria ordenou ao filho que descesse da árvore imediatamente. (Relata a fala. Maria viu o filho em cima da árvore achou que ele corria perigo e por isso o mandou descer.)

(193)

O professor diz uma frase com determinada entonação e o aluno tem que fazer o texto escrito que revela/registra a entonação.

1) O(A) professor(a) fala: "Venha cá, menino!", com a voz muito alta e como se estivesse zangado.

Exemplos de possíveis respostas: textos escritos ou falados dos alunos:

⇒ *O(A) professor(a) ordenou gritando e zangado:*

  – *Venha cá menino!*

⇒ *O(A) professor(a) ordenou zangado e gritando que o menino fosse até ele(a).*

2) O(A) professor(a) diz com entonação de carinho, explicando que é uma mãe falando com o filho: "Venha cá, meu filho!"

Exemplos de possíveis respostas:

⇒ *A mãe pediu carinhosamente que o filho fosse até ela.*

⇒ *A mãe pediu carinhosamente:*

  – *Venha cá, meu filho!*

3) O(A) professor(a) diz como que exclamando enfaticamente e demonstrando surpresa: "Eu não acredito que você fez isso, seu louco!" (Explica que isso foi dito por
um pai a seu filho.)

Exemplos de possíveis respostas:

⇒ *O pai exclamou surpreso que não acreditava que o filho tivesse feito aquilo (ou aquela loucura).*

⇒ *O pai exclamou surpreso:*

   – Eu não acredito que você fez isso, seu louco!

4) O(A) professor(a) diz com voz de quem está admitindo algo: "Está bem, eu sei quem
ganhou o prêmio de redação. Foi um aluno dessa turma". (Explica que é um professor falando com uma turma determinada, após insistência dos alunos, sobre ele
saber ou não do resultado de um concurso.)

Exemplos de possíveis respostas:

⇒ *O professor admitiu que sabia quem tinha ganhado o prêmio de redação e que era um aluno da
turma em que estava.*

⇒ *O professor admitiu:*

   – Está bem, eu sei quem ganhou o prêmio de redação. Foi um aluno dessa turma.

(194)

Identifique os verbos *dicendi*, que aparecem no trecho a seguir do conto "A cartomante", de Machado de Assis,[69] e indique o que eles sugerem quanto ao modo de dizer, a
entonação ou a atitude do falante. Que outros recursos o autor utiliza para nos fazer
perceber como se passa a cena?

[...]

A cartomante fê-lo sentar diante da mesa, e sentou-se do lado oposto, com as cos-
tas para a janela, de maneira que a pouca luz de fora batia em cheio no rosto de
Camilo. Abriu uma gaveta e tirou um baralho de cartas compridas e enxovalhadas.
Enquanto as baralhava, rapidamente, olhava para ele, não de rosto, mas por baixo
dos olhos. Era uma mulher de quarenta anos, italiana, morena e magra, com grandes olhos sonsos e agudos. Voltou três cartas sobre a mesa, e disse-lhe:

---

[69] ASSIS, Machado de. *A cartomante*. 1884. [*on-line*]. Disponível em: http://www.dominiopublico.
gov.br/download/texto/ua000181.pdf. Acesso em: 20 jul. 2020.

– Vejamos primeiro o que é que o traz aqui. O senhor tem um grande susto...

Camilo, maravilhado, fez um gesto afirmativo.

– E quer saber, continuou ela, se lhe acontecerá alguma cousa ou não...

– A mim e a ela, explicou vivamente ele.

A cartomante não sorriu: disse-lhe só que esperasse. Rápido pegou outra vez das cartas e baralhou-as, com os longos dedos finos, de unhas descuradas; baralhou-as bem, transpôs os maços, uma, duas. três vezes; depois começou a estendê-las. Camilo tinha os olhos nela. curioso e ansioso.

– As cartas dizem-me...

Camilo inclinou-se para beber uma a uma as palavras. Então ela declarou-lhe que não tivesse medo de nada. Nada aconteceria nem a um nem a outro; ele, o terceiro, ignorava tudo. Não obstante, era indispensável muita cautela: ferviam invejas e despeitos. Falou-lhe do amor que os ligava, da beleza de Rita... Camilo estava deslumbrado. A cartomante acabou, recolheu as cartas e fechou-as na gaveta.

– A senhora restituiu-me a paz ao espírito, disse ele estendendo a mão por cima da mesa e apertando a da cartomante.

Esta levantou-se, rindo.

– Vá, disse ela; vá, *ragazzo innamorato*...

E de pé, com o dedo indicador, tocou-lhe na testa. Camilo estremeceu, como se fosse a mão da própria sibila, e levantou-se também. A cartomante foi à cômoda, sobre a qual estava um prato com passas, tirou um cacho destas, começou a despencá-las e comê-las, mostrando duas fileiras de dentes que desmentiam as unhas. Nessa mesma ação comum, a mulher tinha um ar particular. Camilo, ansioso por sair, não sabia como pagasse; ignorava o preço.

– Passas custam dinheiro, disse ele afinal, tirando a carteira. Quantas quer mandar buscar?

– Pergunte ao seu coração, respondeu ela.

[...]

⇒ *Aparecem três verbos* dicendi: *disse, declarou e respondeu. "Disse" apenas introduz a fala. Com "declarou" o autor relata tudo o que ela disse. O verbo declarar apresenta as afirmações como reais, o que vai ser importante para apaziguar a ansiedade de Camilo. Já "respondeu" indica que a fala da cartomante se deve a uma pergunta feita por Camilo.*

⇒ *Tudo o que diz respeito à descrição da cena e dos gestos e atitudes dos personagens.*

▷ Agora duas duplas representam a cena: uma aluna faz a cartomante e um aluno interpreta Camilo. As duas duplas apresentam a cena. A turma considera quem representou melhor e por quê.

(195)

A turma é dividida em pequenos grupos (de quatro ou cinco alunos). Cada grupo escolhe uma peça de teatro e observa nela as indicações ou instruções de como devem ser as falas e coisas que devem ser feitas acompanhando as falas. Essas indicações é o que em textos teatrais se chama de "rubrica". Transcreva dois trechos em que as rubricas indicam algo sobre as falas, explique o que a rubrica está propondo para a encenação.

Cada grupo escolhe duas falas para apresentar à turma. Vocês vão observar que na representação a rubrica some e o que ela indica aparece na entonação, nos gestos, nas atitudes, nas expressões fisionômicas dos personagens, sua localização, entre outros elementos.

Caso os alunos tenham dificuldade de encontrar peças de teatro na biblioteca da escola, o professor pode sugerir, por exemplo, o "Banco de Peças", do portal *Teatro na Escola*[70], em que há muitas peças de teatro para serem baixadas.

Os exemplos seguintes são retirados da peça *Os embrulhos*, de Maria Clara Machado.[71] Neles, as rubricas ficam em itálico como no original. As que se referem à fala foram sombreadas e as que se referem a gestos, atitudes, expressões fisionômicas dos personagens, foram sublinhadas. Os exemplos são trechos não sequenciais na peça.

⇒ **Velha** *(Ao telefone)* - Pronto! Sim... sim.., *(Faz sinal para o Velho)* Mas o que é que nós temos com isso? Não, ele não atende mais. *(Ouve, espantada)* Recebemos muitas, mas não abrimos nenhuma. *(Olhar triunfante para o Velho)*

---

[70] Disponível em: https://www.teatronaescola.com/index.php/banco-de-pecas/category/pecas--teatrais-curtas-ou-adaptadas. Acesso em: 20 jul. 2020.

[71] Disponível em: https://www.teatronaescola.com/index.php/banco-de-pecas/item/os-embrulhos-de-maria-clara-machado. Acesso em: 20 jul. 2020.

⇒ **Velho** - Me dá... me dá... _(Finalmente ela entrega a carta ao Velho, que olha o carimbo)_ O carimbo é de trasanteontem. Já sei o que está escrito! _(Triunfante)_

⇒ **Velha** _(Fingindo mistério)_ - Já sabe?

⇒ **Velho** _(Com fúria)_ - Passa o quê? O que você está dizendo?

⇒ **Velha** _(Suspira)_ - Eles querem todos acabar com nossas coisas. _(Apanha um objeto e começa a embrulhar)_ Não acho muito decente o governo despejar assim um casal de velhos que nunca fez mal a ninguém.

☞ _Esse tipo de exercício ajuda o aluno a perceber a relação entre o escrito e o oral, e quando e como isso é dado pelos verbos dicendi e outros recursos da língua escrita._

Tópico 6

Funções textuais-discursivas de itens lexicais

Preliminares

Evidentemente nenhum texto se constrói sem o uso dos itens lexicais, que contribuem para o sentido do texto a partir de seus significados e possibilidades significativas, funcionando como pistas e instruções de sentido. Todavia é preciso lembrar que às vezes alguns itens lexicais têm outras funções além da de permitir a construção do mundo textual, ajudando a estabelecer efeitos de sentido para além dessa construção de um mundo textual. Muitos itens lexicais têm na constituição e funcionamento dos textos determinadas funções textuais discursivas, de que os falantes precisam tomar alguma consciência para dizer e compreender com maior competência comunicativa. Destacamos aqui três dessas funções: a de **modalizador**, a de **operadores discursivos** diversos, com um realce especial para os **operadores argumentativos**.

É preciso lembrar que os operadores discursivos são uma classe funcional a nível textual e discursivo e não têm elementos especiais se relacionados com as classes de palavras tradicionais. Como apresentado a seguir, eles são verbos, substantivos, conectores (inclusive as conjunções e preposições), adjetivos, advérbios. Alguns nem mesmo chegaram a ter uma inserção clara em uma classe de palavras tradicionais.

Capítulo 14

Exercícios de vocabulário e funções textuais-discursivas de itens lexicais

14.1. Exercícios sobre modalizadores

14.1.1. Modalidades e modalizadores

Modalizadores são recursos da língua (palavras, expressões e até mesmo orações) usados para marcar, indicar **modalidades**. As modalidades, como se sabe, são a indicação da atitude do falante, do produtor de um texto oral ou escrito em relação àquilo que está dizendo. Essas atitudes podem ser de certeza, incerteza/dúvida,[72] possibilidade, permissão (uma variante da possibilidade =

---

[72] A dúvida é uma variação da incerteza, com nuanças de possibilidade.

dar a possibilidade de), probabilidade, necessidade, obrigação, proibição, ordem (positiva ou negativa), desejo/volição, parecer subjetivo. A percepção desses valores modais é importante para a produção e a compreensão dos textos, bem como em dimensões como a expressão de realidade e irrealidade, e também a influência que têm na argumentação entre outras.

Os modalizadores podem ser advérbios, verbos auxiliares, formas verbais, orações principais, interjeições, entre outros recursos, portanto os modalizadores não são uma classe de palavras, mas uma classe funcional. Como se pode perceber, nem todo modalizador é um item lexical, mas, mesmo quando se tem elementos como oração, pode-se notar que o item lexical usado é fundamental. Diferentes modalizadores podem expressar a mesma modalidade.

Alguns exemplos dos recursos da língua que podem funcionar como modalizadores são:

▷ As formas verbais dos modos indicativo (quase sempre exprimindo certeza), subjuntivo (quase sempre exprimindo incerteza) e imperativo (quase sempre exprimindo ordem e determinação com variantes como pedido, súplica, prescrição, conselho), (às vezes as formas verbais indicam a modalidade em uma correlação com advérbios e conjunções).

⇒ João **estuda** muito (presente do indicativo - certeza).

⇒ Caso João **estude** muito, não terá dificuldades (conjunção caso + presente do subjuntivo - incerteza).

⇒ João, **estude** muito para passar no concurso (imperativo afirmativo - ordem).

▷ Os advérbios, como: talvez, possivelmente, certamente, provavelmente, realmente, felizmente, infelizmente.

⇒ **Possivelmente** João não tenha estudado/estudou o bastante (advérbio possivelmente - possibilidade).

⇒ **Talvez** João não tenha estudado o suficiente (advérbio talvez + verbo no presente do subjuntivo - incerteza/dúvida).

⇒**Felizmente** João **estudou** muito e **passou** no concurso (advérbio felizmente - afetividade, parecer subjetivo/ pretérito perfeito do indicativo - certeza).

⇒**Infelizmente** João não estudou o suficiente e não passou no concurso (advérbio infelizmente - parecer subjetivo, afetividade).

⇒**Realmente** João estudou muito para o concurso. (advérbio realmente - certeza.)

▷ As interjeições (tomara, queira Deus, oxalá, que).

⇒**Tomara** que João estude muito para o concurso! (interjeição + presente do subjuntivo - volição)

⇒**Que** você seja feliz! (que + presente do subjuntivo - volição).

▷ Conjunções conjugadas a formas verbais (como a conjunção "embora" conjugada com o presente do subjuntivo).

⇒**Embora tenha estudado** muito, ele não passou no concurso (conjunção embora + presente do subjuntivo - certeza).

⇒**Mesmo que** ele **tenha estudado** muito não passou no concurso (conjunção mesmo que + presente do subjuntivo - incerteza).

▷ Certos tipos de orações principais, principalmente as formadas pelo verbo ser+adjetivos (**é/ era/ foi** possível, preciso, obrigatório, necessário, importante) ou verbos (como achar, parecer, ordenar, querer, desejar, obrigar). Obviamente os itens lexicais que entram na formação dessas orações é que marcam a modalidade.

⇒**É possível** que João não tenha estudado para a prova (oração principal "É possível - possibilidade).

⇒**Parece** que João estudou bastante para a prova (oração principal com o verbo parecer - incerteza).

⇒**Queremos** que João estude bastante para o concurso para ele ter uma chance (oração principal com o verbo querer - desejo).

⇒João, eu o **proíbo** de estudar demais, pois ficará cansado (oração principal com o verbo proibir - proibição).

⇒**Lamento** que João não tenha estudado o suficiente para passar no concurso (oração principal com o verbo lamentar - afetividade, parecer subjetivo).

▷ Verbos auxiliares, como: poder, dever, precisar, ter + que/de). Exemplos:

⇒João **precisa estudar** para o concurso (auxiliar precisar - necessidade).

⇒João **tem que** estudar muito para o concurso (auxiliar ter + que - obrigação).

⇒João **pode estudar** aqui em casa (auxiliar poder - possibilidade).

▷ Outros recursos.

14.1.2. Exemplos de exercícios sobre modalizadores

(196)[73]

No texto publicitário e no texto "A biodiversidade da vida", utilizam-se palavras e expressões como as destacadas a seguir:

> a) Cada ser vivo tem sua função no meio ambiente. Cada planta, cada animal e, **é claro**, cada pessoa.
>
> b) Acontece que muita gente enxerga o planeta como uma espécie de "escravo", que está aí para servir e ser explorado, sem receber nada em troca. E **é claro** que não é assim que a coisa funciona.
>
> c) Mas será que a natureza também acha que a gente é tão "legal" assim? **Provavelmente** não!
>
> d) Nós, seres humanos, somos **realmente** incríveis.

1) As palavras e as expressões em destaque em *a*, *b*, *c* e *d* indicam dúvida, certeza, obrigação, vontade ou possibilidade?

a), b) e d) indicam certeza.

c) indica possibilidade.

---

[73]   Exercício de Travaglia, Rocha e Arruda-Fernandes (2009a, p. 284-286), com modificação.

2) Por que os autores incluíram estas expressões em seus textos?

Para mostrar sua atitude em relação ao que falaram ou escreveram

3) Você conhece outras palavras e expressões que indicam a atitude do falante quanto ao que é dito? Liste pelo menos duas dessas expressões.

Resposta pessoal.

4) A seguir cada aluno lê as palavras e as expressões listadas e o(a) professor(a) vai colocando-as no quadro.

☞ *Aqui é interessante que alguém com mais conhecimento (um professor, por exemplo) ajude na elaboração da lista.*

Na seção "Aprendendo mais sobre verbos: modalidade" (Capítulo 3, Unidade 1), foram apresentadas diferentes formas de mostrar a atitude de quem fala em relação àquilo de que se está falando, ou seja, as modalidades.

Para expressar as diferentes modalidades, usamos os **modalizadores.** Assim, as expressões apresentadas em 1, 2, 3, e 4 são chamadas de **modalizadores.**

Lembrete!

As diferentes atitudes de quem fala em relação àquilo de que está falando recebe o nome de **modalidade.** Para expressar as modalidades, usamos sempre os **modalizadores**.

Observe os exemplos a seguir:

⇒**Afetividade**: **Felizmente** o João já chegou em casa./Diga sinceramente o que achou daquela festa./**Infelizmente** o João chegou tarde em casa.

⇒**Certeza**: João **está** em casa (presente do indicativo)./**É claro** que João está em casa./ João **realmente** está em casa.

⇒**Desejo (volição)**: **Tomara que** João esteja em casa./**Gostaria** que João estivesse em casa./ **Quero** que João esteja em casa.

⇒**Dúvida, incerteza**: **Talvez** João esteja em casa./**Acho/parece** que João está em casa./ **Será que** João está em casa? (verbo ser no futuro + interrogação).

⇒**Necessidade**: **É necessário que** João esteja em casa./João precisa estar em casa.

⇒**Obrigação ou obrigatoriedade**: João **tem de** estar em casa, conforme o juiz determinou / **É obrigatório** pagar o IPTU.

⇒**Ordem ou determinação** de que algo se realize (pedido, súplica, prescrição, conselho): João, esteja em casa quando eu chegar (ordem)./João, se fosse você, eu estaria em casa quando seu pai chegar (conselho).

⇒**Permissão**: João, você **pode** estar em casa quando meu chefe for me visitar.

⇒**Possibilidade**: **É possível** que João esteja em casa./João **pode** estar em casa.

⇒**Probabilidade**: **Provavelmente/é prováve**l que João esteja em casa.

⇒**Proibição**: João, eu te **proíbo** estar em casa quando mamãe chegar.

5) Reescreva as frases seguintes, utilizando diferentes modalizadores para expressar as modalidades apresentadas entre parênteses.

a) Muitas espécies já desapareceram da Terra (dúvida, possibilidade).

Sugestões de respostas:

Dúvida: *Eu acho que/parece que/muitas espécies já desapareceram da Terra.*

Talvez muitas espécies já tenham desaparecido da Terra.

Possibilidade: *É possível que muitas espécies já tenham desaparecido da Terra.*

Possivelmente muitas espécies já desapareceram da Terra.

b) As florestas impedem que a água das chuvas chegue até o solo (afetividade, algo que se vê como bom ou ruim).

Felizmente/infelizmente as florestas impedem que a água das chuvas chegue até o solo.

c) [...] poderemos contribuir para que a natureza seja menos destruída e, assim, ajudar a preservar as espécies (certeza, obrigação).

Sugestões de respostas:

Certeza: *É claro que/ certamente que poderemos contribuir para que a natureza seja menos agredida e, assim, ajudar a preservar as espécies.*

Obrigação: *Temos de contribuir para que a natureza seja menos destruída e, assim, ajudarmos a preservar as espécies.*

d) Muita gente enxerga o planeta como um "escravo" (possibilidade).

Sugestões de respostas:

Eu acho que/possivelmente muita gente enxerga o planeta como um "escravo".

É possível que muita gente enxergue o planeta como um "escravo".

Pode ser que muita gente enxergue o planeta como um "escravo".

☞ *Evidentemente, ao lado do léxico, está-se trabalhando com uma das funções dos itens lexicais no texto e também tratando da modalidade que, com frequência, se vê teoricamente ao falar de verbos, mas não quando está ocorrendo no texto e influenciando o sentido do que se diz. Isso acontece sempre que estamos trabalhando com funções textuais discursivas dos itens lexicais.*

(197)

1) Compare as frases a seguir:

a) No seu sonho Pedro voava como o Super-Homem.

b) Em seu sonho Pedro parecia voar como o Super-Homem.

Em qual das duas frases o autor deixa transparecer uma dúvida, uma incerteza? Que elemento da frase estabelece a incerteza? *Frase b: o verbo/a palavra "parecia".*

2) Agora leia as frases seguintes e depois as correlacione com a atitude do autor em relação ao fato de Pedro voar, de que ele está falando. Em cada frase, sublinhe o elemento que está indicando a atitude que você encontrou.

a) Talvez Pedro voasse como o Super-Homem.

b) Tomara que Pedro voe como o Super-Homem.

c) No seu sonho Pedro voava como o Super-Homem.

d) Felizmente Pedro voava como o Super-Homem.

e) É preciso que Pedro voe como o Super-Homem.

( ) Necessidade. *e*

( ) Certeza. *c*

( ) Algo que ele acha bom, que vê como uma coisa boa. *d*

( ) Desejo. *b*

( ) Dúvida. *a*

a) Talvez Pedro voasse como o Super-Homem (dúvida: a palavra talvez).

b) Tomara que Pedro voe como o Super-Homem (desejo: a palavra tomara, combinada com a forma do verbo "voe").

c) No seu sonho Pedro voava como o Super-Homem (certeza: a forma verbal: pretérito imperfeito do indicativo).

d) Felizmente Pedro voava como o Super-Homem (algo que ele acha bom: a palavra felizmente).

e) É preciso que Pedro voe como o Super-Homem (necessidade: a oração "é preciso").

---

(198)

1) Usando as orações "Eu quero" e "Eu desejo" transformamos a frase **a** retirada do texto em que o personagem expressava uma sugestão, um conselho por meio de uma espécie de ordem, na expressão de um desejo. Veja:

a) Passeie muito, meu irmão!

b) Eu quero que você passeie muito, meu irmão!/ Eu desejo que você passeie muito, meu irmão!

2) Agora, usando os elementos indicados no quadro transforme a frase do texto no que se pede em cada caso. Faça as modificações necessárias.

Talvez você	É preciso que você	Você tem de	Você pode	Infelizmente você

a) Em uma obrigação: _____

b) Em uma possibilidade: _____

c) Em uma dúvida: _____

d) Em uma necessidade: _____

e) Em algo que é desaprovado: _____

a) Obrigação: Você tem de passear muito, meu irmão!

b) Possibilidade: Você pode passear muito, meu irmão!

c) Dúvida: Talvez você passeie muito, meu irmão!

d) Necessidade: É preciso que você passeie muito, meu irmão!

e) Algo desaprovado: Infelizmente você passeia muito meu irmão!

14.2. Exercícios sobre operadores discursivos

14.2.1 Operadores discursivos

Operadores discursivos são itens linguísticos que exercem papéis ou funções textuais discursivas diversas, por exemplo:

a) Marcadores conversacionais (cf. Capítulo 1, Item 1.2. – VII-B).

b) Marcadores de relevância (exemplo **i**).

c) Ordenadores de elementos no texto (exemplo **ii**).

d) Introdutores de elementos diversos relacionados ao desenvolvimento do tópico: reformulação, paráfrase, introdução e/ou encadeamento, enumeração, especificação entre outros (exemplos **iii** a **v**) (cf. TRAVAGLIA, 2003).

e) Um atenuador de afirmação ou estabelecedor de modo de expressão relativo (exemplo **vi**).

f) Os operadores argumentativos citados no próximo item.

i) **Foi** José **que** me ajudou naquele momento de dor (aqui temos a técnica de clivagem do termo ou oração, pode-se também ter orações principais com verbos como urgir, importar ou uma oração "é importante").

ii) O conceito de operadores argumentativos será apresentado **a seguir**.

iii) Todas as sequências linguísticas têm uma modalidade, **ou seja**, o falante sempre diz algo e manifesta qual é sua atitude sobre o que diz (introdutor de paráfrase).

iv) Temos aqui três possibilidades, **a saber**: pagar a dívida, pedir uma prorrogação do prazo para pagamento, fugir (introdutor de enumeração).

v) Nós vamos viajar nestas férias, **isto é**, se você quiser (viajar nestas férias nós iremos) (introdutor de reformulação).

vi) Nem um de nós sabe se isto realmente aconteceu, nenhum de nós sabe, **digamos assim**, a verdade.

14.2.2. Exemplos de exercícios sobre operadores discursivos

No Capítulo 2, sobre **"Diferentes sentidos da mesma palavra"**, nos exercícios (22) e (23) temos exemplos de palavras usadas como operadores discursivos. No exercício (22), aparece a palavra "como" com o valor de operador discursivo de introdução de exemplo ou de uma enumeração. No exercício (23), a palavra "também" tem a função de operador discursivo quando tem a função de estabelecer ênfase ou indicar descontentamento, estranheza. No Capítulo 4, o exercício (32) mostra a palavra "bom" como operador discursivo de mudança de foco.

(199)

1) Em qual dos exemplos seguintes a palavra "como" está funcionando como introdutora de uma enumeração ou de apresentação de exemplos?

a) **Como** você não leu o livro não pode fazer o resumo que a professora pediu.

b) Já li algumas obras do Romantismo brasileiro, **como** *O guarani*, de José de Alencar, *A escrava Isaura*, de Bernardo Guimarães, e *A moreninha*, de Joaquim Manuel de Macedo. X

c) Ele falava devagar **como** o seu avô.

d) **Como** você me descobriu aqui?

2) Escreva um pequeno trecho em que a palavra "como" seja usada para introduzir um ou mais exemplos de algo.

_____ *Resposta pessoal*

(200)[74]

O verbo **pegar** pode ter muitos sentidos. Alguns deles são:

⇒ Segurar, agarrar, prender: O goleiro pegou a bola. / O policial pegou o ladrão.

⇒ Adquirir enfermidade por contágio: Os meninos pegaram gripe.

⇒ Subir ou instalar-se em um meio de transporte para nele viajar: A pesquisadora pegou o ônibus e foi para casa.

⇒ Captar som ou imagem: Aqui no bairro a TV não pega todos os canais.

⇒ Seguir por determinada direção: Você vai reto. Quando chegar à praça, vire à direita e pegue a Avenida Tiradentes.

No texto 2B, ao fazer sua narrativa, o menino[75] usa o verbo pegar de dois modos diferentes. Um deles é próprio da língua oral. Observe os trechos seguintes:

a) "[...] aí as tia falava, vô dá passei procê pumode ocê **pegá** e para de ficá fugindo, cê para? Aí eu **peguei** falei assim, vamo vê, né?"

b) "[...] ez me **pegava** levava pa menó, da menó levava po juizado, do juizado levava eu po Cooje, [...]"

c) "porque ele num pudia fazê isso, eze só **pegasse** tudo bem, era normal, ma agora não, ez **pega** e prende e bate também, e isso ez num tem direito."

1) Em qual trecho temos um uso da língua oral em que se emprega o verbo pegar para dar uma sequência no que estamos falando como em: "Aí ele **pegou** e falou que eu não podia ir" *No trecho (a).*

2) Qual o sentido de "pegar" nos outros trechos? *Em (b) e (c): segurar, agarrar, prender.*

---

[74]   Exercício de Travaglia, Rocha e Arruda-Fernandes (2009c, p. 309).

[75]   Trata-se de um menino em situação de rua, que uma educadora e pesquisadora está observando.

(201)[76]

1) Observe os trechos seguintes. Depois, indique qual a função da palavra **aí**, nestas passagens dos textos:

⇒ indicar um lugar.

⇒ Servir de encadeador de episódios na narrativa.

    a) "Eram mais ou menos 14 horas de uma tarde quente e eu havia me alimentado bem pra sair sem hora pra voltar, mas não foi preciso procurar muito pelos 'meus' meninos, pois eles estão **aí** em toda parte e é impossível não notá-los" (Texto 2A).

    b) "A criança chega e, como se nem me visse, cheira cola... fiquei olhando, e senti aquele cheiro horrível que ele devorou com voracidade, até cair, ficar semiacordado, enquanto outro vigiava... **aí** não deu pra segurar, e lágrimas caíram pelo meu rosto bem alimentado" (Texto 2A).

    c) "[...] quanto eu via minha mãe naquela cama duente, tão triste assim, eu voltava pa rua rápido, ganhava um dinhêro, ia rápido pra casa de novo comprá remédio pra ela, eu e meu irmão... , **aí** foi viveno essa vida, eu passei pela menó, **aí** fui no Cooje, chegava no Cooje eu num ficava, fugia, fazia furo nos muro/ quebrava o cadeado, ma eu num ficava no Cooje, **aí** as tia falava, vô dá passei procê pumode ocê pegá e pará de ficá fugindo, cê para? **Aí** eu peguei falei assim, vamo vê, né? **Maí** eu num ficava de jeito nenhum (Texto 2B) **Maí** (= mas aí).

*Em **a**, a palavra aí indica lugar; em **b**, **c** é um encadeador de episódios na narrativa.*

2) Em sua opinião, o uso do **aí** como encadeador de episódios na narrativa é um uso mais da língua oral ou da escrita? *Da língua oral.*

3) Este uso do **aí** como encadeador de episódios na narrativa não é muito aceito na norma urbana de prestígio. Troque o **aí** por outro recurso de acordo com a norma urbana de prestígio.

---

[76] Exercício de Travaglia, Rocha e Arruda-Fernandes (2009c, p. 309).

*No trecho de **b**: Trocar "aí" por "nesse momento"/ depois / então, conforme o cotexto.*

*No trecho de **c**: então foi vivendo/ depois fui no Cooje,/ por isso as tias falavam./ Então ou Nesse momento eu falei assim ou eu respondi/ de todo modo eu não ficava.*

---

(202)

1) Relacione os elementos em destaque nos trechos a seguir com seu valor ou papel no texto.

   a) **A seguir** apresentamos duas razões que foram fundamentais para a eleição do candidato: sua experiência administrativa e sua honestidade.

   b) **Foi** o prefeito **que** afirmou que o município tem muitas dívidas, não o Secretário de Saúde.

   c) Foi eleito o melhor candidato, **isto é**, o melhor que tínhamos disponível.

   d) A eleição foi, **digamos assim**, uma escolha entre o ruim e o menos ruim.

   ( ) Estabelecer ênfase ou realce de um elemento do texto. *b) foi... que*

   ( ) Introduzir uma reformulação. *c) isto é*

   ( ) Atenuar uma afirmação. *d) digamos assim*

   ( ) Estabelecer um sequenciamento dentro do texto. *a) A seguir*

2) Escolha um dos elementos anteriores e faça um pequeno texto em que ele apareça. Leia seu texto em sala, e os colegas dizem se o uso ficou adequado.

14.3. Exercícios sobre operadores argumentativos

14.3.1. Operadores argumentativos

Operadores argumentativos[77] são operadores discursivos com função particular na argumentação de introduzir argumentos de diferentes maneiras:

---

[77]   Pela importância da argumentação na língua e dos operadores argumentativos, sugerimos que o leitor busque mais informações nas seguintes obras de introdução ao assunto: Koch (1992), Abreu (2000) e Cabral (2010).

adicionando novos argumentos com maior força (exemplo 1), contrapondo argumentos (exemplo 2), apresentando o argumento mais forte (exemplo 3), ou criando valores diversos na argumentação que levam a conclusões diferentes (exemplo 4), entre outros papéis que exercem. Os operadores argumentativos são muito importantes no uso da língua que é essencialmente argumentativa, porque eles direcionam o dizer para determinadas conclusões (ideias, ações) a que o produtor do texto quer que aquele que ouve ou lê dê sua adesão, ou aumente sua adesão.

1) Seu irmão não apresentou um currículo bem-feito; **além disso**, não veio à entrevista. Como ele queria ser escolhido para a vaga?

2) Ele quer o emprego, **mas** não tem qualificação para a vaga.

3) **Até** o presidente da empresa pediu para contratar seu irmão, por isso ele foi o escolhido.

4) a) João estudou **pouco**, não poderia, pois, passar de ano.

b) João estudou **um pouco**, assim conseguiu passar.

Os operadores argumentativos podem pertencer a diferentes classes de palavras.

14.3.2. Exemplos de exercícios sobre operadores argumentativos

---

(203)[78]

Cecília Meirelles, em seu texto "Edmundo, o céptico", diz que

> "**Até** os colegas perdiam a paciência com as suas dúvidas"

1) Das frases a seguir copie em seu caderno aquela em que a palavra "ATÉ" tem uso semelhante ao que a autora fez no trecho de "Edmundo, o céptico".

⇒ Ontem fui até a ponte do ribeirão.

⇒ Edmundo duvidava até de sua mãe.

---

[78] Exercício de Travaglia, Rocha e Arruda-Fernandes (2009, p. 70-71).

⇒ Apostamos uma corrida da porteira até a casa do sítio.

⇒ Ficamos conversando até meia-noite.

Edmundo duvidava até de sua mãe.

2) No trecho do texto e no trecho que você marcou, a palavra "até" indica um limite ou indica que uma ideia é a mais forte para comprovar alguma coisa?

Indica que uma ideia é a mais forte para comprovar alguma coisa.

3)

a) No texto de "Edmundo, o céptico", ao dizer: "Até os colegas perdiam a paciên-cia com suas dúvidas", a autora está apresentando um argumento a favor de qual ideia?

A ideia de que Edmundo era um aluno difícil, porque com tanto ceticismo e dúvidas, perguntava demais chateando os colegas, que geralmente não se aborrecem com outros colegas.

b) E no trecho: "Edmundo duvidava até de sua mãe", qual a ideia implícita?

A ideia de que Edmundo exagerava em suas dúvidas, porque duvidava de sua mãe e crianças não costumam duvidar das mães.

Correlacionado a este exercício tem-se no Capítulo 8 do mesmo livro (cf. TRAVAGLIA; ROCHA E ARRUDA-FERNANDES, 2009) o exercício a seguir, que trata sobre diferentes sentidos da mesma palavra e sobre preposição.

(204)[79]

No Capítulo 4, notamos que Cecília Meirelles, em seu texto "Edmundo, o céptico", utiliza a palavra "até" nos trechos a seguir, para introduzir a ideia mais forte para comprovar alguma coisa.

⇒ "**Até** os colegas perdiam a paciência com as suas dúvidas"

⇒ "Edmundo duvidava **até** de sua mãe."

---

[79] Exercício de Travaglia, Rocha e Arruda-Fernandes (2009, p. 153-154), com pequena modi-ficação.

1) Entretanto, a palavra "até" também pode indicar outras ideias como nos trechos a seguir, retirados dos textos lidos neste capítulo:

a) "Subimos, escondidas, **até** o sótão."

b) "A televisão não tinha chegado **até** a fazenda porque a energia era insuficiente."

O que a palavra "até" indica nesses trechos?

Um movimento com um limite no espaço ou lugar.

2) E nos trechos seguintes, o que indica a palavra "até"?

a) Aguardaremos sua resposta **até** o final deste mês.

b) As pessoas foram morrendo, **até** que o conde desapareceu.

Um movimento com um limite no tempo.

3) Construa três orações usando os diferentes sentidos de "até":

a) "Até" com uso semelhante ao das orações de "Edmundo, o céptico"

Resposta pessoal. Exemplo: Ele lia qualquer coisa, lia até lista telefônica.

b) "Até" com uso semelhante ao das frases dos exercícios (A).

Resposta pessoal Exemplo: Ele andou até o rio.

c) "Até" com uso semelhante ao das frases do exercício (B).

Resposta pessoal Exemplo: Eu preciso devolver o livro para a biblioteca até amanhã.

☞ *Este exercício trabalha o operador argumentativo "até" e os valores da preposição até (Diversos sentidos de uma palavra)*

Os exercícios (205) e (206) a seguir foram construídos a partir do texto de uma reportagem sobre um adolescente baixo e autista cujo grande sonho era jogar basquete, mas só ajudava com as bolas e outros apetrechos do jogo. No jogo da final do campeonato escolar, nos minutos finais, começou a jogar por uma gentileza do treinador e marcou um número muito grande de pontos, o que lhe rendeu a aclamação de todos e o tornou famoso nos Estados Unidos da América.

(205)[80]

1)

"O que, afinal, Jason tem de tão especial que justificou **até** uma visita do presidente George W. Bush?"

Entre as declarações seguintes, escolha a que melhor explica o emprego de **até** neste trecho, do texto "A noite de glória de J-Mac" e copie-a em seu caderno:

⇒ **Até** indica um movimento com um limite no espaço, como em: "Fomos até a casa de Pedro, buscar a bola".

⇒ **Até** introduz o argumento mais forte (visita do presidente norte-americano) para mostrar que Jason era uma pessoa realmente muito especial.

⇒ **Até** introduz um movimento com um limite no tempo, como em: "Esperamos até 10 horas para começar o jogo."

*Resposta: **Até** introduz o argumento mais forte (visita do presidente americano) para mostrar que Jason era uma pessoa realmente muito especial.*

2) Se o jornalista tivesse dito:

"Ninguém deu importância para o feito de Jason. Nem sua mãe o parabenizou",

qual palavra indica exatamente o contrário de "até" na reportagem sobre Jason? Por que aqui teríamos uma "direção contrária" no pensamento expresso? Explique.

A palavra "nem". É um pensamento contrário porque o máximo do desprestígio é nem a mãe de alguém lhe dar os parabéns pelo que fez.

(206)

No quadro seguinte, observe os trechos de "A noite de glória de J-Mac".

⇒ * "Mesmo assim, tornou-se uma celebridade na escola de ensino médio em que estuda. Jason é baixinho. Mede **apenas** 1,67 metro. Mas o maior feito de sua

[80] Exercício de Travaglia, Rocha e Arruda-Fernandes (2009a, p. 203).

vida, exatamente aquele que o tornou célebre em sua escola, foi obtido em uma quadra de basquete.

⇒ * "A fama dele surgiu no que era para ser **apenas** um gesto simpático do treinador do time de basquete da Greece-Athena High School, uma escola de ensino médio em Greece [...]"

☞ *Perceber os valores de "apenas" e "quase", que são discutidos nessa atividade, não é fácil. Ajude os alunos, promovendo uma discussão com a turma.*

Agora responda:

1) O uso de **apenas** nos dois trechos transcritos no quadro indica que "ter uma altura de 1,67m" e "ser um gesto simpático do treinador" é algo visto como positivo ou negativo? Por quê?

Negativo, tanto que é relacionado com o jogo de basquete de que J-Mac gostava e em que é preciso ser alto para ser um jogador. Então ter 1,67m é algo que atrapalha, impede seu sonho de ser jogador de basquete. "Apenas" indica que a altura (uma quantidade) é pequena, pouca. Por outro lado o gesto do treinador não era um gesto que mostrava que ele acreditava no potencial de Jason, mas apenas foi uma condescendência para dar um prazer a um menino com deficiência.

2)

i) Observe os dois trechos a seguir e diga qual a diferença entre eles quanto aos elementos linguísticos usados.

Faltavam **apenas** quatro minutos para o fim da partida, nada mais podia ser feito para reverter o resultado do jogo.

Faltavam **quase** quatro minutos para o fim da partida e muito podia ser feito para reverter o resultado do jogo.

Em a) há "apenas" e "nada mais"; em b) "quase" e "e muito".

ii) O que aconteceria se trocássemos os dois segmentos finais dos trechos **a** e **b**, como feito a seguir? Alguém usaria frases como estas?

a') Faltavam apenas quatro minutos para o fim da partida, muito podia ser feito para reverter o resultado do jogo.

b') Faltavam quase quatro minutos para o fim da partida, nada mais podia ser feito para reverter o resultado do jogo.

Os períodos são estranhos, ficam meio sem sentido. Dificilmente alguém usaria períodos como estes.

iii) Observe novamente os trechos **a** e **b** e responda: que diferença de sentido você percebe nos dois trechos de **i**?

Com "apenas" o tempo que falta para o final do jogo (quatro minutos) é visto como pouco tempo, o que é percebido como algo negativo para fazer alguma coisa para reverter o resultado do jogo. Já com "quase" o tempo de 4 minutos é visto positivamente, pois é visto como muito tempo, como tempo suficiente para alterar o resultado do jogo. "Quase" indica a quantidade como próxima de uma totalidade, o que acarreta a ideia de muito.

3) Diga que palavra (**apenas** ou **quase**) substitui o símbolo * nos trechos seguintes, de acordo com o exigido pelo sentido:

a) Esse menino tem oito anos, mas já tem * 1,67 metro de altura.

a) João é jogador profissional de vôlei, mas tem * 1,67 metro de altura.

c) Ele não pode apanhar as goiabas, porque ele tem * 1,50 metro e, por isto, não pode alcançá-las.

d) Seu irmão pode limpar as prateleiras, não terá problemas para alcançá-las, pois tem * 1,70 metro.

a) Quase b) Apenas c) Apenas d) Quase.

4) Observe os textos a seguir:

a) Rafaela não é gulosa. Ela foi à festa e comeu **apenas** dez salgadinhos.

b) Depois da festa João sentiu-se mal, pois comeu **quase** trinta salgadinhos.

Apenas e quase continuam com o mesmo valor básico visto em 1, 2, 3: **apenas** dá ideia de que se está falando de pouco ou de pequena quantidade e **quase**, ao contrário, dá ideia de muito, grande quantidade. Aqui as quantidades acompanhadas por "apenas" e "quase" são vistas como positivas ou negativas? Esse valor coincide com o que vimos em 2 e 3?

A quantidade de dez salgadinhos acompanhada por "apenas" é vista como positiva tendo como parâmetro a gula e a quantidade de trinta salgadinhos acompanhada por "quase" é vista como negativa, por provocar mal-estar, portanto o valor de positivo e negativo é o inverso do que vimos em 2 e 3. Isto mostra que ser muito ou pouco será positivo ou negativo dependendo da circunstância, da situação.

Lembrete!

⇒ A palavra **apenas** marca a quantidade que acompanha como pequena, pouco, o que pode ser visto como positivo ou negativo, conforme as circunstâncias.

⇒ A palavra **quase** marca a quantidade que acompanha como próxima de uma totalidade, o que acarreta a ideia de muito, o que pode ser visto como positivo ou negativo, conforme as circunstâncias.

---

(207)

Observe a palavra em destaque no texto seguinte:

Segundo o Instituto Brasileiro do Café e vários especialistas na produção dessa bebida, moer o café no momento de sua preparação ressalta o sabor e o aroma da bebida, tornando-a melhor.

A palavra **segundo** foi usada para introduzir a opinião ou declaração de uma ou mais autoridades em um assunto. Essa autoridade pode ser uma instituição ou um estudioso de algo (Instituto Brasileiro do Café e vários especialistas) para argumentar a favor de uma dada ideia (que se deve moer o café na hora de prepará-lo).

Escreva um pequeno texto em que você usa a palavra **segundo** para introduzir a posição de uma autoridade, argumentando a favor de uma dada ideia. Depois indique quem foi a autoridade citada e qual a ideia a favor da qual o seu argumento por autoridade se posiciona. _____

_____

_____ *Resposta pessoal*

Tópico 7

Exercícios de vocabulário

e alguns fatos sociais

Preliminares

A língua é um fato social. Ela é usada por uma sociedade com suas características gerais e sua cultura. Os povos têm línguas diferentes, o que leva cada nação como grupo social a valorizar a língua que fala e a ter restrições quanto ao uso, dentro de seu território, de línguas estrangeiras. Todavia, no contato entre culturas, é comum uma língua tomar palavras emprestadas a outras línguas. Isso vai gerar dentro do uso do léxico a questão dos **estrangeirismos** que são vistos como necessários ou não, pertinentes ou não, defendidos ou condenados por diferentes grupos dentro da sociedade que fala uma língua e se vê "invadida" ou "dominada" por outra língua ou vê na língua estrangeira uma demonstração de status social.

É preciso lembrar também que uma língua não é uniforme. Ela apresenta variações no tempo e no espaço e de acordo com grupos de usuários e tipos de situação de comunicação criam-se, assim. as **variedades linguísticas** que os estudos sociolinguísticos já classificaram em três grandes grupos:

▷ O dos **dialetos**, que podem ser regionais, sociais, de idade, históricos, de sexo, de função.

▷ O dos **registros**, que apresentam divisões em várias dimensões:

⇒ A dos **graus de formalismo** (com a distinção básica entre formal x coloquial).

⇒ A da **sintonia** que se subdivide em quatro grupos, que são o da cortesia (linguagem cortês x descortês); o do status (que é a adequação da linguagem ao plano social em que se atua pela comunicação linguística); o da tecnicidade (que usa ou não uma linguagem própria das áreas do conhecimento e que é uma forma de linguagem própria dos profissionais de cada área); e a norma que é na verdade a busca da adequação a uma forma de linguagem que aquele que produz o texto julga agradar aquele(s) que vai (vão) recebê-lo.

⇒ O **das modalidades**, que são a língua oral e a escrita.

Muito do uso do léxico vai ser regulado pelas variedades linguísticas, que, com frequência, usam recursos mais ou menos distintos para dizer a mesma coisa. São criadas assim relações entre variedades linguísticas e elementos do léxico.

Capítulo 15

Léxico e fatos sociais

15.1. Exercícios sobre estrangeirismos

15.1.1. Estrangeirismos

Quando em nossa língua usamos uma palavra, expressão ou construção própria de outra língua, temos o que denominamos de estrangeirismo. Geralmente a forma adotada é tomada em empréstimo da outra língua. As gramáticas em geral tratam dos estrangeirismos. Interessa-nos aqui especificamente o estrangeirismo lexical, ou seja, o uso de um item lexical de outra língua. No português são mais frequentes os francesismos ou galicismos (do francês), os italianismos (do italiano), os espanholismos ou castelhanismos (do espanhol) e os anglicismos (do inglês). Atualmente, pela forte influência comercial e cultural dos Estados Unidos da América, são muito frequentes os anglicismos em diversas áreas da cultura, muitos com forma ainda não aportuguesada e alguns até substituindo itens lexicais da Língua Portuguesa que têm a mesma significação.

Com frequência, o uso de itens lexicais ou trechos inteiros do inglês é visto como uma demonstração de *status* social mais elevado, também no plano cultural, assim como era demonstração de *status* o uso do francês no século XIX e início do século XX.

Muitos consideram o estrangeirismo um vício de linguagem. São os chamados puristas que vêm no uso do estrangeirismo uma depreciação da nossa língua, uma submissão de nossa língua a outra, havendo mesmo implicações políticas nessa aversão a estrangeirismos, o que leva a classificá-los como um problema de linguagem. Todavia quando se considera o empréstimo como necessário, por não haver em nossa língua um termo correspondente, esse não será visto como um problema. O intercâmbio cultural, científico, comercial intenso que acontece nos dias de hoje, torna difícil combater estrangeirismos. Muitos, mesmo havendo na língua uma palavra correspondente, acabam se impondo pela força do uso. É o caso, por exemplo, na área da informática, do uso dos verbos "*deletar*" e "*resetar*" no lugar de "apagar" e "reiniciar" respectivamente, que foram referidos ao falar dos neologismos nas preliminares do Capítulo 12. O ato de tomar emprestados *deletar* e *resetar* é absolutamente desnecessário, mas seu uso na informática ficou estabelecido.

Quanto a sua forma, os estrangeirismos podem ter dois comportamentos distintos:

▷ Adaptam-se completamente aos padrões fonológicos e morfológicos de nossa língua, adaptando-se à nossa ortografia e só se sabe que são empréstimos, estrangeirismos se se conhece a sua história. É o que chamamos de aportuguesamento. Exemplos disso são bife, futebol, nocaute, coquetel (do inglês); abajur, conhaque, omelete, carnê, guichê, maionese, gafe, edredom (do francês); carnaval, espaguete (do italiano); entre outros exemplos.

▷ Mantêm as características da língua de origem e dessa forma são facilmente reconhecíveis como estrangeirismos. É o caso de palavras como *shopping center* ('centro de compras'), *cast* ('elenco'), *show* ('espetáculo'), *delivery* ('entrega'), *fashion* ('de acordo com a moda'), *hot dog* ('cachorro-quente'), provenientes do inglês; *pizza*, do italiano; *réveillon, bureau, mousse,* do francês.

Recomenda-se que, após a escrita de um texto, o estrangeirismo não aportuguesado venha entre aspas, em itálico ou em negrito (*bold*). Atualmente, usam-se mais as aspas e principalmente o itálico.

15.1.2. Exemplos de exercícios sobre estrangeirismos

(208)[81]

Na mesma reportagem aparece uma palavra que não é da Língua Portuguesa: *"pet shop"*. É uma palavra do inglês. Observe que o jornal a colocou em itálico.

"Muito dócil", relembra Michele, proprietária de um pet shop localizado nas proximidades do local onde a cadela vivia.

Lembrete!

Geralmente palavras que não são originárias do português devem ser grafadas com algum destaque: aspas ou itálico.

Hoje em dia, sobretudo no comércio, na informática, no mundo da moda e dos espetáculos – filme, música –, as pessoas usam muitas palavras do inglês, mesmo que em português haja uma correspondente.

---

[81] Exercício de Travaglia, Rocha e Arruda-Fernandes (2009, p. 207), com pequeno acréscimo.

1) Como se diz *"pet shop"* em português? *Loja de animais*

2) Você se lembra de outras palavras em Inglês que as pessoas usam? Como elas poderiam falar a mesma coisa em português? Há uma expressão correspondente em português?

Exemplos de respostas:

Delivery: entrega em casa./ Self-service: servir-se você mesmo (autosserviço).

Shopping center: centro de compras./ Shampoo: xampu = produto para cabelos.

Hot dog: cachorro-quente.

---

(209)[82]

Nos trechos a seguir, retirados dos textos lidos neste capítulo, aparecem diversas palavras ou expressões que não são da língua portuguesa, mas da língua inglesa. Note que todas estão em itálico.

i) "Uma das mulheres mais poderosas do mundo é negra: Oprah Winfrey, apresentadora do programa *The Oprah Winfrey Show.*" (Texto 1)

ii) "[...] seu *talk show* é exibido em mais de cem países." (Texto 1)

iii) "[...] empresa que reúne, entre outras, a produtora de TV que faz seu programa, a editora que faz sua revista, a *The Oprah Magazine* [...]" (Texto 1)

iv) "No melhor estilo *self-made woman*, Oprah costuma dar conselhos [...]". (Texto 1)

v) "Raquel Fonseca, 54 anos, é diretora comercial da *Golden Cross.*" (Texto 1)

vi) "Conheça esse Cidadão Mundo Negro que dá um *show* de negritude." (Texto 2)

vii) "Tem um poema que escrevi intitulado *Negro Soul*, em que retrato isso." (Texto 2)

viii) "Tirando as situações de seguranças te perseguindo nos supermercados e *shopping centers* [...]." (Texto 2)

1) Qual o sentido destas palavras ou expressões?

i) *The Oprah Winfrey Show, The Oprah Magazine, Golden Cross são nomes próprios e se referem, respectivamente a: nome do espetáculo (Espetáculo Oprah Winfrey, e da revista de Oprah Winfrey [revista Oprah Winfrey], e nome de uma empresa de planos de saúde [Cruz Dourada]).*

ii) *"Talk show" quer dizer 'programa de entrevistas no rádio ou na televisão'.*

---

[82]   Exercício de Travaglia, Rocha e Arruda-Fernandes (2009b, p. 157), com pequena modificação.

iii) "Self-made woman" quer dizer 'mulher que venceu na vida por esforço próprio'.

iv) "Show" = 'espetáculo', 'uma exibição excepcional'.

v) "Negro soul" = nome do poema de Luiz de Jesus que fala sobre a "alma negra", ou seja, o sentimento de ser negro.

vi) "Shopping centers" = centros de compras.

2) Você acha que é necessário o uso dessas expressões em inglês? Por que não utilizar a tradução ou os termos equivalentes em português? Qual sua opinião sobre o uso de palavras estrangeiras como as do exercício anterior?

Resposta pessoal.

---

(210)[83]

Observe a palavra em destaque no trecho abaixo extraído do texto 4. Ela é a forma aportuguesada da palavra "container", originária do inglês, de onde importamos essa palavra, tomando-a em empréstimo.

"A coleta seletiva na Faculdade Católica será feita através de **contêineres**, que serão colocados em pontos fixos, onde cada membro da instituição, espontaneamente, depositará recicláveis."

1) Dê a forma aportuguesada das palavras do quadro seguinte e que são importadas de outras línguas (se necessário, consulte o dicionário):

a) Marron	b) Maquillage	c) Volley	d) Basket ball
e) Pic-nic	f) Shampoo	g) Mozzarella	

a) Marrom; b) Maquiagem/maquilagem; c) Vôlei; d) Basquetebol; e) Piquenique; f) Xampu; g) Muçarela/Mozarela.

2) Em sua opinião, por que, muitas vezes, as pessoas não usam a forma aportuguesada de algumas palavras? Resposta pessoal.

---

[83] Exercício de Travaglia, Rocha e Arruda-Fernandes (2009b, p. 327-328).

☞ Se se achar pertinente é bom discutir, nesse momento, a questão dos estrangeirismos e dos empréstimos de outras línguas, mostrando que alguns já estão tão incorporados à língua que nem mesmo lembramos que são palavras estrangeiras. Outras estão sendo trazidas para o português agora e não têm ainda uma forma aportuguesada ou se já têm, os usuários ficam em dúvida sobre a forma a usar.

(211)

Procure na internet, usando mecanismos de busca, a música e a letra do *Samba do Approach*, de Zeca Baleiro.

1) Ouça a música e leia a letra. Observe que na letra o compositor utilizou uma série de palavras estrangeiras (o que chamamos na língua de estrangeirismos) oriundas principalmente do inglês, mas também do francês. Faça uma lista desses estrangeirismos, separando-os por sua língua de origem.

* **Do inglês:** *approach, lunch, ferryboat, light, hi-tech, insight, cool, trash, link, my love, drink, green card, Miami Beach, pop-star, sex-appeal, background, happy end, dream team, macho man, drag queen.*

* **Do francês:** *savoir-faire, noveau-riche.*

2) Busque o significado dos estrangeirismos utilizados.

* **Do inglês:** *approach ('abordagem, aproximação' - usado para dizer como alguém faz algo de forma pessoal, diferenciada), lunch ('lanche, almoço, refeição leve'), ferryboat ('barco de travessia' - no Brasil, usa-se para designar um barco de travessia mais rápido), light ('luz', no Brasil é usado para algo leve, sem muita gordura), hi-tech ('alta tecnologia'), insight ('discernimento, compreensão que acontece em um momento de criatividade'), cool ('frio', mas também 'tranquilo, sem estresse; legal'), trash ('lixo', algo de má qualidade, como em filme trash), link ('ligação' - usado em informática para referir um endereço de acesso a um site ou página), my love ('meu amor'), drink ('bebida'), green card ('cartão verde' - documento de cidadania e permanência, concedido pelo governo dos Estados Unidos da América a imigrantes), Miami Beach (cidade-ilha da Flórida), pop-star ('estrela ou artista popular'), sex-appeal ('atração sexual'), background ('antecedentes', o que está por trás da pessoa), happy end ('final feliz'), dream team ('time dos sonhos' - usado para designar uma equipe de basquete americano composta por grandes jogadores*

e que era considerada invencível), macho man ('homem macho'), drag queens ('personagens criadas por artistas performáticos').

* **Do francês:** savoir-faire ('saber como fazer', experiência em uma área, usado para dizer que alguém tem muita competência para algo), noveau-riche ('novo rico', usado para se referir a pessoas que enriqueceram recentemente, sem tradição na sociedade).

3) Para você qual seria a razão que levou o compositor a utilizar na letra todas essas palavras estrangeiras?

O autor chama a atenção para o fato de que na atualidade as pessoas utilizam muito palavras estrangeiras. Parece também haver certa crítica a esse costume o que torna a letra um tanto humorística.

4) Que outras palavras estrangeiras são muito usadas em nosso cotidiano? Cite algumas e dê seu significado. A turma faz uma lista no quadro e a copia no caderno.

Resposta pessoal.

15.2. Exercícios sobre léxico e variedades linguísticas (dialetos, registros e modalidades)

15.2.1. Léxico e variedades linguísticas[84]

Sabemos que a língua não é uniforme. Ela apresenta variedades em dimensões diferentes. Assim temos as modalidades, os dialetos e os registros, como registrado nas preliminares deste capítulo.

As **modalidades** são representadas pela língua oral e a língua escrita que apresentam características próprias. Alguns autores consideram as variedades falada e escrita como variedades de registro na dimensão do modo.

Os **dialetos** acontecem em seis dimensões e dependem basicamente do falante, assim temos:

---

[84] Sobre variedades linguísticas há muita bibliografia específica. Sugerimos a leitura do Capítulo 5 do livro A variação linguística e o ensino de língua materna, de Travaglia (1996).

⇒Os dialetos **regionais ou territoriais**, em que a língua varia de acordo com o lugar em que o falante nasceu, viveu e aprendeu a língua. As diferenças regionais são consequência de fatores diversos. São exemplos de variação regional a diferença que se nota entre Português falado no Nordeste (em que, na verdade, há muitas variantes) e que apresenta características distintas em relação ao falar dos gaúchos, ou dos mineiros, por exemplo. Cada região apresenta um sotaque diferente, itens lexicais próprios e construções que são bem suas. O português de Portugal tem diferenças significativas em relação ao Português do Brasil.

⇒Os dialetos **sociais** dependem das classes sociais a que os indivíduos pertencem e aqui se leva em conta não apenas classes socioeconômicas, mas qualquer grupo claramente definido na sociedade com interesses comuns e relações estreitas, o que leva seu uso da língua a se aproximar significativamente. Falamos de grupos como estudantes de diferentes níveis, marujos, militares, professores, médicos, marginais, advogados, pecuaristas, profissionais da construção civil, entre outros grupos da sociedade. Aqui se enquadram as gírias, que são modos de falar específico de determinados grupos da sociedade;

⇒Os dialetos de **idade** dependem de como pessoas de faixas etárias diferentes (crianças, adolescentes e jovens, adultos e velhos) usam a língua.

⇒Homens e mulheres não utilizam a língua da mesma forma. Daí surgem os dialetos na dimensão do **sexo**. Pode-se talvez falar de alguma variação de gênero que começa a ser estudada pela Linguística.

⇒Os dialetos **históricos** resultam da modificação da língua com o passar dos tempos. Assim o português medieval é completamente diferente do português moderno, mas ambos sofreram alterações com o correr dos séculos. O modo de usar a língua na primeira metade do século XX, por exemplo, é bem diferente do modo como os falantes a usam hoje. No campo lexical vemos surgirem muitos neologismos (palavras novas) formais e semânticos e vemos muitas palavras deixarem de ser usadas ou mesmo perderem sentidos que já tiveram. Isto gera o que é chamado de **arcaísmo**.

⇒Em muitas línguas, há formas diferentes que a pessoa só pode ou deve usar no exercício de determinada função na sociedade. Seriam os dialetos de **função**. O Português não tem dialetos de função, mas apenas uma ou outra forma que parece ser mais própria de pessoas em determinada função.

Os **registros** acontecem basicamente nas dimensões do grau de formalismo e da sintonia e dependem basicamente da situação em que o falante está e também do receptor do dizer. Os **graus de formalismo** com que geralmente se trabalha com os alunos são dois: formal e coloquial, mas há na literatura linguística a proposta de vários níveis de formalismo.

Quanto à **sintonia** há pelo menos quatro dimensões distintas: *o status,* a tecnicidade, a cortesia *e* a norma. Essas dimensões surgem basicamente pelo ajuste que o falante faz no que fala ou escreve em função de informações que tem sobre seu ouvinte ou leitor pretendido e à situação.

O *status* tem a ver com a posição do ouvinte na sociedade: um amigo, um colega de trabalho, um filho, um pai, uma mãe, uma esposa, um chefe no trabalho, o diretor da escola ou um professor, o dono ou diretor de qualquer empresa ou instituição, um senador e assim por diante. Geralmente o *status* acarreta mudanças no grau de formalismo, mas não só. Pode, por exemplo, ter maior ou menor frequência de recursos para expressão de carinho, como na fala de uma mãe para o filho.

A **tecnicidade** depende do volume de informações que se supõe que o ouvinte ou leitor possui sobre determinado assunto. Vem daí a diferença entre o mesmo assunto tratado em uma revista científica e em uma revista de divulgação científica. Entram nessa variação, por exemplo, a linguagem técnica das diferentes áreas de conhecimento.

A **cortesia** surge em decorrência da dignidade, do respeito que se considera apropriada ao ouvinte ou leitor e/ou à ocasião.

Finalmente a **norma** é um tipo de variação que acontece em função do que o produtor do texto considera que seu ouvinte ou leitor considera "bom", "apropriado", "correto" em termos de linguagem e que, portanto, seria de seu agrado, como quando falamos com uma criancinha, imitando seu jeito de dizer.

Ao trabalhar o léxico em sala de aula podemos e devemos mostrar aos alunos a correlação de itens do léxico com determinadas variedades linguísticas em função de seu uso. Os exercícios não precisam ser específicos para esse fim, como se pode ver nos exercícios (25), (27) e (29) do Item 3.2. do Capítulo 3 sobre exercícios de diversas palavras com o mesmo sentido, em que se mostra para o aluno que as diversas palavras com o mesmo sentido existem e são usadas em variedades regionais diferentes. Já o exercício (28) do mesmo item mostra o uso de acordo com o grau de formalidade. O exercício (137) do Item 12.5.1.1. sobre exercícios com o processo de formação de palavras por redução também trabalha a questão das variedades linguísticas, atentando para o grau de formalidade e o *status*.

Em relação às variedades linguísticas a recomendação básica é que se trabalhe com um vocabulário contemporâneo, observando, sobretudo:

▷ Que o trabalho com as **variações dialetais** priorize, além do dialeto contemporâneo, as variações dialetais sociais e regionais. A relação do léxico com as variedades dialetais de idade (geração) e sexo devem ser tratadas sempre que surjam nos textos e no convívio social dos alunos, inclusive na escola e na sala de aula. Quanto aos dialetos históricos, já dissemos que se deve priorizar a variedade contemporânea; mas sempre que surgirem, nas leituras, nos filmes, em vídeos e em outras fontes, que estão sendo trabalhadas ou na relação com gerações anteriores; itens lexicais próprios de épocas passadas e em desuso na atualidade, deve-se trabalhar com eles, conscientizando os alunos sobre o fato de que a língua muda e das razões pelas quais determinados itens lexicais se tornam arcaísmos, como a mudança ou extinção das instituições, o desuso de objetos designados, a substituição por um neologismo, entre outras razões. O aluno precisa perceber que, embora não sejam de uso hoje, esses itens lexicais surgem, especialmente quando nos propomos a ler textos de épocas anteriores à nossa e devemos buscar nos dicionários o seu significado e sentido para bem compreender o que estamos lendo.

▷ Que o trabalho com as **variações de registro** vai se ater sobretudo a mostrar aos alunos:

⇒ O que depende do grau de formalismo especialmente na oposição coloquial x formal.

⇒ A distinção do que é cortês ou descortês em nosso léxico de acordo com os grupos sociais.

⇒ Os aspectos ligados à linguagem técnica, mostrando sua existência e uso e a diferença entre o técnico e não técnico. Na verdade, nos Ensinos Fundamental e Médio o professor não deve querer que os alunos dominem um vocabulário técnico de qualquer área, porque isso acontecerá naturalmente, conforme o aluno se volte para uma profissão. Se ele estiver fazendo um curso técnico profissionalizante no Ensino Médio, o vocabulário técnico vai aparecer nas disciplinas do curso e o professor de Língua Portuguesa pode ajudar no seu domínio. Fora isso, o ensino fora de uma área técnica trabalhará com os termos que aparecem na vida social e profissional da maioria das pessoas.

⇒ Como a variação de *status* quase sempre se concretiza em um grau de formalismo maior ou menor, em uma cortesia maior ou menor, o *status* pode ser tratado em suas imbricações com essas duas dimensões de registro. Já a variação de sintonia na dimensão da norma é algo que não é muito simples de detectar e trabalhar no ensino do vocabulário, já que é uma adequação ao que se espera que seja do agrado do interlocutor e nos parece que vai acontecer bem mais na língua oral, como quando um adulto fala "telo" ou "geladela" e não "quero" ou "geladeira" ao conversar com uma criança pequena que começa a falar, imitando-a; ou quando uma mãe fala "meu filhinho" para seu filho de trinta anos, pois acha que vai lhe agradar sentir o carinho materno. A variação de norma acontece com frequência nos textos produzidos pelos alunos por solicitação do(a) professor(a), pois é comum eles buscarem usar um vocabulário mais erudito e construções mais complexas e de acordo com a norma culta, porque têm a imagem de que é isso que o(a) professor(a) quer e que é isso que vai agradá-lo(a). Nessa situação é comum os alunos incorrerem em hipercorreção e utilizarem, equivocadamente, itens lexicais que não dominam, que não conhecem bem.

Vejamos mais alguns exercícios, além dos já citados, sobre o trabalho com o léxico e as variedades linguísticas.

15.2.2. Exemplos de exercícios sobre léxico e variedades linguísticas

(212)

1) Assinale as frases com **x** se a palavra em destaque fizer parte de uma linguagem cortês, educada, gentil e com **y** se fizer parte de uma linguagem descortês, que revela falta de gentileza e educação.

(*y*) Devolva meu livro, seu **filho da puta!**

(*x*) **Por favor**, devolva meu livro.

(*y*) Este seu brinco é novo... Onde você comprou essa **bugiganga**?

(*y*) A mãe do Pedro **bateu as botas**!

(*x*) A mãe do Pedro **faleceu**!

2) Reescreva as frases seguintes utilizando uma linguagem considerada mais educada, cortês e gentil.

a) Sai da frente que eu quero sair e você está entupindo a porta!

b) Você é um cavalo!

c) Você tem um empreguinho de merda, do que está se gabando?

d) Menina, você está magrela, está definhando.

Exemplos de possíveis respostas: a) Você/O senhor poderia me dar licença, pois eu quero sair e está fechando a passagem. b) Você é uma pessoa mal educada / grosseira. c) Não sei por que você está se gabando, pois seu emprego é muito ruim. d) Menina, você está muito magra. Não está emagrecendo muito? Cuidado.

(213)[85]

Observe a expressão em destaque no trecho seguinte:

"A vantagem do uso da pirâmide alimentar é que se pode comer **de tudo**, sem enjoar da dieta, tornando os hábitos alimentares mais saudáveis".

A expressão "**de tudo**" é geralmente utilizada em situações informais.

1) Como você poderia dizer a mesma coisa em uma situação mais formal?

de tudo poderia ser substituído por: "todo tipo de alimento".

2) Faça uma frase para ser utilizada em uma situação informal, usando a expressão "de tudo". Depois reescreva a frase para ser utilizada em uma situação formal. Resposta pessoal.

☞ *É sempre bom :*

⇒ *Mostrar aos alunos a diferença específica existente na variação de registro (formal x informal) e na variação de modalidade (oral x escrito). Mostre também que, em várias situações, utilizamos o estilo informal no texto escrito.*

⇒ *Lembrar-lhes de que há um continuum linguístico que pode ser assim expresso: muito formal → formal → informal.*

☞ *O exercício (214) a seguir foi construído com base em dois textos . Um sobre o pau-brasil, a árvore nacional do Brasil , e o outro sobre o ipê , a flor nacional.*

---

85   Exercício de Travaglia, Rocha e Arruda-Fernandes (2009, p. 173-174).

(214)[86]

1) Você sabe que a língua é empregada de formas variadas. Falada e escrita; culta e não culta; cortês (educada) e descortês; o modo de falar das diferentes regiões. As diversas áreas de conhecimento e as ciências também têm um modo de falar que lhes é próprio e um vocabulário especial. Muitas vezes as palavras usadas pelos cientistas também são usadas por nós, no dia a dia, mas com outro significado. Por exemplo, quando você diz:

a) "Minha **família** é muito alegre."

b) "Gosto muito de minha **família**."

c) "João, hoje quero conhecer sua **família**".

A palavra "família" significa o conjunto dos parentes, de pessoas ligadas entre si pelo sangue ou por aliança (como casamento, adoção). Este sentido não é um sentido técnico como o que encontramos no vocabulário da Biologia, da Botânica e da Zoologia.

▷ Observe as palavras em destaque nos trechos seguintes:

⇒ "Em 1961, o então presidente Jânio Quadros declarou o pau-brasil a árvore nacional e o ipê-amarelo, da **espécie** *Tabebuia vellosoi*, a flor nacional."

⇒ "Os ipês pertencem à **família** das Bignoniáceas, da qual também faz parte o jacarandá, e ao **gênero** *Tabebuia* (do tupi, *pau ou madeira que flutua*), embora sejam de madeira muito pesada para flutuar."

⇒ "A *Tabebuia aurea*, uma **espécie** de ipê-amarelo nativa dos cerrados, da caatinga e do Pantanal Mato-Grossense, é muito usada na medicina caseira em algumas regiões do país, principalmente no Nordeste."

Essas palavras estão usadas, nessas e em outras passagens dos textos deste capítulo, em um sentido técnico na Biologia e na Botânica.

---

[86]   Exercício de Travaglia, Rocha e Arruda-Fernandes (2009a, p. 265-266), com pequena modificação.

Com o auxílio de dicionário, de pesquisa em livros de Ciências e de seu(sua) professor(a) de Ciências, diga, dentro da Biologia e da Botânica, o que é uma **família**, um **gênero** e uma **espécie** e qual a relação entre eles. Se conseguir dê um exemplo da família de uma planta conhecida (por exemplo, o ipê) gêneros e espécies.

*Na Biologia e na Botânica as plantas e animais são classificados, por meio de diversas **categorias** hierarquicamente organizadas do seguinte modo: ordem > família > gênero > espécie. Então, na linguagem técnica, família, gênero e espécie são categorias classificatórias das plantas e animais.*

A ordem são famílias com características comuns, mas tendo outras características que as distinguem das demais famílias.

*A **família** é uma categoria entre a ordem e o gênero que indica um conjunto de gêneros afins, mas distintos de outros gêneros por características marcantes.*

*O **gênero** é uma categoria que agrupa espécies relacionadas em sua origem e evolução e que podem ser distinguidos por diferenças bem marcantes. O gênero é uma subdivisão da família.*

*A **espécie** é um conjunto de indivíduos (plantas, animais) muito semelhantes em sua forma e constituição, que entrecruzam para se reproduzir, gerando descendentes com as mesmas características. Várias espécies constituem um gênero.* [87]

2) Procure no texto "Dados botânicos da espécie"[88] outras palavras que lhe pareçam fazer parte da linguagem técnica da Biologia e da Botânica.

> ☞ *Como se trata de linguagem técnica há naturalmente termos que são difíceis para os alunos e outros falantes. Assim, deve-se procurar esclarecer esses termos evitando que fiquem em dúvida, quanto a seu exato significado. Por exemplo: Caesalpinia echinata Lam., Leguminosae, Caesalpinioideae, fuste, acúleos, cerne, alburno, alterna, composta, bipinada, folíolos, vexilo ou estandarte, deiscente, espinescente.*

---

[87] Definições inspiradas em Ferreira (2004) e Houaiss (2001).

[88] FIGUEIREDO-RIBEIRO, Rita de Cássia Leone; BARBEDO, Claudio José; ALVES, Edenise Segala; DOMINGOS, Marisa; BRAGA, Márcia Regina (orgs.). *Pau-brasil, da semente à madeira*: conhecer para conservar. São Paulo: Instituto de Botânica/SMA, 2008.

Curiosidade

Um texto técnico de qualquer área de conhecimento, como Gramática, História, Geografia, Astronomia, Física, Química, Biologia, entre outras, emprega termos cujo significado pode ser diferente do sentido comumente usado. Ao ler um destes textos é preciso ficar atento a estes sentidos técnicos das palavras.

3) Nos textos "Dados botânicos da espécie" e "A flor-símbolo do Brasil",[89] aparecem, sempre em itálico, umas palavras que não são do português e foram usadas para dar os nomes científicos das espécies e também das famílias e subfamílias a que elas pertencem. Faça uma lista dessas palavras.

Caesalpinia echinata Lam., Leguminosae, Caesalpinioideae, Tabebuia cassinoides, Tabebuia aurea, Tabebuia avellanedae, T. impetiginosa, e a T. serratifolia.

Curiosidade

Os nomes das espécies, gêneros, famílias e ordens em Biologia, Botânica e Zoologia são sempre dados em uma língua antiga, chamada **Latim**, que ninguém mais fala hoje, e da qual veio nossa língua, o Português.

Curiosidade

O uso do latim em Biologia, Botânica e Zoologia obedece a uma regra internacional, porque permite a identificação da espécie em qualquer lugar do

---

[89] RAMOS, Maria. A flor-símbolo do Brasil. *Invivo*, Rio de Janeiro, [*on-line*]. Disponível em: http://www.invivo.fiocruz.br/cgi/cgilua.exe/sys/start.htm?infoid=884&sid=2. Acesso em: 15 set. 2020.

mundo, independentemente dos nomes populares. Além do nome da espécie vem o nome do cientista, que tem uma abreviatura ou sigla conhecida internacionalmente. No nome do pau-brasil a palavra "Lam" é a sigla do nome do botânico que descreveu o pau-brasil pela primeira vez.

---

(215)[90]

Observe o seguinte trecho:

> "Quando ficar em dúvida, **é só** levantar a mão aberta, que você nunca mais vai errar!"[91]

Nele, a expressão **"é só"**, de uso mais frequente na língua oral, foi usada no texto em um trecho em que o autor está reproduzindo a fala da avó de Ricardinho.

Dê dois sinônimos dessa expressão que seriam de uso mais comum na língua escrita e faça uma frase com cada um deles.

Basta, é suficiente.

*Exemplo de frases: Para entender **basta/é suficiente** prestar atenção e perguntar quando tiver dúvidas.*

Lembrete!

Sinônimos são expressões, palavras ou vocábulos que têm sentidos semelhantes.

---

[90]   Exercício de Travaglia, Rocha e Arruda-Fernandes (2009b, p. 53).

[91]   O texto trata da ortografia dos itens lexicais "embaixo" e "em cima". Então a avó de Ricardinho diz para levantar a mão aberta: em cima os dedos ficam separados então "em cima" escreve-se separado e embaixo os dedos estão juntos então "embaixo" escreve-se junto.

(216)[92]

No Texto 1, cuja história se passa em uma época muito anterior à nossa, o autor usou palavras relativas a objetos que não se usam mais hoje ou modos de dizer que não são muito comuns atualmente. Observe nos trechos seguintes as palavras em destaque. Estas palavras lhe são familiares? Diga o que significam.

a) "Era um bonito rapaz, dos seus trinta anos, esbelto, elegante, sempre muito bem trajado, **sobrecasaca**, chapéu alto, botinas de bico finas, bengala de **castão** de prata, **pincenez** de ouro."

   *Sobrecasaca: Casaco masculino que era abotoado até à cintura, atingia a altura dos joelhos; castão: enfeite ou ornamento que arremata a parte superior das bengalas e bastões; pincenez (pronuncia-se **pincenê**): palavra de origem francesa, indica óculos sem haste de uma ou duas lentes que se colocava sobre o nariz segurando-o com a mão, ou se prende ao nariz por uma mola.*

b) "[...] o Seabra, pai de Angelina, entrou em casa como uma bomba, **esbaforido**, carregado com muitos embrulhos, suando por todos os poros, e intimou a esposa e a filha (eram toda a sua família) a fazerem as malas."

   Esbaforido: apressado e com a respiração ofegante.

c) "E, para nunca mais ver passar o importuno, deixou dali em diante de debruçar-se no **peitoril**." *Peitoril: parapeito, parte inferior do requadro de uma janela, onde as pessoas se apoiam.*

d) "No dia do casamento, os noivos, as famílias dos noivos, as testemunhas e os convidados lá foram para a **pretoria**." *Pretoria: repartição pública comandada por um pretor (juiz de paz).*

e) "Sentaram-se todos em silêncio, e pouco depois o **pretor** fazia a sua entrada solene." *Pretor: juiz inferior à alçada de juiz de direito, juiz de paz.*

f) "Angelina, ao vê-lo, tornou-se **lívida** e esteve a ponto de perder os sentidos. Ele estava atônito e surpreso. Era o primeiro namorado." *Lívida: de cor desmaiada, muito pálida, geralmente por perder a circulação do sangue.*

g) "O escrivão, que era um velhote retrógrado e **carola**, ponderou: [...]". *Carola: pessoa muito religiosa, rezadeira e muito frequentadora da igreja.*

---

[92] Exercício de Travaglia, Rocha e Arruda-Fernandes (2009c, p. 186-187).

(217)

Ressalta-se que as **gírias** são modos de dizer que surgem em determinados grupos sociais, para se comunicarem em certo tempo e, muitas vezes, para não serem entendidos por outros grupos. Elas geralmente caem em desuso e são substituídas, mas algumas podem permanecer e até ser dicionarizadas. O pessoal das redes sociais tem criado e usado muitas gírias, como as apresentadas a seguir. Defina seu significado:

a) Poxa, **crush**, por que não me nota?

b) Amo demais o Lucas Luco. **Stalkeio** tudo o que ele diz e faz. Cada postagem.

c) Ele **tá na Disney**, dizendo que vai comprar uma Ferrari. Com o salário dele? Nunca!

d) – Pedro, é sexta feira. Vamos jogar *videogame* e tomar uma cerveja.

   – **Partiu.**

e) – E aí, mano? Você conseguiu o emprego?

   – **Deu ruim!** Fiz a entrevista, mas fui muito mal.

f) – Vamos fazer uma sobremesa?

   – Pudim ou pavê?

   – Que nada, menina, o negócio é **shippar**. Vamos fazer as duas. Quero as duas.

a) Crush: pessoa que desperta algum tipo de atração física ou amorosa em outra, uma paixão platônica ou alguém por quem se sente grande afeto e de quem se deseja ser amigo.

b) Stalkear: espionar ou perseguir as atividades de alguém nas redes sociais, vigiar tudo o que alguém faz na internet.

c) Tá na Disney: está no mundo da lua, viajando ou sendo enganado.

d) Partiu: vamos lá ou vamos agora. Transmite ideia de animação para fazer algo imediatamente.

e) Deu ruim/dar ruim: algo não saiu como planejado, deu errado, não funcionou.

f) Shippar: intenção de unir duas ou mais pessoas, duas ou mais coisas.

☞ *Como se pode observar, os exercícios que trabalham uma área do léxico que se liga a variedades linguísticas são também geralmente um exercício de sentido de palavras ou expressões ((212) - cortesia; (213) - formal X informal; (215) - sentido de expressão; (216) - variedade histórica; (217) - gíria).*

Tópico 8

Onde buscar o significado e os sentidos dos itens lexicais

Capítulo 16

Uso do dicionário e utilização do cotexto e do contexto para saber significado e os sentidos das palavras

Preliminares

Sabemos que os **dicionários** são os repositórios dos itens lexicais de uma língua e das significações que eles podem ter, inclusive registrando sentidos de acordo com determinados campos ou áreas de conhecimento, ou outras circunstâncias de uso, o que é uma das informações que se deve levar em conta ao procurar a significação de um item lexical no dicionário. Assim, quando não conhecemos uma palavra, recorremos ao dicionário, para obter informações sobre as possíveis significações que ela pode apresentar nos textos e em diferentes situações de uso, mas também outras informações, tais como a classe da palavra, sua pronúncia, particularidades de sua flexão, sua origem, área do conhecimento com que tem determinada significação e até mesmo quando possivelmente ela começou a ser usada na língua. Por isso é importante aprender a usar o dicionário sempre que for preciso por qualquer razão. Além do manuseio do dicionário para adquirir a habilidade de consultá-lo em sua plenitude, o(a) professor(a) pode também, em diversos tipos de exercício de vocabulário, levar o aluno ao uso do dicionário. É o que foi feito, por exemplo, em todos os exercícios até aqui em que se pediu ao aluno para consultar o dicionário.

Outros falantes precisam trilhar o mesmo caminho para conseguir utilizar competentemente a ajuda do dicionário. Infelizmente nenhum dicionário contém todas as palavras de uma língua, e é por isso que são feitos muitos vocabulários de áreas específicas, técnicas ou não, e surgem então dicionários ou léxicos ou vocabulários de semântica, de linguística, de informática, de neurologia, de botânica, de pecuária, de medicina, de eletrônica, de biologia, de direito, entre outros. Em geral os grandes dicionários nos ajudam a resolver 100% de nossas dúvidas. Ao mesmo tempo, como cada palavra pode ter várias significações, o uso do cotexto (contexto linguístico, conjunto de palavras com que a palavra em foco está combinada) e do contexto (situação de uso da palavra e contexto sócio-histórico-ideológico) vai ajudar a decidir qual das significações da palavra arroladas no dicionário e por vezes numerosas, é a adequada para o sentido do texto.

Importante ainda lembrar e perceber que, com frequência, o **cotexto** e o **contexto** de uso nos permitem saber o sentido de uma palavra usada sem recorrer ao dicionário. Desse modo é preciso ter a perspicácia e o hábito de utilizar as pistas fornecidas para chegar ao sentido do item lexical, mesmo que não completamente. Assim, por exemplo, na frase: "Na fazenda havia uma grande variedade de frutas: laranja, goiaba, maçã, pêssego, lichia, camu-camu, mexerica, mamão, jabuticaba"; mesmo que não conheçamos as frutas lichia e camu-camu, por serem menos comuns, podemos inferir, pelo cotexto, que são frutas, por estarem em uma enumeração de tipos de frutas existentes em um lugar.

Além dos exercícios já vistos anteriormente, os exercícios a seguir são exemplos de uso do dicionário e do cotexto e contexto em exercícios de vocabulário.

16.1. Exemplos de exercícios sobre o uso do dicionário

Em muitos dos exercícios já vistos recomendamos o uso do dicionário, como nos exercícios (17), (24), (26), (27), (39), (53), (57), (60), (69), (73), (80), (125), (135), (210), (214) e também adiante nos exercícios (227), (232). Vejamos mais alguns exercícios em que o uso do dicionário é recomendado, levando o aluno a praticar sua utilização.

(218)[93]

Procure no dicionário o significado das palavras em destaque nos trechos a seguir. Se o verbete do dicionário contiver mais de um significado, verifique o que melhor se aplica ao texto.

a) "[...] pela primeira vez comemorou-se o dia da ave e também o sabiá como símbolo da **fauna ornitológica** brasileira e ave nacional do Brasil."[94]

Fauna: conjunto de animais próprios de uma região/ornitológica: relativo às aves.

☞ *É importante lembrar que, no dicionário, os nomes ocorrem sempre no masculino singular.*

b) "Em 1968 o governo federal **instituiu** o dia 5 de outubro como o Dia da Ave."[95]

Instituiu – estabeleceu.

☞ *É importante lembrar que, no dicionário, o verbo aparece sempre no infinitivo: instituir, estabelecer. A conjugação foi feita para combinar na frase.*

---

[93]   Exercício de Travaglia, Rocha e Arruda-Fernandes (2009, p. 207).

[94]   SENNE, Luiz Francisco. O sabiá, naturalmente. *Galileu*, Rio de Janeiro, nov. 2003.

[95]   SENNE, op. cit.

c) "Em **cismar** - sozinho, à noite -

Mais prazer encontro eu lá".[96]

Cismar - pensar, firmar o pensamento em alguma coisa.

d) "Toda a modificação deste ritmo ou destas condições que forem impostas pelo homem com fins **mercantis** é contrária a este direito."[97]

Mercantis - comerciais

e) "Todo o animal que o homem escolheu para seu companheiro tem direito a uma duração de vida conforme a sua **longevidade** natural".[98]

Longevidade - tempo de duração da vida, em geral.

☞ *Este é um exercício de sentido de palavras em que o dicionário é a fonte para buscar o sentido. O mesmo se pode dizer dos demais exercícios a seguir sobre uso do dicionário.*

(219)[99]

1) No dicionário, para algumas palavras, pode haver significados ou acepções, sentidos que não se aplicam ao texto que estamos lendo. Por exemplo: "acelerado" pode também significar "motor em alta rotação"; este sentido, porém, não corresponde ao empregado no texto lido. Veja, a seguir, o verbete (palavra) acelerado (cf. FERREIRA, 2004).

---

[96]   DIAS, Gonçalves. *Gonçalves Dias: poesia e prosa completas.* Rio de Janeiro: Nova Aguilar, 1998.

[97]   UNESCO. *Declaração Universal dos Direitos dos Animais.* Bruxelas, 27 jan. 1978. Disponível em: https://www.mamiraua.org.br/pdf/e9b4b78d53d8ade06367be893d9bd826.pdf. Acesso em: out. 2021.

[98]   UNESCO, op. cit.

[99]   Exercício de Travaglia, Rocha e Arruda-Fernandes (2009a, p. 22), com pequena modificação.

Acelerado - *adj.* 1. Tornado rápido ou mais rápido. 2. *Mec.* Diz-se do motor que trabalha em alta rotação. 3. *Bras. Gir.* Agitado. • *sm.* 4. Passo da tropa que marcha a pé, de andamento mais rápido do que o comum.

Curiosidade

Significado das abreviaturas nos verbetes dos dicionários

No verbete "acelerado", as abreviaturas em itálico significam:

⇒adj. = adjetivo = este verbete como adjetivo tem os significados 1, 2 e 3.

⇒ sm = substantivo masculino = este verbete como substantivo masculino tem o significado 4.

⇒Mec. = mecânica - significado utilizado na área de Mecânica.

⇒Bras. Gir - brasileirismo, gíria - significado utilizado no Brasil, como gíria.

☞ *O objetivo da apresentação dessas abreviaturas é fazer que se adquira maior habilidade para consultar o dicionário, quando necessário. Por isto, informações teóricas mais detalhadas sobre adjetivos e substantivos não são fundamentais. Mas, se houver curiosidade em relação aos conceitos de substantivo e adjetivo o professor pode apresentar aos alunos uma explicação rápida e outros consulentes podem buscar tais conceitos em uma gramática.*

☞ *Por sempre termos essas abreviaturas em verbetes do dicionário, é importante localizar no dicionário onde encontrar a lista e a explicação das abreviaturas utilizadas. Geralmente elas vêm na parte inicial do dicionário.*

Indique, no verbete, qual o melhor significado da palavra "acelerado" no seguinte trecho do texto "Dando asas à imaginação".

"Hoje, no mundo **acelerado** e globalizado em que vivemos, mais do que nunca ler e escrever é uma necessidade fundamental no nosso dia a dia."

Acelerado = 1. Tornado rápido ou mais rápido.

2) Procure no dicionário o significado da palavra em destaque no trecho a seguir, retirado do mesmo texto. Se o verbete do dicionário contiver mais de uma acepção ou sentido, verifique qual se aplica melhor ao texto.

"Você sabia que, no Brasil, a lei obriga o Estado a garantir escola a todas as crianças até a 8ª série, justamente porque se trata de um direito básico de cidadania, que deve ser assegurado e **reivindicado**?"

Reivindicado - exigido, requerido, reclamado

☞ *As sugestões de resposta já selecionaram a acepção adequada; mas, ao realizar atividades desse tipo é preciso ter em mente que é necessário escolher no verbete do dicionário a acepção que melhor se ajusta ao texto.*

☞ *A busca no dicionário por um item lexical depende sempre da lembrança de que substantivos, adjetivos, artigos, pronomes e verbos aparecem sem flexões, ou seja, substantivos, adjetivos, artigos e pronomes vão aparecer no masculino singular que é a forma básica e os verbos no infinitivo, portanto: "reivindicar = exigir, requerer, reclamar". A flexão sempre é feita para combinar na frase.*

(220)[100]

Algumas vezes, a leitura atenta do texto não é suficiente para se entender o sentido de palavras desconhecidas e é preciso consultar o dicionário. Mas, no dicionário, para

[100] Exercício de Travaglia, Rocha e Arruda-Fernandes (2009b, p. 26-27).

algumas palavras, pode haver significados ou acepções que não se aplicam ao texto que está sendo lido. Veja o exemplo a seguir:

"O leitor pode **chiar** e perguntar se nós, ilustríssimos professores universitários, não tínhamos nada mais útil pra fazer [...]" (Texto 2)

Se procurar o verbete "chiar" (cf. FERREIRA, 2004), o leitor encontrará o seguinte:

Chi-ar *v. int.* 1. Emitir chio. 2. esbravejar. 3. Emitir som igual ao de coisa a ferver ou frigir. 4. *Bras. Gir.* Protestar, reclamar. [Conj.① [chi]ar]

1) Das quatro acepções dadas pelo dicionário, qual se aplica ao exemplo anterior?

A acepção 4: protestar, reclamar.

Lembrete!

Todo dicionário apresenta para cada verbete, além dos significados das palavras, outras informações utilizando-se de abreviaturas. Por exemplo: no verbete "chiar", as abreviaturas significam:

v. int. = verbo intransitivo, que não tem complementos.

Bras. Gir = brasileirismo, gíria - significado utilizado no Brasil, como gíria.

Conj.① = indica a tabela do paradigma verbal pelo qual se conjuga o verbo. No caso o da 1ª conjugação.

Sempre que consultar o dicionário, observe o que significam as abreviaturas, pois elas podem variar conforme a obra. Assim, Conj.① pode não ser encontrada em outros dicionários, pois nem todos apresentam tabelas de conjugação de verbos ou, quando o fazem, podem expô-las de formas diferentes.

Todo dicionário traz instruções de como entender abreviaturas, siglas e sinais que podem aparecer para caracterizar as palavras.

☞ *O objetivo de trabalhar com essas abreviaturas é mostrar ao usuário de um dicionário todas as informações sobre uma palavra que podem ser obtidas em um verbete do dicionário.
Com isto, acreditamos que se adquirirá maior habilidade para consultá-lo.*

2) Procure no dicionário o significado das palavras destacadas nos trechos a seguir, retirados dos textos lidos neste capítulo. Se o verbete do dicionário contiver mais de
uma acepção ou sentido, verifique qual se aplica melhor ao texto.

a) "O mal tinha até nome de batismo, como qualquer doença grande, '**indigência
lexical**'." (Texto 2)

Pobreza de palavras.

☞ *Por vezes, é preciso consultar mais de um verbete ou fazer algumas adaptações para
encontrar o termo que expressa o significado da palavra. Por exemplo: se ele encontrar
"indigência = estado do indigente", provavelmente terá que procurar "indigente" para
chegar a mendigo, muito pobre,. Isso acontece com muitos verbetes. No verbete "lexical",
pode estar "relativo às palavras". Juntando às informações, chega-se à interpretação
"pobreza de palavras". Este processo é importante, pois evidencia que não se pode esperar
sempre encontrar no dicionário o sentido exato, que se encaixe no lugar esperado. E, como
isto com frequência não acontece, não se pode achar impossível a tarefa de encontrar o
sentido. Mais uma vez deve ser reforçada a noção de que o sentido das palavras e expressões depende do contexto.*

b) "As pessoas não compram as palavras no **atacado**, portanto eu as vendo no
varejo." (Texto 2)

Atacado = em grande quantidade/varejo = em pequena quantidade.

c) "Olhe aquela senhora com o carrinho de feira dobrando a esquina. Com aquela carinha de dona de casa, ela nunca me enganou. Passou por aqui **sorrateira**. Olhou minha placa e deu um sorrisinho **maroto** se mordendo de curiosidade. Mas nem parou para perguntar." (Texto 2)

Sorrateira = dissimulada, disfarçada, procurando esconder suas intenções/maroto = esperto, travesso, levado.

d) "Ninguém bate uma **mangueira** na **vazão** de água". (Texto 4)

Mangueira = tubo de lona, plástico ou borracha para condução de água/vazão = escoamento, saída, quantidade de líquido que se escoa.

e) "Outro dia resolvi fazer uma **enquete** com meus colegas professores." (Texto 4)

Enquete = pesquisa de experiências pessoais, sondagem.

☞ "Enquete" é uma palavra de origem francesa, ou seja, um galicismo e não aparece em todos os dicionários. Portanto, pode ser comentado o fato de ser um estrangeirismo.

---

(221)[101]

Em um dicionário, pode haver diversos sentidos ou acepções para uma mesma palavra. Algumas dessas acepções não se aplicam ao texto que está sendo lido. Veja o exemplo a seguir:

"Como continuamos a ler pelos anos **afora** o maior nome das nossas letras, Machado de Assis, é uma boa referência." (Texto 1)

Se procurar o verbete "afora" (cf. HOUAISS, 2001), encontrará o seguinte:

---

[101]   Exercício de Travaglia, Rocha e Arruda-Fernandes (2009c, p. 46).

afora - *adv.* **1** para o lado de fora, para o exterior, para fora **2** continuamente, adiante, em frente (no tempo ou no espaço) n *prep.* **3** exceto, salvo, fora; com exclusão de **4** além de

1) Das quatro acepções dadas pelo dicionário, qual melhor revela o sentido de "afora" no texto?

Acepção 2.

2) Escolha outra acepção da palavra "afora" dada pelo dicionário, e crie uma frase" para exemplificá-la.

Resposta pessoal. Exemplo: Afora este canário, todos os outros pássaros estão à venda.

16.2. Exemplos de exercícios sobre a utilização do cotexto e do contexto para saber o significado

Alguns exemplos em que se usou o cotexto e/ou o contexto para encontrar o sentido foram: (29), (56), (57), (61D) e (80B). Como se verá esses exercícios geralmente são de sentido de palavras e expressões, mas aqui chamamos a atenção para a estratégia de estabelecer o sentido do item lexical, levando-se em conta pistas do cotexto e/ou do contexto.

(222)[102]

1) Sem consultar o dicionário, procure descobrir o sentido das palavras em destaque nos trechos transcritos a seguir, usando as "dicas" dadas pelo próprio texto. Depois diga como "adivinhou" esse sentido. Se considerar necessário, volte ao texto completo.

a) "[...] seu canto é maravilhoso e **individual**, não existindo duas aves com cantos iguais". (Sabiá, naturalmente)

---

[102] Exercício de Travaglia, Rocha e Arruda-Fernandes (2009, p. 235), com pequena alteração.

Individual: de alguém em particular, aqui porque o canto é só de uma ave. Cada sabiá tem um canto próprio. É possível saber o sentido de "individual" aqui, porque está explicado logo depois da palavra: "não existindo duas aves com cantos iguais".

b) "[...] certamente atrairão um casal de sabiás e outras aves como o bem-te-vi e a **saíra** [...]" (Sabiá, naturalmente)

Saíra é uma ave, porque está em uma lista que dá exemplos de aves: "outras aves como o bem--te-vi e a saíra".

c) "[...] retirantes que passam vão cantando o seu rojão."

Rojão é música. É possível entender este sentido da palavra "rojão" pelo verbo "cantar" e o sentido do texto.

Se procurar no dicionário, o usuário verificará que o significado lá registrado é semelhante ao que descobriu. Uma leitura atenta do texto faz que possamos "adivinhar" ou deduzir o sentido de muitas palavras desconhecidas que, fora do texto, não saberíamos o que significam.

Entretanto, há palavras cujo sentido não é possível "adivinhar" ou deduzir apenas com uma leitura do texto. Neste caso, precisamos consultar um dicionário.

---

(223)[103]

1) Releia o primeiro parágrafo do texto "Dando asas à imaginação" e diga qual o sentido da palavra **"escriba"**, sem consultar o dicionário. Depois diga como descobriu esse sentido.

Dando asas à imaginação[104]

Lia Zatz

Hoje em dia, é quase inacreditável imaginarmos um tempo em que os livros eram todos escritos à mão e que, para tanto, existiam profissionais especializados: os

---

[103] Exercício de Travaglia, Rocha e Arruda-Fernandes (2009a, p. 21), com pequena alteração.

[104] ZATZ, Lia. *Aventura da escrita: história do desenho que virou letra.* 2.ed. São Paulo: Moderna, 2002. p. 47-54.

chamados "escribas". No passado muitos reis eram analfabetos e, para poder governar, contratavam esses profissionais. Assim, quem conseguia se tornar um escriba tinha a possibilidade de adquirir grande importância e poder na sociedade.

"Escriba" = profissional que escrevia e copiava livros a mão. Era contratado por reis analfabetos, por isso podiam ter grande poder.

O próprio texto explica o que era um escriba antigamente. Ou, Eu já sabia, mas o texto também explica o que era um escriba.

2) No trecho seguinte, qual o sentido da palavra **"ancião"**? Não olhe no dicionário! Procure responder à pergunta de acordo com o texto.

"[...] antigamente, quando a escrita não existia, os conhecimentos dos povos eram passados às crianças e aos jovens por meio de conversas com os mais velhos. Por isso, os anciãos eram muito respeitados e considerados pessoas de grande sabedoria." ("Dando asas à imaginação")

Anciãos = os mais velhos; pessoas muito idosas e respeitáveis.

Depois de descobrir o sentido de ancião, confira no dicionário se encontrou o mesmo sentido. Mas não faça isso antes de tentar "adivinhar" o sentido usando as dicas do texto e discutir com seus colegas.

☞ *(222) e (223) são exercícios de sentido de palavras.*

---

(224)[105]

Neste capítulo, enfocou-se que o sentido das palavras depende do contexto em que são usadas.

1) Leia os enunciados seguintes e diga qual é o sentido das palavras em destaque, sem consultar o dicionário.

---

[105]   Exercício de Travaglia, Rocha e Arruda-Fernandes (2009b, p. 25-26).

a) "Um balão-d'água! Aquele tigre imundo declarou guerra! Isso exige uma **retaliação** suprema!" (Texto 4)[106]

Retaliação = revide, vingança.

b) "Inventar desculpas para um **para-casa** atrasado é especialidade de alunos de qualquer idade." (Texto 5)

Para-casa = dever ou tarefa passada por um professor para ser feita em casa.

☞ *Se necessário, explique para os alunos que, em algumas regiões brasileiras, o professor escreve as tarefas que devem ser feitas em casa e põe como título "Deveres para casa" ou apenas "Para casa", que é uma forma abreviada de "Deveres para fazer em casa".*

c) "[...] já ouvi as histórias mais **cabeludas**, contadas com a **cara** mais **lavada** do mundo." (Texto 5)

Cabeludas = mentirosas /cara lavada = cara de pau, caradura, sem-vergonha.

d) Ele se apresentava sempre muito limpinho, com o rosto bem **lavado** e os dentes bem escovados. Isto o fazia muito querido da professora.

Lavado = limpo.

e) "O computador **deu pau**, a impressora ficou sem tinta, o disquete não abriu, um **vírus** apagou tudo." (Texto 5)

Deu pau = estragou, apresentou funcionamento irregular, mau funcionamento (é uma gíria).

Vírus = programa de computador capaz de apagar a memória, travar o computador, copiar dados, entre outras malefícios que pode fazer.

f) O **vírus** da gripe muda frequentemente, por isto a vacina contra esta doença precisa ser tomada anualmente.

Vírus - microrganismo capaz de transmitir doenças.

---

[106] O texto é uma história em quadrinhos em que um menino e seu amigo tigre estão em uma disputa em que procuram superar um ao outro quanto à gravidade do que fazem com o outro. O tigre jogou um balão cheio de água no menino, que pega uma mangueira para revidar.

g) Ela falava, falava. Dava voltas, procurando lembrar o que havia estudado. Depois de muitos rodeios, o professor falou:

*– Fale claro, deixe de **ambages**.*

Ambages = rodeios, conversas evasivas (essa palavra, atualmente, é um arcaísmo).

h) Minha **cabeça** está doendo.

Cabeça = parte do corpo.

i) Fábio Reynol é uma das grandes **cabeças** do jornalismo brasileiro.

Cabeça = pessoa reconhecida por sua cultura ou competência.

j) De acordo com o **manual**, é preciso ter uma tomada só para o computador.

Manual = livro ou folheto com orientações de instalação e uso do computador.

k) Há uma etiqueta informando que este sapato foi feito à mão. Será verdade que toda sua confecção foi **manual**, mesmo?

Manual = com as mãos.

☞ Em (224) temos sentido de palavras, expressões e homônimos.

2) O que foi mais importante para responder a pergunta anterior: saber o significado da palavra ou o contexto em que ela ocorreu?

O contexto em que a palavra ocorre é mais importante, porque ele nos ajuda a saber o significado de palavras desconhecidas e a reconhecer os significados ou sentidos diferentes de palavras conhecidas.

Tópico 9

Uso adequado dos itens lexicais

Capítulo 17

Exercícios sobre precisão e imprecisão vocabular

17.1. Precisão e imprecisão vocabular

Como citado anteriormente, a **precisão** vocabular é a escolha da palavra ou expressão adequadas para exprimir da maneira o mais exata possível o sentido que queremos passar ao ouvinte ou leitor por meio de um texto. Muitos tipos de exercícios de vocabulário contribuem para que o falante desenvolva essa competência de escolha e uso adequado, exato: sentidos de palavras e expressões, diversas palavras com o mesmo sentido, diferenças de sentido entre sinônimos, homônimos, parônimos, sentido geral e específico e assim por diante.

Apesar disso, com frequência, acontece na construção de textos o que podemos chamar de **imprecisão** vocabular que é o uso de palavras de forma equivocada e que ou não expressam de modo algum o que se queria dizer ou não expressam uma nuança de sentido desejada. A imprecisão pode acontecer ou por desconhecimento lexical, ou por dificuldade de encontrar a palavra exata ao ter de construir o texto rapidamente e sem possibilidade de revisão, ou por confusões possíveis como usar um homônimo pelo outro, que é o caso do uso de "seguimento" por "segmento" abordado no exercício (68) do Item 7.2., e ainda o uso de palavras semelhantes, mas que não têm qualquer relação de sentido. No caso das diferenças de sentido entre sinônimos a escolha pode exigir ainda maior sutileza, por causa de vários fatores de diferenciação de que falamos no Capítulo 6.

A imprecisão para ser percebida depende tanto do texto em si, quanto da situação em que ele é usado, por isso nem sempre é fácil detectá-la, exceto quando é muito flagrante. Em casos em que a palavra escolhida, apesar de não ser a melhor, pode levar a um texto coerente e com sentido aproximado dificulta também a percepção das imprecisões.

Seja qual for a razão pela qual acontece a imprecisão, sempre que possível devemos mostrar o problema aos alunos, sobretudo as imprecisões ocorridas nos textos deles. Desse modo é preciso estar atento à ocorrência desse fato nos textos produzidos pelos alunos ou outros falantes, seja por escrito, seja oralmente e levar os casos específicos à discussão das turmas no caso de falhas dos alunos. Evidentemente a apresentação de casos ocorridos em qualquer circunstância (mídia, trabalho, conversação do dia a dia e outras situações) faz que pouco a pouco o aluno fique consciente do problema e busque evitá-lo. Isso fará que os alunos aos poucos passem a prestar atenção na escolha das palavras, além da orientação que já recebem em outros tipos de exercícios de vocabulário. Isso vale também para qualquer falante cuja atenção seja despertada para esse fato.

17.2. Exemplos de exercícios sobre precisão e imprecisão vocabular

(225)

1) A frase seguinte foi dita por uma pessoa, referindo-se a uma Bíblia que havia sumido.

"A Bíblia sumiu. Nós a estávamos procurando. Não encontramos o **paradeiro** dela."

Considerando que a palavra paradeiro significa:

"Ponto ou local em que alguma pessoa, animal, coisa, está ou para, ou vai parar."

parece pouco adequado falar "Não encontramos o paradeiro dela.", porque não se encontra o paradeiro de algo, mas sim se encontra aquilo pelo qual se procura.

Consulte o verbete **paradeiro** nos dicionários, veja os exemplos e decida qual (ou quais) do(s) modo(s) de falar apresentados a seguir seria(m) mais adequado(s) de dizer:

( ) Desconhecemos o paradeiro da Bíblia. X

( ) Não encontramos o paradeiro da Bíblia.

( ) Não sabemos do paradeiro da Bíblia. X

( ) Não encontramos a Bíblia. X

2) Escolha uma das combinações seguintes, em que **X** representa algo a ser encontrado ou cujo paradeiro se sabe, conhece, desconhece e faça uma frase com ela:

Resposta pessoal

⇒ Encontrar X

⇒ Saber o paradeiro de X

⇒ Conhecer o paradeiro de X

⇒ Desconhecer o paradeiro de X

(226)

Falando sobre a cachaça brasileira e comentando o fato de que seu consumo vem aumentando no Brasil e outros países, um repórter disse:

"Bebida ganha cada vez mais **público** dentro do país."

Público é uma palavra usada para, entre outros sentidos, significar

Conjunto de pessoas que assistem efetivamente a um espetáculo, a uma reunião, a uma manifestação; assistência, audiência, auditório.

Assim, na situação anterior, ela só pode ser usada com um sentido conotativo, metafórico. Qual das palavras a seguir seria melhor para indicar que a bebida tem cada vez um número maior de pessoas que a bebem:

( ) Consumidores. X

( ) Auditório.

( ) Fãs.

☞ Embora se entenda o que o repórter quis dizer, o uso da palavra público é inadequado.

(227)

Em 28 de maio de 2018, um repórter em jornal televisivo, referindo-se ao desabastecimento dos supermercados em consequência da greve de caminhoneiros que acontecia, expressou-se da seguinte forma:

"Não há mais frutas e verduras nos supermercados por causa da greve dos caminhoneiros. A situação é **escassa**."

Em sua opinião, é apropriado dizer que a situação é escassa?

Para responder procure lembrar de que geralmente se diz que é "escasso"? Para auxiliá-lo procure nos dicionários os exemplos de uso da palavra escasso. Lembre-se de que, segundo Ferreira (2004), escasso significa:

De que há pouco; parco, raro, falto, carente, carecente, desprovido, privado

Não. Geralmente se diz que é escasso algo que é contável, quantificável em si.

O sentido pretendido na fala do repórter era de que havia pouca mercadoria (frutas e verduras). Veja alguns exemplos do uso da palavra escasso

⇒ A água é escassa nessa região.

⇒ O dinheiro anda escasso para todos no País.

⇒ Com verbas escassas pouco se pode fazer.

1) Agora tente criar frases usando de modo apropriado a palavra **escasso**. Discuta com seus colegas e o(a) professor(a) em sala. *Resposta pessoal*

2) O repórter poderia construir seu texto adequadamente usando uma expressão constituída com outra palavra que tem o mesmo radical de escasso (escass-). Qual seria e como ficaria o texto do repórter?

"Não há mais frutas e verduras nos supermercados por causa da greve dos caminhoneiros. A situação é de escassez."

---

(228)

Na reunião, discutindo um problema que estava ocorrendo na empresa, uma pessoa disse:

É um problema de muita gravidez.

Ao falar assim, essa pessoa usou inadequadamente uma palavra. Qual? Por quê? Como ela deveria ter falado?

Gravidez/Por que gravidez indica o estado das mulheres durante a gestação de um filho. A pessoa queria dizer é que a situação era grave./O melhor seria dizer: É um problema de muita gravidade.

(229)

Em um texto sobre a divulgação do cristianismo, um aluno escreveu:

> O **Apóstrofo** Paulo divulgou o cristianismo entre aqueles que não eram judeus. Para isso viajou muito.

1) Nesse trecho a palavra em destaque foi mal empregada para designar Paulo. Reescreva o texto usando a palavra adequada.

    O apóstolo Paulo divulgou o cristianismo entre aqueles que não eram judeus. Para isso viajou muito.

2) O que significa a palavra "apóstrofo"?

    Sinal usado na escrita, em forma de vírgula (') que se coloca no alto das letras minúsculas, para indicar supressão de letra(s): São João d'El Rei, mãe-d'água, Vozes d'África, estrela-d'alva, a leitura d'O Guarani.

3) O que significa a palavra usada para substituir apóstrofo?

    Apóstolo: propagador de qualquer ideia ou doutrina. O uso mais comum é para referir-se a cada um dos doze discípulos de Jesus Cristo. Esse não foi o caso de Paulo Apóstolo, que, apesar de ser um propagador do cristianismo, não foi um dos doze discípulos de Jesus.

(230)[107]

Em um folheto de divulgação de um hotel lia-se o seguinte:

> O hotel **dá** muitas facilidades.

As facilidades a que a frase se refere eram serviços (internet, massagens) e comodidades (bar, academia, *frigobar*) e o uso no folheto do verbo **dar** permite ao leitor entender que o hóspede pode desfrutar gratuitamente essas facilidades. Como o texto deveria estar escrito para não permitir esta leitura, já que, na verdade, o hotel disponibiliza tais facilidades, mas cobra por elas? Escolha entre as seguintes alternativas:

---

[107] Apud Travaglia (2003b, 33-34), com adaptações.

Doar	presentear	oferecer	conceder

Discuta em sala o porquê da escolha da palavra que consideraram mais adequada.

O hotel oferece muitas vantagens. Oferecer é a melhor opção, porque em todas as demais há a ideia de gratuidade; além disso, presentear se aplica mais a objetos e conceder se refere à possibilidade de fazer algo como: conceder a licença, conceder a mão de alguém.

(231)

Qual das duas formas de dizer apresentadas a seguir indica que o homem não aceita que seus princípios sejam contrariados?

a) Ele é um homem intransigente em seus princípios.

b) Ele é um homem inflexível em seus princípios.

*A frase de **b** tende mais a passar a ideia de que o homem não aceita que seus princípios sejam contrariados.*

(232)

A seguir, temos duas falas de pessoas em jornais da televisão, produzidas ao vivo. Nas duas, há algo que parece estranho. Discuta o que ocorre nesses textos, observando mais diretamente o que está em destaque. Proponha como os textos deviam estar compostos para exprimir o sentido pretendido por seus produtores, eliminando o problema que eles deixaram passar ao construir os textos oralmente sem possibilidade de refazê-los.

a) "Depois de assaltar a loja e atirar no proprietário o elemento fugiu. A polícia foi acionada e **o criminoso conseguiu ser preso**".[108]

⇒ Em sua opinião, o criminoso se esforçava para ser preso?

b) O teatro agora tem uma programação bem **assídua**. (Pessoa falando das novidades existentes no Teatro Municipal de São Paulo em uma entrevista - Os dados da entrevista **não foram registrados**.)

---

[108]   *Band News*, 22 fev. 2019;17h10min (transcrito pelo autor).

⇒ Veja no dicionário o que significa "assíduo" e proponha outra palavra que ficaria melhor.

Resposta pessoal. Exemplos de respostas possíveis:

a) Provavelmente o repórter queria dizer que a polícia conseguiu prender o criminoso; então ele deveria dizer algo como: "A polícia foi acionada e conseguiu prender o criminoso" ou "A polícia foi acionada e o criminoso não conseguiu fugir". Ele só poderia dizer o texto a se, por alguma razão, o criminoso quisesse ser preso e envidou esforços para isso.

b) Assíduo é quem vai sempre ou muito frequentemente a um lugar ou evento (por exemplo: assíduo frequentador do parque, do cinema, do teatro; assíduo às aulas) ou comparece com regularidade ao lugar onde tem de desempenhar uma função como no trabalho, por exemplo. Assim sendo, a programação não pode ser assídua porque não é uma pessoa. O falante se expressaria melhor se dissesse por exemplo: "O teatro tem agora uma programação com inúmeros eventos". Ou "uma programação com eventos quase diários" ou "uma rica programação".

Considerações finais

Esperamos que este livro tenha levado à percepção de que desenvolver a competência lexical dos alunos ou dos falantes em geral, além do que eles aprenderam no seu meio social, é uma tarefa que envolve muitos elementos e conhecimentos, nem sempre perfeitamente estabelecidos pela teoria gramatical ou linguística. Buscamos chamar a atenção para estes vários elementos a serem trabalhados e dar subsídios básicos da teoria que permite organizar e controlar o que estamos ensinando, de modo que aspectos importantes do conhecimento e uso do léxico não sejam esquecidos.

Embora tenhamos visto no Capítulo 1, o número de palavras e expressões que as pessoas geralmente dominam, é muito difícil estabelecer objetivos de ensino lexical em termos de número de itens lexicais que devem ser dominados por alguém, pois essa quantidade será sempre, de algum modo, arbitrária. Arbitrária porque, como se sabe, isso é muito variável em função de fatores diversos (estudos realizados, área de trabalho, idade, quantidade de leitura, necessidades expressionais no dia a dia e na vida profissional, entre outros fatores.).

Por essa razão, concordamos com Ilari (1985, p. 42) quando diz que o mais desejável no ensino é "formar atitudes e consolidar hábitos" como o de "indagar o sentido das palavras desconhecidas" e "aceitar que os seus interlocutores lhe exijam esclarecimentos da mesma natureza". Além disso, como há vários fatos ligados ao léxico é preciso conscientizar os alunos e demais falantes desses fatos, para que eles, tendo consciência dos mesmos, possam desenvolver competência mais segura e abrangente de uso do léxico. Relembramos aqui os fatos básicos e mais importantes:

▷ Uma palavra não é isolada no léxico e mantém, com outras, diferentes relações: sinonímia, antonímia, homonímia, hiperonímia/hiponímia, paronímia, cognatos, entre outras.
▷ Há diferentes fenômenos relativos ao léxico e seu uso que devem ser trabalhados:
⇒A existência dos campos semânticos e sua organização.

⇒A existência de campos lexicais.

⇒Os processos de formação de palavras.

⇒A existência de palavras com sentido mais específico e de palavras com sentido mais genérico.

⇒A questão da precisão e imprecisão de linguagem.

⇒A distinção entre denotação e conotação no uso dos itens lexicais.

⇒A existência de polissemia.

⇒As relações do léxico com as variedades linguísticas.

⇒A questão da existência e uso dos dicionários.

⇒Outros fatos que porventura não elencamos aqui.

Para todos esses fatos, foram desenvolvidos capítulos ou itens, relacionando-os com o estudo de vocabulário. Com toda certeza, nosso leitor poderá encontrar ou se lembrar de elementos que nos escaparam.

A ação para o estudo de vocabulário, em sala de aula ou não, foi concretizada por meio de exemplos de atividades de ensino de vocabulário dos mais diferentes tipos e formas. Naturalmente, como mencionado, há, para as formas que as atividades podem tomar, apenas o limite de nossa criatividade. Convocamos os colegas a exercerem a sua. Aqui não podemos deixar de lembrar que uma única atividade pode conter mais de um tipo de exercício de vocabulário, trabalhando mais de um fato relacionado ao uso do léxico, porque certamente há relações que se tornam foco em muitos casos.

Em diversos momentos chamamos a atenção para este tipo de ocorrência, mas vamos lembrar alguns exemplos de exercícios em que o trabalho com mais de um fato acontece. É o caso, por exemplo, dos seguintes exercícios:

▷ Em (22) e (23), de diferentes sentidos da mesma palavra:
⇒Em (22), trabalha-se também o uso da palavra "como" na função de operador discursivo de introdução de exemplo ou lista de exemplos.
⇒Em (23), trabalha-se ainda o uso de "também" como operador discursivo de ênfase e marcador de espanto, estranhamento.

▷ Em (25), (27) e (28), de várias palavras com o mesmo sentido trabalha-se relação do léxico com variedades linguísticas.

▷ Em (104) e (106), de sentido geral e específico trabalha-se também com os vários sentidos da mesma palavra.

▷ Em (119), de formação de palavras por derivação prefixal são trabalhados também os antônimos formados por prefixação;

▷ Em (176), trabalha-se ao mesmo tempo o sentido de palavras e a função de verbo de ligação.

Ressaltou-se ainda que, com frequência, coloca-se no exercício alguma teoria, não muita, mas o suficiente para dar ao aluno o suporte de que ele necessita para dominar o léxico da língua em seus diferentes aspectos.

Como citado em 1.4, o léxico precisa sempre estar inserido e ser apresentado em funcionamento em textos orais e escritos, a partir do que se pode adotar estratégias que ampliam a competência lexical. Nos cursos, os professores sempre partem de textos e então não haverá problemas de descontextualização das atividades. Utilizando itens lexicais dos textos ocorrentes em sala de aula ou fora dela, poderão ser elaboradas as atividades para ensino de vocabulário, sempre considerando o cotexto e o contexto, na busca do desenvolvimento da competência lexical em particular e da competência comunicativa em geral. O trabalho com o léxico pode acontecer por iniciativa dos professores ou dos alunos e de falantes preocupados com a questão independentemente da formalização em sala de aula, não só a partir de textos escritos, mas também dos textos orais, na escola em geral, na rua, em casa, nas reuniões de qualquer natureza, e ainda o que se diz na sala de aula das diferentes disciplinas do currículo. Portanto parece interessante convocar a participação dos professores de todas as disciplinas.

Esperamos, com tudo que é dito neste livro e com as exemplificações, estar contribuindo de modo pertinente para o ensino de vocabulário tanto no Ensino Fundamental quanto no Ensino Médio e mesmo no Superior em que, geralmente, se considera o aluno como competente para resolver suas necessidades e problemas no uso do léxico. Falantes em campos diversos, preocupados com um uso mais competente do léxico da língua, também encontram aqui orientações seguras.

Verdadeiramente, esperamos ter evidenciado a importância do trabalho com o léxico para o desenvolvimento da competência comunicativa dos falantes na produção e compreensão de textos, importância esta que não pode ser esquecida em nenhum momento e que está relacionada tanto com o estabelecimento do sentido de cada texto, já que os itens lexicais são pistas e instruções de sentido fundamentais; mas também porque trazem informações para:

⇒A sintaxe e suas consequências para a significação (transitividade, regência, diferentes construções em que pode ou não entrar).

⇒A morfologia por meio das flexões e seus valores e a formação de palavras e sua influência nos significados.

⇒A coesão textual, tanto no estabelecimento de retomadas e substituições de formas diferentes na coesão referencial com as cadeias de referentes e como eles são vistos no correr do texto e ainda a coesão sequencial, geralmente estabelecida por itens lexicais como os conectores dos mais diferentes tipos.

No final, vê-se que a coerência dos textos (sua possibilidade de fazer sentido) é grandemente influenciada pelos itens lexicais que o produtor do texto escolheu para compor esse texto, e é por isso que o leitor deve ter percebido que ao final, em todos os tópicos e capítulos, está presente a questão do significado e do sentido dos itens lexicais em cada cotexto e contexto, não importando o fato ou elemento em foco.

Terminamos dizendo que

APROVEITAR TODAS AS OPORTUNIDADES
DE TRABALHAR O LÉXICO É O GRANDE DESAFIO.

Respostas das atividades de avaliação

Atividades de avaliação do Capítulo 1

1) Coloque V para verdadeiro, F para falso e O para opinião.
Respostas: F, V, V, F, V, V, F, V, V, F, F, V

2) Todos os elementos seguintes são necessários para se dizer que conhecemos uma palavra, exceto:
Resposta: a - Saber a origem da palavra.

3) O termo vocabulário pode ser usado para identificar qualquer um dos elementos seguintes, exceto:
Resposta: d - O conjunto de itens lexicais que compõem um campo semântico.

4) O único traço de significado (sema) que não é comum aos itens lexicais do campo semântico é:

> nenê, bebê, recém-nascido, pimpolho, o lactente, menino, garoto, guri, pivete, moleque, menino de rua

Resposta: c – bandido.

5) Ao trabalhar com o ensino de vocabulário elaborando e aplicando exercícios de vocabulário, a única coisa que não devemos fazer é:
Resposta: b - Trabalhar fora da cadeia linguística em que a palavra se insere e fora de uma situação de uso.

6) Relacione as duas colunas

    a) Fenômeno relativo ao léxico e seu uso.

    b) Relação entre palavras no léxico.

Resposta: a, b, b, a, a, a, a, b, a, b, b, a

Atividades de avaliação do Capítulo 6

Respostas da atividade 1

O pufe distingue-se de todos os outros por não ter pés, somente assento. Já para distinguir o banco, precisamos de mais um traço, pois ele é muito semelhante ao sofá, apenas que não é estofado. Assim incluindo o sema "com estofamento" (ou acolchoado), teríamos o sinal + para sofá e o sinal menos para banco:

	Assento	Para sentar-se	Sobre pés	Para 1 pessoa	Com encosto	Com braços	
Tamborete	+	+	+	+	+	-	+/-
Cadeira	+	+	+	+	+	-	+/-
Poltrona	+	+	+	+	+	+	+/-
Sofá	+	+	+	-	+	+/-	+
Pufe	+	+	-	+	+	-	+
Banco	+	+	+	+	+/-	+/-	-

O pufe é um móvel para se sentar constituído por um assento estofado, sem pés, encosta ou braços e para uma pessoa.

    ⇒ **O sofá** é um móvel para se sentar constituído por um assento, com pés, uma encosta, para mais de uma pessoa, bem como estofado, podendo ter ou não braços.

    ⇒ **Banco** é um móvel para se sentar constituído por um assento, com pés, uma encosta, para mais de uma pessoa, podendo ter ou não braços e sem estofamento.

Resposta da atividade 2: *Receio > temor > medo > pavor > terror.*

Resposta da atividade 3

Todos têm os traços comuns "para calçar" e "para usar nos pés" e "base para proteger a planta dos pés (=solado, sola)".

	Chinelo ou Chinela	Sandália	Tamanco	Sapato	Bota	Galocha	Coturno	Tênis
Para calçar	+	+	+	+	+	+	+	+
Para usar nos pés	+	+	+	+	+	+	+	+
Base para proteger a planta dos pés (=solado)	+	+	+	+	+	+	+	+
Solado de couro ou borracha, etc.	+	+		+	+	+	+	+
Solado de madeira			+					
Tiras no peito do pé	+	+						
Tiras no calcanhar e/ou tornozelo		+						
Cobre todo o pé				+	+	+	+	+
Cano cobrindo parte da perna					+			
Para uso preferencialmente doméstico	+							
Para uso nos esportes								+
Para uso na chuva						+		

Respostas da atividade 4

1)

a) Abrigos, permanentes, para pessoas, grandes e luxuosos: palácio, mansão, solar, palacete.

b) Abrigos, permanentes, para pessoas, médios e modestos: casa, bangalô, vivenda, chalé.

c) Abrigos, permanentes, para pessoas, pequenos e rústicos: choupana, casebre, barracão, palhoça, choça, mocambo.

d) Abrigos, permanentes, para animais: canil, estábulo, cocheira, estrebaria, curral, toca, viveiro, coelheira, aquário, aprisco.

e) Abrigos, permanentes, para estoque de coisas: depósito, armazém, silo, hangar, adega, despensa, paiol, celeiro, arquivo.

f) Abrigos provisórios de lona ou taipa: tenda, barraca.

g) Abrigos provisórios de alvenaria: pousada, *flat*, hospedaria, pensão, hotel.

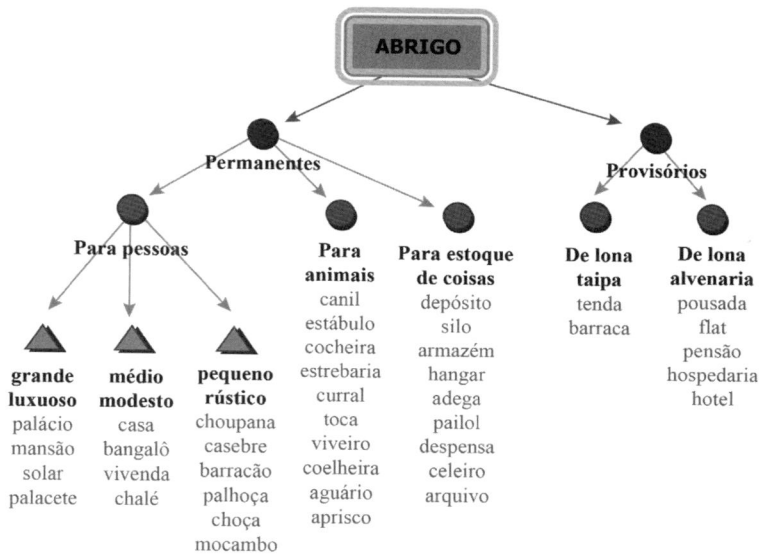

2) São possíveis vários exemplos:

⇒ Os abrigos para animais geralmente vão se distinguir pelos animais que se coloca nestes abrigos: canil (cachorro), aquário (peixe), curral (gado), viveiro (pássaros ou aves), estábulo (gado). O curral e o estábulo distinguem-se pelo fato de o estábulo ser coberto e o curral, não.

⇒ Galpões para estoques de coisas: silo (grãos), hangar (avião), celeiro (cereais).

Resposta da atividade 5

Exercício 1.

Resposta da atividade 6

No trecho de a.

Pode-se elaborar um exercício que dê a diferença entre **sorrir, rir, gargalhar.**

Referências

ACADEMIA BRASILEIRA DE LETRAS. *Vocabulário Ortográfico da Língua Portuguesa*. 6. ed. Rio de Janeiro: ABL [*on-line*], 2021. Disponível em: http://www2.academia.org.br/nossa-lingua/busca-no-vocabulario. Acesso em: out. 2021.

ABREU, Antônio Suárez. *A arte de argumentar*: gerenciando razão e emoção. Cotia: Ateliê Editorial, 2000.

ANDRÉ, Hildebrando Afonso de. *Português*: gramática ilustrada. São Paulo: Moderna, 1974.

ASSIS, Machado de. *A cartomante*. 1884. [*on-line*]. Disponível em: http://www.dominiopublico.gov.br/download/texto/ua000181.pdf. Acesso em: 20 jul. 2020.

AZEREDO, José Carlos de. *Gramática Houaiss da língua portuguesa*. São Paulo: Publifolha, 2008.

BASÍLIO, Margarida. *Teoria lexical*. São Paulo: Ática, 1987. n. 88. (Princípios).

BECHARA, Evanildo. *Moderna gramática portuguesa*. 37. ed, rev. ampl. Rio de Janeiro: Lucerna, 1999.

BRITO, Laura Souza Lima e. Família e parentesco: direito e antropologia. *REDGV*, São Paulo, v. 1, n. 3. p. 76-92, 2 jul. 2013. Disponível em: https://direitosp.fgv.br/publicacoes/revista/artigo/familia-parentesco-direito-antropologia. Acesso em: 10 out. 2019.

CABRAL, Ana Lúcia Tinoco. *A força das palavras*: dizer e argumentar. São Paulo: Contexto, 2010.

CÂMARA JR., Joaquim Mattoso. *Dicionário de filologia e gramática*. Rio de Janeiro: J. Ozon, 1964.

CANÇADO, Márcia. *Manual de semântica*: noções básicas e exercícios. Belo Horizonte: Ed. UFMG, 2008.

CIVITA, Victor. *Grande Dicionário Larousse Cultural da Língua Portuguesa*. São Paulo: Nova Cultural, 1999.

CORRÊA, Geraldo Guimarães. *Brasidioma* – 5ª série. Rio de Janeiro: Livraria Francisco Alves Editora, 1972.

COSTA, Odirce Corrêa. Análise sêmica dos parassinônimos de ver. *Littera - Revista para professor de Português e de literaturas de Língua Portuguesa*, Rio de Janeiro, ano 3, n. 9, p. 45-53, set./dez. 1973.

DIAS, Gonçalves. *Gonçalves Dias*: poesia e prosa completas. Rio de Janeiro: Nova Aguilar, 1998.

DUBOIS, Jean; GIACOMO, Mathée; GUESPIN, Louis; MARCELLESI, Christiane; MARCELLESI, Jean-Baptiste; MEVEL, Jean-Pierre. *Dicionário de linguística*. São Paulo: Cultrix/Ed. da USP, 1978.

ECO, Umberto. *As formas do conteúdo*. São Paulo: Perspectiva, 1974.

FERREIRA, Aurélio Buarque de Holanda. *Novo dicionário eletrônico Aurélio da língua portuguesa:* versão 5.0. Curitiba: Positivo, 2004.

FIGUEIREDO-RIBEIRO, Rita de Cássia Leone; BARBEDO, Claudio José; ALVES, Edenise Segala; DOMINGOS, Marisa; BRAGA, Márcia Regina (orgs.). *Pau-brasil, da semente à madeira*: conhecer para conservar. São Paulo: Instituto de Botânica/SMA, 2008.

GENOUVRIER, Emile; PEYTARD, Jean. *Linguística e ensino do português*. Coimbra: Livraria Almedina, 1974.

GRAVES, Michael F.; PRENN, Maureen C. Costs and benefits of various methods of teaching vocabulary. *Journal of Reading*, Delaware, n. 29, v. 7, p. 596-602, 1986.

HOUAISS, Antônio. *Dicionário eletrônico Houaiss da língua portuguesa:* versão 1.0. Rio de Janeiro: Objetiva, 2001.

ILARI, Rodolfo. *A linguística e o ensino da língua portuguesa*. São Paulo: Martins Fontes, 1985.

ILARI, Rodolfo. *Introdução ao estudo do léxico*: brincando com as palavras. São Paulo: Contexto, 2003.

KLAUSMEIER, Herbert John. *Learning and teaching concepts*: a strategy for testing applications of theory. New York: Academic Press, 1980.

KOCH, Ingedore Villaça. *A coesão textual*. São Paulo: Contexto, 1989

KOCH, Ingedore Villaça. *A inter-ação pela linguagem*. São Paulo: Contexto, 1992.

KOCH, Ingedore Villaça; TRAVAGLIA, Luiz Carlos. *A coerência textual*. São Paulo: Contexto, 1990.

LESSA, Orígenes. *Confissões de um vira-lata*. 4. ed. Rio de Janeiro: Ediouro, 1972. p. 51-56.

LOPES, Edward. *Fundamentos da Linguística contemporânea*. São Paulo: Cultrix, 1979.

LYONS, John. *Introduction to theoretical linguistics*. Cambridge: Cambridge University Press, 1968.

LYONS, John. *Semantics*. Cambridge/London/New York/Melbourne: Cambridge University Press, 1977. v. 1.

MARTINS, Nilce Sant'Anna. *Introdução à estilística*: a expressividade na língua portuguesa. São Paulo: T. A. Queiroz/Editora da Universidade de São Paulo, 1989.

MARZANO, Robert J; ARREDONDO, Daisy *Tactics for thinking*: a program for initiating the teaching of thinking. Alexandria: Association for Supervision and Curriculum Development, 1986.

MARZANO, Robert J.; MARZANO, Jana S. *A cluster approach to elementary vocabulary instruction*. Newark: IRA, 1988.

MEIGUINS, Alessandro. Boas notícias. *Superinteressante* [on-line], n. 173, 31 jan. 2020. Disponível em: https://super.abril.com.br/ciencia/boas-noticias/. Acesso em: 1 jun. 2021.

MEIRELES, Cecília. *Escolha o seu sonho*: crônicas. Rio de Janeiro: Record, 2002. p. 53.

MEIRELES, Cecília. *Quadrante 2*. Rio de Janeiro: Editora do Autor, 1962. p. 122.

MOREIRA, Nadja da Costa Ribeiro; ROCHA, Iúta Lerche Vieira (orgs.). *Cadernos de sala de aula* – caderno II: o ensino de vocabulário - fundamentos e atividades. Fortaleza: UFC/Departamento de Letras Vernáculas/Núcleo de Estudos da Língua Materna, 1996.

PAIVA, Vera Lúcia Menezes de Oliveira. Ensino de vocabulário. *In*: DUTRA, Deise P. MELLO, Heliana (orgs.). *A gramática e o vocabulário no ensino de inglês*: novas perspectivas. Belo Horizonte: Faculdade de Letras da UFMG, 2004. 168 p. v. 7. (Estudos Linguísticos).

POTTIER, Bernard. A definição semântica nos dicionários. *In*: LOBATO, Lúcia Maria Pinheiro (org). *A semântica na linguística moderna: o léxico*. Rio de Janeiro: Livraria Francisco Alves Editora, 1977. p. 21-31.

RAMOS, Maria. A flor-símbolo do Brasil. *Invivo*, Rio de Janeiro, [on-line]. Disponível em: http://www.invivo.fiocruz.br/cgi/cgilua.exe/sys/start.htm?infoid=884&sid=2. Acesso em: 15 set. 2020.

SANDMANN, Antônio José. *Morfologia lexical*. São Paulo: Contexto, 1992. (Repensando a Língua Portuguesa).

SAUSSURE, Ferdinand de. *Curso de linguística geral*. São Paulo: Cultrix/Ed. da USP, 1970.

SENNE, Luiz Francisco. O sabiá, naturalmente. *Galileu*, Rio de Janeiro, nov. 2003.

SOBE E DESCE. *Veja* [on-line], 24 ago. 2018. Disponível em: https://veja.abril.com.br/revista-veja/sobedesce-2597/. Acesso em: out. 2021.

SOARES, Magda. *Comunicação em língua portuguesa*: 5ª série do primeiro grau. Belo Horizonte: Bernardo Álvares, 1972.

SOARES, Magda. *Novo português através de textos*: manual do professor. São Paulo: Abril Educação, 1982.

TRAVAGLIA, Luiz Carlos. *Gramática*: ensino plural. São Paulo: Cortez Editora, 2003b.

TRAVAGLIA, Luiz Carlos. *Gramática e interação*: uma proposta para o ensino de gramática. São Paulo: Cortez Editora, 1996.

TRAVAGLIA, Luiz Carlos. *Um estudo textual-discursivo do verbo no português*. 1991. 330 f + 124 f. Tese (Doutorado em Linguística) - Campinas: IEL/Universidade Federal de Campinas, 1991. Disponível em: https://www.ileel.ufu.br/travaglia/publicacoes_tese.php. Acesso em: 3 jan. 2020.

TRAVAGLIA, Luiz Carlos. Verbos de ligação: itens lexicais ou gramaticais? *Estudos linguísticos*, Campinas, v. 33, p. 1-6, 2004. Disponível em: http://www.ileel.ufu.br/travaglia/sistema/uploads/ arquivos/artigo_verbos_de_ligacao_itens_lexicais_gramaticais.pdf. Acesso em: 18 abr. 2019.

TRAVAGLIA, Luiz Carlos. Verbos gramaticais: verbos em processo de gramaticalização. *In:* FIGUEIREDO, Célia Assunção; MARTINS, Evandro Silva; TRAVAGLIA, Luiz Carlos; MORAES FILHO, Waldenor Barros (orgs.). *Língua(gem): reflexões e perspectivas.* Uberlândia: EDUFU, 2003. p. 97-157. Disponível em

http://www.ileel.ufu.br/travaglia/sistema/uploads/arquivos/artigo_verbos_gramaticais_processo_gramaticalizacao.pdf. Acesso em: out. 2021.

TRAVAGLIA, Luiz Carlos; COSTA, Silvana; ALMEIDA, Zélia. A aventura da linguagem: 2ª série - manual do professor. Belo Horizonte: Dimensão, 2005.

TRAVAGLIA, Luiz Carlos; ROCHA, Maura Alves de Freitas; ARRUDA-FERNANDES, Vania Maria Bernardes. *A aventura da linguagem (língua portuguesa)* – 6º ano: manual do professor. Belo Horizonte: Dimensão, 2009. 328 p.

TRAVAGLIA, Luiz Carlos; ROCHA, Maura Alves de Freitas; ARRUDA-FERNANDES, Vania Maria Bernardes. *A aventura da linguagem (língua portuguesa)* - 7º ano: manual do professor. Belo Horizonte: Dimensão, 2009a. 360 p.

TRAVAGLIA, Luiz Carlos; ROCHA, Maura Alves de Freitas; ARRUDA-FERNANDES, Vania Maria Bernardes. *A aventura da linguagem (língua portuguesa)* - 8º ano: manual do professor. Belo Horizonte: Dimensão, 2009b. 424 p.

TRAVAGLIA, Luiz Carlos; ROCHA, Maura Alves de Freitas; ARRUDA-FERNANDES, Vania Maria Bernardes. *A aventura da linguagem (língua portuguesa)* - 9º ano: manual do professor. Belo Horizonte: Dimensão, 2009c. 376 p.

UNESCO. *Declaração Universal dos Direitos dos Animais*. Bruxelas, 27 jan. 1978. Disponível em: https://www.mamiraua.org.br/pdf/e9b4b78d53d8ade06367be893d9bd826.pdf. Acesso em: out. 2021.

ZATZ, Lia. *Aventura da escrita:* história do desenho que virou letra. 2. ed. São Paulo: Moderna, 2002. p. 47-54. (Viramundo).

www.cortezeditora.com.br